GREAT WARS &
TACTICS 2

위대한 전쟁
위대한 전술
2

★ 2세대 전쟁의 명전투 13 ★

KODEF
안보총서
100

GREAT WARS &
TACTICS 2

위대한 전쟁
위대한 전술
2

양욱
지음

★ 2세대 전쟁의 명전투 13 ★

플래닛미디어
Planet Media

전쟁은 늘 진화를 거듭한다. 과학이 발전하고 이에 따라 기술이 발전하면 새로운 무기가 등장하고, 새로운 무기를 활용하는 창의적인 전술과 전략이 등장하면서 전쟁은 전혀 새로운 단계에 접어든다. 그래서 전쟁에도 세대가 있다.

전작 『위대한 전쟁 위대한 전술』 1편에서는 마라톤 전투부터 나폴레옹 전쟁 시기의 워털루 전투까지 고대·중세·근대 전투를 다뤘다. 전작에서 다룬 전쟁의 형태는 무기체계보다는 사람 자체가 중심이 되는 인력전에 해당한다. 아프인 머스킷이 건정에 보급되었지만 이러한 인력전 형태는 나폴레옹 전쟁 시대까지 계속되었다. 이러한 인력전 중심의 전쟁을 1세대 전쟁이라 한다.

한편 1차 산업혁명에 이어 2차 산업혁명을 맞으면서 전장의 모습은 급속도로 바뀌어갔다. 특히 인구가 증가하고 1인당 국민총생산이 높아지면서 부를 축적한 국가들은 무기체계를 대량으로 생산했으며, 그에 사용되는 탄약도 전과 비교할 수 없을 만큼 엄청나게 생산했다. 그리고 이러한 화력을 그대로 전장에 투입했다. 1세대 전쟁이 인력전에 그쳤다면, 2세대 전쟁부터는 본격적인 화력전으로 변화했다. 소위 "포병이 공격하면 보병이 점령한다"는 프랑스의 전쟁 격언을 가장 잘 보여주는 것이 2세대 전쟁이다.

하지만 무기가 대량으로 생산되었다고 해서 곧바로 전쟁에서 쓰일 수 있는 것은 아니었다. 엄청난 물량을 전선으로 실어 보낼 수 있어야만 했고, 과거와는 비교가 안 될 정도로 넓어진 전장에서 서로 간에 통신을 할 수 있어야만 했다. 철도와 무선통신이 발달함에 따라 확장된 전선에서 전쟁이 가능해졌다. 또한 군의 규모가 커지고 전선도 넓어짐에 따라 전투 이외에 챙겨야만 할 군수지원 소요도 기하급수적으로 증가했다. 우수한 장군 홀로 모든 것을 챙길 수 없게 됨에 따라 일반참모 제도가 발전했다.

이러한 발전은 전쟁의 형태를 송두리째 뒤바꿨다. 이제 철도가 닿는 곳까지가 전선이 되었다. 통신이 발달함에 따라 부대 간 협조도 가능해졌다. 여기에 강력한 화력이 더해지면서 방어전에는 최적의 조건이 형성되었다. 그러나 철도를 제외하고 아직까지 기동성을 크게 향상시켜 줄 만한 획기적인 기동장비들이 등장하지 않은 관계로 전쟁은 공격자보다는 방어자에게 유리하게 흘러갔다. 그리하여 제1차 세계대전에서 보는 것과 같은 지루한 참호전이 빈번히 반복되었고, 이것이 2세대 전쟁의 한 특징이기도 하다.

2세대 전쟁은 엄청난 희생을 가져왔다. 엄청난 화력에 비해 부족한 기동력은 전선의 대치상태를 지속시켰고, 전사자 수는 이전 세대 전쟁과는 비교할 수 없을 정도로 많았다. 크림 전쟁에서는 약 57만 명이, 미국 남북전쟁에서는 60여 만 명이, 그리고 제1차 세계대전에서는 무려

900여 만 명이 사망했다. 부상자들은 불구가 되었거나 심한 전쟁후유증을 겪어야만 했다.

이러한 소모적인 전쟁 형태를 극복하기 위해 마비전이나 기동전에 대한 연구들이 등장했다. 20세기 초에 이르러서는 항공기가 전쟁에 투입되기 시작되었고, 제1차 세계대전 도중에는 전차가 등장하여 전선에 충격과 공포를 가져왔다. 그러나 아직 이러한 기동장비들은 작전개념을 타진하는 수준에 머물러 충분히 그 잠재력을 발휘하지 못했다.

이러한 지리멸렬한 전쟁을 반복하지 않기 위해 제1차 세계대전이 끝난 뒤 국제연맹(League of Nations)이라는 국제평화기구가 설립되었지만, 실패로 끝났다. 그리고 인류는 제2차 세계대전이라는 또 다른 실수를 반복하고 나서야 국제연합(UN, United Nations)과 같은 국제적 평화 레짐에 동의하게 되었다.

이 책은 2세대 전쟁의 결심 과정과 2세대 전쟁의 주요 전투들의 전술 등을 소개하고 있다. 한 권의 책에서 각 전투의 세부 내용을 전부 다루기는 어렵지만, 전쟁 혹은 전투의 반반 과정과 걸치저 흐름에만 집중하여 놓치기 쉬운 전쟁 및 전투의 전개 양상과 전술을 나름대로 이해하기 쉽게 설명하고자 했다. 즉, 어떠한 맥락에서 전쟁 혹은 전투가 일어났고 실제로 어떻게 싸웠는지를 개략적으로 소개하는 데 주안점을 두었다. 이 책이 2세대 전쟁의 양상과 주요 전투들을 개략적으로 이해하는 데 도움이 되기를 바란다.

이 책은 국방홍보원에서 발간하는 《국방저널》에 같은 제목으로 연재된 내용 가운데 2세대 전쟁의 주요 전투만을 모아 출간한 것이다. 늘

마음 졸이며 마감시간을 기다려주셨던 조진섭 기자님의 인내가 없었다면 애초에 존재하지 않았을 책이다. 깊은 감사의 마음을 전한다. 또한 늘 졸고를 가다듬어 책으로 출간해주시는 도서출판 플래닛미디어의 김세영 대표님과 이보라 편집장님께도 감사드린다. 한국국방안보포럼(KODEF)이라는 작은 싱크탱크에서 늘 힘겹게 같이하는 유용원 기조실장님과 동료 연구위원들에게도 감사의 말씀을 드린다.

무엇보다도 밤새 원고와 씨름하는 저자를 늘 챙겨준 사랑하는 아내에게 가장 큰 감사의 말을 남기고자 한다. 또한 세상에 나온 지 얼마 안 된 딸 태경에게 전쟁 없는 세상을 만들어주기 위해서라도 더욱 전쟁을 연구하고 국방을 위해 노력하겠다는 다짐으로 들어가는 말을 마친다.

CONTENTS

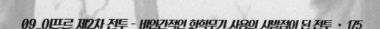

01

발라클라바 전투
전술 부재의 비극

크림 반도는 흑해 아래쪽으로 마치 섬처럼 돌출된 반도이다. 온화한 기후와 겨울에도 얼지 않는 항구 때문에 흑해에 진출한 이들에게는 반드시 점령해야 할 요충지였다. 육상으로는 러시아, 캅카스, 발칸 반도, 동유럽과 연결되고, 해상으로는 소아시아(터키), 중동까지 연결된다. 그래서 고대로부터 계속 땅의 주인이 바뀌어오다가 한동안 동로마 제국의 땅이 되었다. 동로마 제국 멸망 이후에는 킵차크 칸국(Kipchak Khanate), 오스만 튀르크, 크림 칸국(Crimean Khanate)의 순서대로 지배해오던 땅이었지만, 예카테리나 대제(Catherine the Great) 시절 러시아가 크림 칸국을 멸망시키면서 드디어 주인이 러시아로 바뀌었다.

사실 크림이라는 말은 이 지역에서 쓰이던 크림 타타르어(Crimean Tatar language)의 '크름(Qırım)'이라는 말에서 유래한 말로, '나의(ım) 언덕(qır)'이라는 뜻이라고 한다. 그만큼 이 지역은 인종적으로 러시아인보다는 타타르인과 우크라이나계 코사크인이 다수를 차지하고 있었다. 러시아는 크림 반도를 획득한 이후에는 요새와 항구를 구축하고 해군을 건설했으며, 과거 오스만 튀르크 제국의 영해나 다름없던 흑해에서 세력을 꾸준히 확장해나갔다.

한편 나폴레옹(Napoléon Bonaparte)을 몰아낸 유럽 각국은 빈 체제(Wiener System)를 형성하여 유럽의 평화를 유지하고자 했다. 러시아는 신성동맹을 제안하여 오스트리아, 프로이센과 함께 '유럽의 경찰군' 역할을 하고자 했다. 표면적으로는 유럽 정치 질서를 기독교의 원칙에 따라 재건하고 그 위에 국제 평화를 이룩하자는 것이었지만, 실제로는 동방정교회의 보호자라는 구실로 오스만 튀르크 제국의 영토까지 확장하려는 의도였다. 그리고 러시아 남진정책의 궁극적인 목표는 바로 지중해로의 진출이었다. 결국 러시아에게 오스만 튀르크 제국은 제압해야만 할 대상이었다.

전쟁의 서곡

유럽 각국은 이런 러시아의 남진정책을 불안하게 바라봤다. 그러나 러시아의 남진을 막고자 행동에 나선 나라가 있었으니 바로 영국이다. 대불동맹이 나폴레옹을 제압한 이후 러시아는 이제 가장 경계해야 할 국가로 성장했다. 영국은 오스만 튀르크 제국에 대한 지원을 통해 러시아의 침략을 막았다. 그리고 프랑스, 오스트리아, 프로이센을 불러들여 런던 해협 조약(London Straits Convention)을 체결함으로써 보스포로스(Bosporus), 다르다넬스(Dardanelles) 해협 통제권을 오스만 튀르크 제국이 가지고 있음을 국제적으로 공인하게 했다.

그러나 영국의 꾸준한 견제에도 불구하고 러시아는 남진정책을 포기하지 않고 오스만 튀르크 제국에 대한 압박을 계속했다. 이때 갑자기 등장한 것이 프랑스이다. 1850년 팔레스타인에서 기독교 성지인 팔레스타인과 예루살렘의 지배권을 놓고 가톨릭과 정교 사이에 분쟁이 발생하자, 당시 프랑스의 대통령인 나폴레옹 3세(Napoleon III)가 나섰다. 국내 정치 기반을 마련하기 위해 가톨릭 세력의 지지를 얻으려 한 것이다. 나폴레옹 3세가 샤를마뉴(Charlemagne) 함을 흑해로 파견해 무력시위를 하자, 오스만 튀르크 제국은 프랑스를 기독교의 보호자로 인정했다. 그리스 정교회 측이 갖고 있던 성지와 예수탄생교회(The Church of Nativity) 열쇠를 프랑스-바티칸 측에 넘겼던 것이다. 러시아는 극렬하게 반발했다. 러시아의 차르 니콜라이 1세(Nicholas I)도 뒤늦게나마 대응에 나섰다. 다뉴브(Danube)강의 국경을 따라 제4군단과 제5군단을 배치하여 오스만 튀르크 제국을 위협하면서 한편으로는 외교적 협상을 시도했다. 이와 동시에 영국에 대한 외교 공작도 실시하여 러시아가 확장할 의도는 전혀 없으며 오직 정교회의 권리를 찾으려는 것뿐이라고 주장했다. 그러고는 1853년 2월 멘시코프(Menshikov) 왕자를 오스만 튀르크 제국으로 파견해서 최후통첩을 날렸다. 오스만 튀르크 제국은

(왼쪽) 러시아의 니콜라이 1세는 오스만 튀르크 제국을 압박하며 강력한 남진정책을 펼쳐나가고 있었다.
(오른쪽) 프랑스의 새로운 대통령인 나폴레옹 3세는 나폴레옹 1세의 조카로 제정을 부활시키겠다는 야심으로 크림 사태에 개입했다.

처음에는 러시아의 주장을 모두 들어주려고 했다. 그러나 오스만 튀르크 제국의 술탄인 압둘 메지드 1세(Abdulmejid I)는 진정으로 독립하려면 러시아의 제안을 거절하라는 영국의 충고를 따랐다.

니콜라이 1세에게 남은 선택지는 후퇴하거나 전쟁을 하는 것이었다. 니콜라이 1세는 영국이 개입하지 않을 것이며, 오스만 튀르크 제국 내의 정교도들의 지지를 받을 수 있을 것이라고 생각했다. 그는 7월에는 정교도 보호권을 행사하겠다며 전진배치해둔 제4·5군단을 투입하여 오스만 튀르크 제국령인 몰다비아(Moldavia)와 왈라키아(Wallachia)를 침공했다. 이에 영국과 프랑스는 다르다넬스 해협으로 함대를 파견했다. 이렇게 지원 세력이 모이자 오스만 튀르크 제국은 1853년 9월에 최후통첩을 한 후 10월 23일 러시아에 선전포고를 했다. 크림 전쟁이 시작된 것이다.

불붙은 전쟁

오스만 튀르크 제국은 오마르 파샤(Omar Pasha) 장군의 지휘 아래 비딘 (Vidin) 방면에서 다뉴브 강을 건너 칼라파트(Calafat)를 점령했다. 동시에 동부에서는 오스만 튀르크 제국군은 실리스트라(Silistra) 방면에서 다뉴브 강을 건너 올테니차(Oltenița)에 주둔한 러시아군을 공격했다. 그리하여 크림 전쟁의 첫 전투인 올테니차 전투가 발발했다. 다뉴브 강 전역(戰域)의 최초 전투에서 오스만 튀르크 제국은 러시아에 우세를 유지했다. 막강했던 차르의 군대는 초기에는 고전했지만 1854년 봄이 되자서서히 다뉴브 강 전역에서 오스만 튀르크 제국군을 제압하기 시작했다.

이제 영불 연합군이 나설 차례였다. 양측은 러시아에게 1854년 3월 다뉴브 강 전선에서 물러나라는 최후통첩을 통고했다. 물론 러시아가 이를 받아들일 리 없었다. 이를 빌미로 영국과 프랑스 양국은 공식적으로 선전포고를 하고 오스만 튀르크 제국의 편에 서서 참전했다. 한편 신성동맹의 한 축인 오스트리아의 향방은 주목할 만하다. 1848년 헝가리 혁명에서 오스트리아를 도와주었던 러시아는 내심 오스트리아의 참전을 기대했다. 오스만 튀르크 제국군이 다뉴브 강을 건너자 오스트리아도 트란실바니아(Transylvania)로 병력을 보내 이를 견제했다. 그러나 기기끼기가 다녔다. 오스트리아도 역시 러시아의 남하를 걱정했고, 오스만 튀르크 제국을 러시아의 남진을 막는 방벽이라고 생각했다. 더욱 충격적인 것은 오스트리아가 왈라키아와 몰다비아를 점령하여 완충지대로 만든 것이었다. 그러고는 오스트리아는 중립을 선언해버렸다. 오스트리아의 개입에 따라 사실상 다뉴브 강 전역에서는 더 이상 전투가 없었다.

한편 흑해에서도 전쟁은 계속되었다. 오스만 튀르크 제국과의 개전 초기에 영불 함대는 다르다넬스 해협밖에 있었다. 그 덕에 러시아는 11월 30일 시노페 해전(Battle of Sinope)으로 오스만 튀르크 제국 해군을 괴멸시킨 다음 무저항의 시노페(Sinope) 항구를 무차별로 공격했다. 이렇게 오스만 튀르크 제국이 일방적으로 당한 시노폐 해전은 오히려 영불 함대가 전선에 투입되는 계기가 되었다. 이 싸움에 끼어들 것인가 말 것인가 고민하던 영국과 프랑스 양국에게 러시아를 막아야 할 대상으로 확실히 인식시킨 것이었다.

영불 함대의 투입으로 전황은 180도 바뀌었다. 러시아군의 주력은 목제 범선이었지만, 영불 함대는 주력함을 증기선으로 전환했으며 폭발탄(explosive shell)을 보유하여 목제 선박을 일격에 파괴할 수 있었다. 결국 현저한 전력의 차이로 인해 러시아는 흑해, 발트 해, 베링 해 등 모든 지역에서 영불 함대에 패배했다. 다뉴브 강 전역과 흑해 전역에서 패배함으로써 러시아는 이미 전쟁의 목표를 달성하지 못하게 되었다. 오스만 튀르크 제국을 압박하기는커녕 이제 흑해에서 러시아의 존립 자체가 위태롭게 된 셈이었다.

●●● 러시아의 오스만 튀르크 제국 침공에 개입하려던 영불 연합군은 시노폐 해전을 빌미로 러시아에 대한 공세를 시작했다.

격전지는 크림 반도

러시아군 병력은 1854년 7월 몰다비아와 왈라키아에서 철수했다. 전쟁의 원인을 제공했던 발칸 반도에서 사실상 전투가 끝났기에 이 시점에서 전쟁 자체가 끝날 수도 있었다. 그러나 도리어 영국과 프랑스 내에서 전쟁의 열기가 식지 않아 전쟁을 시작했던 정치가들도 전쟁을 이쯤해서 멈추자는 주장을 도저히 할 수 없는 상황이었다. 결국 그해 9월 14일 영국·프랑스·오스만 튀르크 제국 연합군 6만 2,000여 명은 러시아 영토인 크림 반도로 진격해 들어갔다. 크림 전역이 펼쳐진 것이다.

칼라미타(Kalamita) 만의 에우파토리아(Eupatoria)로 상륙한 연합군의 목표는 러시아의 해군기지이자 요새인 세바스토폴(Sevastopol)이었다. 러시아의 지휘관 멘시코프(Alexander Sergeyevich Menshikov) 장군은 3만 5,000여 명의 병력으로 9월 20일 알마(Alma) 강에서 연합군을 막고자 했지만 중과부적(衆寡不敵)이었다. 알마 전투(Battle of the Alma)에서 패배한 후에 러시아는 세바스토폴 요새로 후퇴한 듯 보였다. 이제 세바스토폴까지 장애물이 없어진 연합군은 파죽지세로 남하했다.

세바스토폴 공세에서 우측면을 책임지기로 한 영국군은 항구도시 발라클라바(Balaclava)를 기지로 삼아 공성포 등 필요한 장비를 보급받기로 했다. 발라클라바 방어를 위해 연합군은 코즈웨이(Causeway) 고지에 적을 감제할 수 있는 요새 6개소를 구축했다. 영국군 총사령관 래글런 경(Lord Raglan)은 이 임무를 오스만 튀르크 제국군 병력 1,000여 명에게 맡겼고, 영국군 93하이랜더연대 550여 명을 예비대로 배정했을 뿐이었다.

그러나 러시아군은 이러한 연합군의 허를 찌르고자 했다. 멘시코프는 러시아와의 교통로를 연결하고 연합군의 측면을 위협하기 위해서 크림 반도의 중앙으로 진출하고자 했다. 24일 세바스토폴을 출발한 러시아군은 중간에 연합군을 기습할 기회도 없지 않았지만 그다지 성공

●●● 크림 전쟁은 다뉴브 강 전역에서 시작하여 크림 반도로 확장되어갔다.

을 거두지 못했다. 그러다가 영국군의 본진이 될 발라클라바 항구의 방어가 취약하다는 것을 알고는 공격을 결심했다. 이들은 다뉴브 강 전역에서 크림 반도로 이동한 러시아 제4군단 소속 제12사단과 합류하여 부족한 전력을 채웠다. 제4군단 예하의 다른 부대인 제10사단과 제11사단도 합류할 예정이어서 최대 6만 5,000여 명의 병력으로 공격할 수도 있었다. 그러나 니콜라이 1세의 재촉으로 일단 2만 5,000명의 병력과 전장포 78문만으로 공격에 나섰다. 그러나 이것만으로도 발라클라바의 동쪽 면을 경계하는 5,000명 미만의 영국군 병력에 비하면 엄청난 수였다.

우왕좌왕하는 영국군 지휘부

1854년 10월 25일 06시에 러시아군은 발라클라바 계곡으로 공격을 시작했다. 11개 대대, 약 1만 1,000여 명의 러시아군이 몰려오자, 1,000여명에 불과한 오스만 튀르크 제국군은 곧바로 열세에 몰렸다. 특히 래글런 경은 러시아군의 공격이 기만작전이라고 생각하고 오스만 튀르크 제국군 구원에 나서지도 않았다. 게다가 오스만 튀르크 제국군이 지키는 1선과 그를 지원해줄 2선 간의 거리가 너무도 멀었다. 결국 오스만 튀르크 제국군은 치열하게 저항했지만 1번부터 4번까지 요새 네 곳을 빼앗기고 후퇴했다.

이제야 발라클라바의 공격이 기만작전이 아니라는 것을 캉로베르(François Marcellin Certain de Canrobert)나 래글런도 깨닫게 되었다. 문제는 오스만 튀르크 제국군이 와해된 현재 발라클라바를 지키고 있는 병력은 극소수라는 것이었다. 루컨 경(Lord Lucan)의 기병사단, 93하이랜더연대, W 포대, 그리고 데이브니(Daveney) 대령 휘하의 병력 100여 명에 소수의 튀르크인뿐이었다. 래글런은 뒤늦게 케임브리지 공작(Duke of Cambridge)의 제1사단과 캐스카트(Cathcart)의 제4사단에게 발라클라바 평원으로 이동할 것을 명령했다. 그러나 세바스토폴 공성전에 투입되었던 이들 부대가 발라클라바에 도착하려면 2시간이 걸릴 터였다. 이들이 도착할 때까지 과연 수비대들이 기지를 지켜낼 수 있을지는 미지수였다.

래글런은 사포네(Sapouné) 고지에 올라가 지휘에 임했다. 이곳은 750미터 고지로 전황을 모두 지켜볼 수 있었다. 문제는 지휘통신이었다. 여기서 현장의 부대까지 명령을 전하려면 말을 타고도 30분을 달려야만 했다. 래글런의 첫 명령은 8시에나 도달했다.

"기병대는 오스만 튀르크 제국군이 점령한 요새의 제2선 좌측에 포진하라."

이에 따라 루컨의 기병사단은 6번 요새와 사포네 고지 사이에 위치하며 자신의 존재를 감추었다. 보병 지원 없이 기병을 소진하지 않겠다는 래글런의 생각이 그대로 반영된 명령이었다.

문제는 이 명령으로 인해 발라클라바로 향하는 통로가 러시아군에게 그대로 노출되었다는 것이다. 1~4번 요새를 포기하고 도주하는 오스만 튀르크 제국군을 쫓다 보면 그대로 발라클라바 항구로 전진할 수 있을 터였다. 이제 러시아군 병력을 막을 수 있는 병력은 캠벨(Colin Cambell)이 지휘하는 93하이랜더연대뿐이었다. 러시아군의 후사르 기병대가 맹렬한 기세로 달려들었다.

씬 레드 라인의 활약

93하이랜더연대가 방어 전력이 없는 발라클라바를 지킬 수 있는 유일한 마지막 방어선이라는 것을 캠벨은 잘 알고 있었다. 그는 러시아군의 포격을 피하여 언덕 뒤편에 대기하고 있던 병력 550명을 끌고 나갔다. 그들의 뒤에는 흑해만 있을 뿐이어서 그야말로 배수진(背水陣)을 친 것이었다. 캠벨은 부하들에게 말했다.

"제군들, 여기서 더 후퇴할 곳이 없다는 걸 기억하라. 제군들이 선 자리가 바로 무덤이다."

캠벨은 병력을 방진대형으로 배치하지 않고 2열로 세우고 다가오는 러시아 기병대를 맞이했다. 이 광경은 래글런이 지휘하는 사포네 고지에서도 분명히 보였다. 그곳에 같이 있던 영국의 《타임스(The Times)》지 특파원인 윌리엄 러셀(William Russell)은 당시 전투를 이렇게 기록했다.

"러시아군은 하이랜더를 향해 돌격했다. 말발굽이 닿는 지면 근처로는 흙이 튀어오르면서 속력이 빨라졌다. 그들은 강철 줄로 연결된 가는

●●● 발라클라바 전투에서 39하이랜더연대는 배수진을 친 공격으로 20배나 많은 러시아군을 물리쳤다. 전쟁사에서 손꼽을 만한 용맹함을 보여준 39하이랜더연대에게는 "씬 레드 라인(Thin Red Line)"이라는 별명이 붙게 되었다.

빨간 줄(thin red streak)을 향해 달려들었다."

하이랜더의 첫 일제사격은 효과가 없었다. 그러나 두 번째 사격이 이어지고 W포대와 해병대의 포격까지 이어지자, 러시아 기병대는 왼쪽으로 방향을 틀었다. 그리고 세 번째 사격이 계속되자 파죽지세로 달려오던 러시아 기병대는 말 머리를 코즈웨이 고지로 돌려 후퇴하기 시작했다. 9시 30분경의 일이었다. 자신보다 20배가 많은 병력이 달려드는데도 오히려 횡대로 서서 흔들림 없이 사격을 가하는 하이랜더를 보고 러시아군은 분명히 그 뒤에 더 많은 엄청난 병력이 있을 것이라고 생각했다. 전쟁사에서 손꼽을 만한 용맹함을 보여준 하이랜더에게는 "씬 레드 라인(Thin Red Line)"이라는 별명이 붙게 되었다.

한편 난데없는 래글런의 명령이 8시 30분에 중기병여단에 도착했다.

"드래군 8개 대대를 급파하여 고전 중인 오스만 튀르크 제국군을 지원하라."

문제는 이 명령이 도착했을 즈음에는 오스만 튀르크 제국군이 이미 와해되어 발라클라바까지 후퇴했다는 것이었다. 오히려 중기병여단이 하이랜더를 지원하여 러시아군 기병대를 공격했다면 전세는 단번에 뒤집혔을 것이다. 하지만 지휘부가 내린 명령은 적에게 빼앗긴 요새로 향하라는 것이었다. 문제는 그곳으로 향하기 위해서는 러시아 기병대를 정면으로 뚫고 지나가야 한다는 점이었다. 그러나 중기병여단장인 스칼렛(James Yorke Scarlett) 장군은 래글런의 명령을 그대로 이행했다.

경기병대의 돌격

스칼렛은 바보 같은 돌격을 묵묵히 수행했다. 최소한 4,000여 명이 버티고 있는 러시아 기병대의 중앙으로 300여 명의 중기병대가 뚫고 들어갔다. 그런데 또다시 놀라운 일이 벌어졌다. 죽기를 각오한 영국군이 악마처럼 사방으로 닥치는 대로 베고 쏘고 들이받자, 러시아군은 무력하게 멈춰 섰다. 약 10분간의 돌진으로 러시아 기병대는 코즈웨이 고지로 후퇴해버리고 말았다.

중기병대의 돌격으로 무려 10배가 넘는 적을 쫓아버리는 놀라운 성과를 거뒀지만, 사실은 더 큰 승리를 거둘 수 있었다. 이들이 교전하던 곳에서 불과 450미터 지점에 카디건 공작(7th Earl of Cardigan)의 경기병대 병력 600명이 있었기 때문이다. 후퇴하는 러시아군을 공격한다면 엄청난 피해를 입힐 수 있었을 터였다. 그러나 카디건은 자신의 상관인 루컨으로부터 자리를 지키고 어떤 공격도 방어하라는 명령을 받았다며 멍하니 지켜만 보고 있었다. 이렇게 명백한 승리의 기회가 눈앞에서 지나갔다.

카디건의 멍청한 판단에도 불구하고 스칼렛이 만든 천재일우(千載一遇)의 기회를 놓칠 수는 없었다. 그러나 아직도 영국군 제1사단과 제4

●●● 발라클라바 전투에서 경기병의 돌격사건은 영국 지휘부의 무능함을 그대로 보여주었다. 놀랍게도 이런 절망적인 작전에서도 영국 경기병들은 러시아군 포대까지 접근하는 데 성공하여 엄청난 근성을 보여주었다.

사단은 전선에 합류하지 못했다. 일단 래글런은 루컨에게 명령을 내렸다.

"기병대는 주어진 기회를 살려 고지들을 탈환하라. 이미 2개의 전선을 형성하라는 명령에 따라 진격하는 보병들이 지원할 예정이다."

그러나 전달 과정에서 마침표가 찍히면서 내용이 바뀌었다. 고지를 탈환하라는 내용은 그대로였지만, 마치 보병이 도착하면 같이 진격하라는 것으로 해석되었다. 그래서 루컨은 아무것도 안 하고 50분이니 가만히 있었고, 그사이 러시아군은 요새로 돌아가 전열을 정비했다.

상황을 애타게 지켜보던 래글런은 또다시 명령을 내렸다.

"기병대는 신속히 전진하여 적을 추격한 후 대포의 이동을 막아라."

낮은 지형에 있던 루컨에게는 대포는커녕 러시아군조차 보이지 않았다. 루컨이 우물쭈물하자 전령이 적과 대포의 위치를 가르쳐주었다. 래글런이 의도한 것은 코즈웨이의 대포였지만, 루컨은 엉뚱하게도 러시아군 본진의 대포로 이해하고는 카디건의 경기병대에 북쪽 능선을 공격하라는 명령을 내렸다. 1만 명이 넘는 적과 60문 이상의 포가 기다리는 고지의 적 요새로 돌격하라는 상식 이하의 명령이었지만, 카디건은 그저 돌격을 감행했다. 20분간의 돌격은 비참한 결과를 낳았다. 700여 명의 기병대 가운데 381명의 사상자가 발생하자, 기병대는 고지를 한 번 기습한 데 만족하고 부리나케 후퇴하고 말았다.

이후의 전투들

경기병대의 돌격이 그나마 적은 피해로 끝난 건 프랑스군 덕분이었다. 옆에서 보다 못한 프랑스군의 지원으로 그나마 희생을 줄일 수 있었다. 이렇게 바보 같은 판단이 반복되는 사이에 러시아군은 코즈웨이 고지의 요새들을 모두 점령하는데 성공했다. 래글런은 더 이상 병력을 소모했다가는 세바스토폴 공방전에서 불리할 수 있다고 판단하고 공략을 중지했다. 러시아군은 영불 연합군의 허를 찌르는 공격으로 충격을 안겨주면서 전술적 승리를 거둔 셈이었다. 그러나 극소수에 불과한 영국의 방어부대에 큰 피해를 입었을 뿐만 아니라, 상대적으로 우위에 있던 병력으로도 애초에 목표했던 발라클라바 항구 점령을 이루지 못해 진정한 승리를 달성하지 못했다.

한편 발라클라바 전투는 영국 본토의 여론을 들끓게 만들었다. 영국 국민은 영국군 지휘부가 보여준 무능에 치를 떨었던 것이다. 특히 당시 영국군 장교 사이에는 매관매직이 공식적으로 가능했다. 사실 카디건 공작도 이런 매관매직을 통해 기병대의 지휘관을 산 사람이었다. 결국 영국 정부는 돈으로 계급을 산 장교들의 지휘력에 의문을 품고 카드웰(Cardwell) 개혁을 통해 이 제도를 폐지하게 되었다. 한편 반대의 효과도 있었다. 포로 심문을 통해 영국 기병들이 술도 마시지 않고 저런 막무가내 돌격을 감행했다는 사실을 안 러시아군은 이후 영국 기병대와

●●● 발라클라바 전투의 무능함을 대표하는 3인의 지휘관. 왼쪽부터 영국군 총사령관 래글런 경, 기병사단장인 루컨 경, 경기병여단장인 카디건 경이다.

의 정면대결을 피하게 되었다는 것이다.

한편 발라클라바 전투 이후에도 여러 차례 전투가 있었지만, 근본적으로 러시아군의 열세가 뒤집힐 일은 없었다. 러시아는 자국 함선을 항구 앞에서 침몰시켜 항만 진입을 막고 수병들까지 하선시켜 세바스토폴 방어에 나서왔다. 영불 연합군의 공성포 공격을 장장 11개월간 버텨낸 러시아군이었지만, 체르나야 전투(Battle of the Chernaya)에서 대패한 후 방어선은 무너지고야 말았다. 그리고 1855년 9월 9일 영국군이 세바스토폴을 함락함으로써 전쟁은 사실상 끝나게 되었다. 영국이 태평양 캄차카 반도, 발트 해의 러시아령, 백해의 아르한겔스크(Arkhangelsk) 등에서 전방위로 압박하자, 러시아는 속수무책으로 당하면서 전의가 꺾였다.

이미 1955년 니콜라이 1세가 죽고 알렉산드르 2세(Aleksandr II)가 차르에 등극한 러시아는 1856년 3월 파리 조약으로 전쟁을 끝냈다. 오스만 튀르크 제국이나 흑해 연안에 해군기지를 설치하지 않는다는 조건

●●● 결국 세바스토폴이 함락되면서 러시아는 사실상 패전하고 말았다. 당시 포병장교로 현장에서 싸웠던 러시아의 대문호 레프 톨스토이(Lev Nikolayevich Tolstoy)는 『세바스토폴 이야기』를 통해 처참한 현실을 기록하기도 했다.

으로, 연합군은 러시아의 모든 영토를 반환했다. 크림 전쟁은 최초로 전신(telegraph)이 사용되고 종군기자가 취재할 뿐만 아니라 사진기록까지 남긴 전쟁으로 전쟁의 참상이 본국에 전해지면서 반전 여론이 형성되기도 했다. 무엇보다도 크림 전쟁은 영국 2만 5,000여 명, 프랑스 10만여 명, 러시아 최대 40만여 명 등 엄청난 인명피해를 기록하면서, 파리 조약을 통해 향후 50년간 유럽의 평화체제를 구축하는 중요한 계기가 되었다. 그러나 가장 많은 피를 흘린 러시아는 크림 반도를 빼앗겨서는 안 되는 땅으로 인식하게 되었고, 크림 반도의 비극은 150년이 지난 오늘날에도 이어져, 러시아의 크림 반도 복속이라는 결과를 낳았다. 역사는 이렇듯 현재로 연결되고 있다.

02

스당 요새의 격전

동원에 성공해 독일 제국을 탄생시킨 프로이센-프랑스 전쟁

19세기 중반에도 유럽 대륙의 혼전은 계속되었다. 나폴레옹 전쟁 이후 유럽의 모든 국가가 과거 프랑스를 압박했지만 크림 전쟁을 계기로 러시아에 대한 제재로 관심을 돌리면서 프랑스는 숨 쉴 여유가 생겼다. 특히 크림 전쟁으로 무려 50만 명의 사상자를 기록한 러시아 육군은 무너져버렸다. 프랑스는 다시 유럽 제1의 육군 보유국이 되었으며, 황제인 나폴레옹 3세(Napoléon III, Charles-Louis Napoléon Bonaparte)는 자신의 삼촌 시절인 '나폴레옹 시대의 영광'을 외치면서 공격적인 대외정책을 펼쳤다.

영국은 크림 전쟁에서 실익을 얻기는커녕, 엄청난 인명과 재정 손실을 맛보았다. 이후 영국은 유럽 대륙의 정치에 대해 고립정책을 펼치며 해외 식민지의 확장과 관리에 힘을 기울였다. 한편 러시아와 동맹이던 오스트리아는 참전보다는 중립을 지키고 종전을 중재함으로써 오히려 러시아와 관계가 악화되었다. 그러나 참전을 하지 않아서 더 큰 이익을 본 존재도 있었으니, 바로 프로이센이었다.

프로이센의 북부 통일

프로이센은 18세기 왕국이 된 이후에 꾸준한 양병을 바탕으로 프리드리히 2세(Friedrich II)에 이르러서는 대외확장정책으로 슐레지엔(Schlesien)과 서(西)프로이센(폴란드 분할)을 합병하는 등 유럽의 강대국으로 등장했다. 나폴레옹 시대에는 패배하여 프랑스의 지배까지 받기도 했지만, 결국 승전국이 되어 빈 체제(Wiener System)를 바탕으로 베스트팔렌(Westfalen) · 라인란트(Rhineland) 등의 새 영토를 얻기에 이르렀다. 그럼에도 프로이센은 독일을 통일하지 못한 채 머물러 있었다.

한편 1848년의 파리 2월 혁명은 독일까지 전파되어 혁명의 열풍이 불었다. 통일의 열기도 가열되어 독일 전역에서 온 대표자 600여 명이

●●● 프로이센의 재상으로 등용된 비스마르크는 철혈정책으로 독일 통일을 이끌어나갔다.

프랑크푸르트(Frankfurt)에 모여 독일국민회의를 형성하고 미래를 결정했다. 국민회의에서 오스트리아를 통일 독일에서 제외시킨다는 소독일주의입치과 함께 헌법으로는 입헌군주제를 채택하여 프로이센 황제에게 제안을 했다. 그러나 보수적인 황제는 혁명가의 제안을 받아들이기는커녕 혁명을 제압했다.

그러나 1861년 빌헬름 1세(Wilhelm I)가 프로이센의 황제로 즉위하면서 독일 통일의 희망이 보이기 시작했다. 군비확장을 둘러싼 정치적 대립을 해결하기 위해 바로 오토 폰 비스마르크(Otto von Bismarck)를 재상으로 임명했기 때문이다. 비스마르크는 융커(Junker: 하급 귀족) 출신의 강경한 보수주의자로서, 목적을 위해 수단을 가리지 않는 현실 정치가이자 외교관이기도 했다. 그는 자유주의 사상을 반대했고, 프로이센과

●●● 프로이센은 오스트리아와의 전쟁에서 승리하며 독일 북부지역을 통합하는 데 성공했다.

국왕을 열렬히 지지했다. 또한, 그는 프로이센 중심의 독일 통일을 확신했다. 그는 강한 통일의지를 보이면서 다음과 같은 취임연설을 했다.

"독일이 현재의 과제를 수행하기 위해 눈여겨보아야 할 것은 프로이센의 자유주의가 아니라 그 군비입니다. … 이 시대의 중요한 문제들은 더 이상 언론이나 다수결에 의해 좌우되는 것이 아니며, … 당면한 문제들은 오직 철과 피에 의해서만 해결될 수 있는 것입니다."

이런 의지를 바탕으로 비스마르크는 의회의 반대를 무릅쓰고 군비 확장을 강경하게 단행했다. 독일의 통합을 방해하는 세력을 배제하는 것이 목적이었다. 그리하여 1863년 덴마크가 독일의 일부인 슐레스비히(Schleswig) 공국을 편입시키려 하자, 1864년 오스트리아와 함께 덴마크를 침공해 승리했다. 이를 바탕으로 프로이센은 슐레스비히를 신탁통치하게 되었다.

프랑스의 불안

한편 오스트리아가 참전의 대가로 홀슈타인(Holstein)의 신탁통치를 요구하자 새로운 불씨가 생겼다. 애초에 소독일주의자였던 비스마르크는 오스트리아를 제외하고 독립해야 한다고 생각했고, 심지어는 프랑스와 접촉하여 오스트리아와 전쟁 시 중립을 지킬 것을 약속받았다. 결국 프로이센은 착실히 전쟁을 준비하여 1866년 오스트리아를 격파하면서 북독일 연방을 결성했다.

막상 북독일 연방이 형성되자 불안해진 것은 프랑스였다. 프랑스는 애초에 프로이센-오스트리아 전쟁에서 중립을 지키면서 실제로는 프로이센에 호의적인 태도를 보였지만, 바로 옆에 군사강국이 등장하자 곧바로 불편해졌다. 프랑스의 내각과 여론은 곧바로 나폴레옹 3세에게 조치를 취하라며 들끓었다. 심지어는 황제의 해외 군사원정을 반대하던 야당까지 나서서 프로이센을 공격할 것을 주장했다. 그러나 나폴레옹 3세는 공격에 나서는 대신 프로이센에게 라인 강 좌안 지대의 할양을 요구했다. 나폴레옹 시절 프랑스가 점령했다가 빈 회의를 통해 반환했던 코블렌츠(Coblenz), 만하임(Mannheim), 룩셈부르크(Luxembourg) 등의 지역이었다.

물론 비스마르크는 이런 어이없는 요구를 일언지하에 거절했으나, 프로이센 침공을 준비하지 못한 나폴레옹 3세는 '굴욕'을 참아야만 했다. 그렇다고 물러나면 황제의 통치력은 의심받을 수밖에 없었다. 나폴레옹 3세는 하다못해 전쟁에서 중립을 지킨 대가로 벨기에·룩셈부르크·라인란트 지역이라도 할양해달라고 비스마르크에게 요청했지만 이 역시 거절당했고, 프랑스 국민들의 분노는 높아졌다.

제2공화국을 무너뜨리고 황제로 등극한 나폴레옹 3세에게는 유일한 힘은 국민의 지지였다. 이런 지지를 유지하기 위해서는 군사적 승리를 통해 영토를 늘릴 수밖에 없었다. 그러나 유럽 내에서의 영토 확장이

●●● 나폴레옹 3세는 프로이센-오스트리아 전쟁 후에 중립의 대가로 보상을 요구했으나 비스마르크가 거절하면서 양측은 결국 전쟁에 돌입하게 되었다.

여의치 않자, 나폴레옹 3세는 인도차이나와 이탈리아, 멕시코 등지로 원정에 나서면서 영토 확장에 열을 올렸다. 그런데 오랜만에 주어진 유럽에서의 영토 확장 기회를 놓치게 되었으니 정치적 부담감이 클 수밖에 없었다.

조급함을 이용한 책략

비스마르크는 이러한 프랑스의 국내 정세를 읽고 있었고, 실제로는 나폴레옹 3세의 요구를 거절함으로써 그런 흐름을 만들기까지 했다. 프로이센은 신교도 지역인 독일 북부를 통합했지만, 가톨릭 지역인 독일 남부의 바이에른(Bayern), 바덴(Baden), 뷔르템베르크(Württemberg)를 통합하지 못했다. 종교의 차이로 인해 이들을 통합하려면 수십 년이 걸릴 터였다. 그러나 프랑스가 독일로 침공한다면 손쉽게 통합을 이룰 수 있을 것이라고 판단했다. 그리고 멍청하게도 프랑스는 공공연하게 벨기에, 룩셈부르크, 라인란트 지역을 통합하려는 야욕을 드러냈다.

북독일 연방이 형성되면서 독일의 인구는 3,000만 명으로 증가하면서 3,800만 명의 프랑스 인구에 근접하게 되었다. 프로이센 육군의 보병연대는 70개에서 105개로 급증했고, 연방주들까지 연대들을 보탰다. 게다가 프로이센의 산업 능력이 급속도로 성장하면서 석탄 생산량은 프랑스의 3배에 이르렀고, 철도 인프라까지 프랑스를 따라잡게 되자, 프랑스는 참을 수 없을 정도로 압박을 느꼈다.

　프랑스는 더 이상 '건방진' 프로이센을 방치할 수는 없었다. 프로이센에 경고하는 의미에서도 전쟁은 피할 수 없는 과정이었다. 그리고 프로이센으로서도 사사건건 '시어머니' 노릇을 하려는 '오만방자'한 프랑스를 내버려둘 수만은 없었다. 오스트리아가 패배하여 물러난 상황에서 이제 독일의 통일을 방해하는 세력은 프랑스뿐이었다. 오히려 이러한 프랑스의 침략은 종교 문제로 갈라져 있는 독일의 북부와 남부를 통합하는 데 커다란 도움이 될 터였다. 양쪽 다 전쟁을 간절히 원했다. 이제 계기만 주어지면 될 터였다.

　엉뚱하게도 그 계기는 스페인에서 생겼다. 1868년 스페인에서 혁명이 일어나 프랑스 출신의 부르봉 왕가(House of Bourbon)가 쫓겨나고 혁명 지도자들이 프로이센 빌헬름 1세(Wilhelm I)의 사촌인 레오폴트(Leopold) 공에게 왕위에 오를 것을 제의하자, 프랑스는 극렬히 반발했다. 빌헬름 1세는 애초부터 프랑스의 입장을 존중할 생각이었지만, 비스마르크는 전쟁을 벌일 절호의 기회를 놓칠 수 없었다. 그리하여 프랑스 대사가 휴양도시인 바트 엠스(Bad Ems)로 휴가를 온 프로이센 국왕을 겁박했다는 내용을 영국의 언론에 흘렸다. 그리하여 프랑스와 프로이센 양국의 감정싸움은 극도로 치달았고, 결국 정치적 승리를 필요로 하던 나폴레옹 3세는 1870년 7월 19일 프로이센에 선전포고를 하게 되었다.

준비하지 않은 자는 패배할 뿐

프랑스 국민들은 전쟁선포에 환호했고 여론은 당장이라도 베를린을 점령해야 한다고 들끓었다. 그러나 막상 프랑스군에게 프로이센을 침공하기 위한 본격적인 병력은 없었다. 프랑스군의 총병력은 40여 만 명으로 예비역을 동원하면 60여 만 명까지 증원할 수 있었다. 또한 일종의 민병대인 국민위병까지 동원할 경우 40만 명을 더 증원할 수 있었다. 프랑스 병사들은 크림 반도, 알제리, 이탈리아 반도, 멕시코 등에서 전쟁을 거친 베테랑들로 징집병 위주인 프로이센보다 강하다고 자부하고 있었다. 그러나 프랑스 병사들은 계속된 전쟁 속에서도 군기가 해이했고 알콜 중독자도 많았다.

그럼에도 불구하고 프랑스 지휘부는 낙관적이었다. 그들은 프로이센이 동맹군과 예비대를 동원하는 데 7주가 걸릴 것으로 추정한 반면, 프랑스는 14일이면 병력을 동원할 수 있을 것이니 자신들이 우세하다고 내다봤다. 실제로 나폴레옹 시절 프랑스군은 순식간에 병력을 증원하여 원하는 곳에 제시간에 도착하곤 했다. 유럽 각국이 두려워하는 것은 바로 그러한 프랑스의 병력 동원 능력이었다. 프로이센군은 이미 선전포고 전인 7월 15일부터 동원령을 선포하여 프랑스의 공세에 대비하고 있었다.

그러나 나폴레옹 3세는 삼촌인 나폴레옹과는 달랐다. 애초에 그에게 전쟁계획이란 없었다. 룩셈부르크 병합을 놓고 프로이센과 대립할 당시 프랑스군 사령관인 니엘(Adolphe Niel) 원수는 군제개혁을 도모하는 한편, 철도망을 구축하여 순식간에 병력 투입으로 프로이센과 남부 독일 사이를 돌파해 들어간다는 계획을 세워놓았다. 그러나 느슨한 제2제국의 분위기에서 군제개혁은 물론이고 군사용 철도 통합 작업도 이뤄지지 않았다. 그리고 막상 선전포고 이후에도 프랑스군은 메스(Metz)의 라인군(Army of the Rhine), 알자스(Alsace)의 제1군단, 샬롱(Châlons)의

Chassepot rifle with bayonet

●●● 프랑스는 최신형 샤스포 소총에 미트라예즈 '기관총'까지 장비하여 우수한 보병 전력을 보유했지만, 포병은 프로이센에 비해 빈약했다. 사진은 샤스포 소총(위)과 총검(아래).

●●● 바늘총에 의존한 프로이센군은 화력이 빈약했지만 뛰어난 농원 능력으로 쿠페 10일 만에 주요 병력을 프랑스 접경으로 배치했다.

제6군단 등 세 덩어리로 분산 배치되어 있었고, 병력 수준은 28만여 명에 불과했다. 한마디로 전쟁 준비 없이 선전포고부터 한 것이다.

이에 반해 프로이센은 정규군 외에 독일 전역에서 징집한 징집병까지 가세하면서 병력이 무려 100만 명에 달했다. 프로이센군은 야전포병을 적극적으로 활용한 섬멸전이 주축이었고, 적의 포병 공격을 피하기 위해 대규모 행렬 대신 소규모 부대 이동을 원칙으로 했다. 보병의 화력 측면에서 프랑스군은 사정거리 1,500m의 샤스포(Chassepot) 소총에 더하여 기관총의 전신인 미트라예즈(mitrailleuse) 포까지 보유하여 바늘총에 의존하는 프로이센에 비해 우세한 편이었다. 그러나 포병에서는 프로이센은 후장식의 크룹(Krupp) 6파운드 포를 운용하여 전장식 구형 야포를 운용하는 프랑스군보다 명백히 우위에 있었다. 또한 명장 몰트케(Helmuth von Moltke) 원수를 주축으로 한 참모본부 체제를 구축하여 치밀한 전쟁 기획 및 지도 능력을 보유하고 있었다.

어설픈 전진과 반격

선전포고를 했으나 무려 일주일이 넘게 전투가 벌어지지 않자, 프랑스 국내의 여론은 악화되었다. 결국 나폴레옹 3세는 직접 '전선(戰線)'으로 나아가서 라인군을 '지휘'하겠다고 나섰다. 문제는 작전계획이었다. 전쟁 전에 니엘 원수가 세운 애초의 계획에 따르면, 프랑스군은 티옹빌(Thionville)에서 프로이센의 라인란트로 진격해 들어갈 예정이었다. 그러나 오스트리아가 프랑스의 동맹으로 전쟁에 참여할 것이라는 계산에 따라 프랑스군은 방어적인 작전계획으로 전환했다. 프랑스군은 3개 군단으로 나뉘어 접경지대에서 프로이센군의 공격을 막아낸 다음 오스트리아군과 함께 독일 남부로 진격하겠다는 계획을 세웠다.

이에 따라 프로사(C. A. Frossard)의 제2군단과 바젠(F. A. Bazaine)의 제3군단은 7월 31일 자르(Saar) 강을 넘어 자르브뤼켄(Saarbrücken)으로 진격했다. 이곳을 장악해야 독일로 진격하는 철로를 점령할 수 있었기 때문이다. 그러나 이곳은 방어에 유리한 지역이었기 때문에 이곳을 지키던 프로이센의 제16사단과 제40사단은 매우 잘 지켜냈다. 몰트케는 우수한 철도망을 통해 이미 46만여 명의 병력을 18일 만에 프랑스의 접경지대로 배치시켰다. 프랑스군도 이 사실을 알고는 공격에 나선 부대들을 허겁지겁 복귀시켜 방어태세로 전환했다.

이제 공은 프로이센으로 넘어왔다. 8월 4일 프로이센이 프랑스의 국경 요새들을 공격함으로써 진짜 전투가 시작되었다. 비상부르(Wissembourg)가 최초의 전장터였다. 프로이센의 제3군이 공격을 가했으나 최초에 프랑스군은 겨우 1개 사단만으로도 선전을 하면서 버텨냈다. 특히 샤스포 소총의 우수성이 빛을 발했다. 그러나 결국에는 강력한 프로이센의 포병 병력 앞에 무릎을 꿇고 말았다.

8월 5일 자르브뤼켄에서는 프로이센의 제1군이 출정하여 스피슈렌(Spicheren)에 주둔하던 프로사 장군의 제2군단을 압박했다. 초기에는 프랑스군이 분전하여 지켜냈으나, 결국 메스 지역으로 물러나고 말았다. 그리고 8월 6일에는 뵈르트(Wörth)에서 프로이센 제3군과 프랑스의 라인군 사이에 전투가 벌어졌다. 역시 프랑스군은 패배하여 보주 산맥(Vosges Mountains)으로 후퇴했다. 이렇게 프랑스군은 공격의 기회를 날렸음은 물론이고, 모든 전선에서 패배하면서 프로이센군의 침공조차 막지 못했다.

누적되는 패배

라인군을 포함한 프랑스군이 메스 요새로 후퇴하자, 나폴레옹 3세는 반격을 위해 샬롱(Châlons)으로 후퇴하여 집결하라는 명령을 내렸다. 8월 15일 프로이센 기병대는 정찰을 통해 라인군이 후퇴 중임을 파악했고, 다음날 프로이센 제3군단 병력 3만 명이 공격을 감행했다. 이들은 후퇴 중인 병력이 라인군의 후위라고 오판하고 마스라투르(Mars-la-Tour)에서 싸움을 걸었다. 그러나 실제로는 선견대와 싸운 것이고 본진은 그 뒤에 있었다. 만약 프랑스군이 맹렬하게 공격을 결심했다면 제3군단은

●●● 프랑스는 먼저 선전포고를 해놓고도 비상부르 전투와 스피슈렌 전투(사진) 등에서 패배함으로써 프로이센에게 오히려 침공을 당하고 말았다.

전멸했을 것이다. 하지만 프로이센군이 맹렬히 공격하자 프랑스는 이동을 멈추고 후퇴했다. 이 전투는 서유럽의 최후의 성공적 기병 돌격으로 기록되는데, 프로이센군은 무려 1만 5,000여 명을 잃었음에도 4배 규모인 적군 12만 명을 저지하는 데 성공했다.

마스라투르 전투 발발 이틀 후 프로이센군은 그라블로트(Gravelotte)에 고립된 라인군에게 공격을 가했다. 이번에는 모든 프로이센 병력이 집결했고, 몰트케가 08시부터 제1군과 제2군을 투입하자 전투가 시작되었다. 저녁까지 치열한 전투가 계속되었다. 보병이 우세한 프랑스군을 상대로 프로이센군은 돌파구를 마련하지 못했고, 오히려 제1군이 패배하면서 전황은 불리해졌다. 그러나 프로이센군은 어두워진 이후에도 치열하게 압박을 계속했다. 결국 다음날 프랑스군이 메스로 후퇴하고 공성전으로 전환하면서 그라블로트 전투는 프로이센의 승리로 끝났다.

이렇듯 증원 재창설 병력이 메스 요새에 포위되자, 나폴레옹 3세는 이들을 구원하기 위해 나섰다. 샬롱의 프랑스군은 샬롱군(Army of Châlons)으로 개편하여 프로이센의 포위망을 우회하기 위하여 벨기에 국경으로 기동했다. 이런 회피기동을 파악한 몰트케는 협공에 나섰다. 제1군과 제2군이 메스 요새를 포위하는 사이 몰트케는 제3군과 기타 병력을 이끌고 8월 30일 보몽-앙-오주(Beaumont-en-Auge)에서 프랑스군을 기습했다. 기습을 당한 프랑스군은 5,000여 명의 사상자를 기록하며 스당(Sedan)으로 후퇴했다.

이렇게 샬롱군이 스당으로 후퇴하자, 몰트케는 제3군과 뫼즈(Meuse)군으로 하여금 곧바로 스당을 포위하도록 했다. 한편 스당에서 재편성을 마친 샬롱군은 다시 제1군단을 파견하여 프로이센군의 동정을 살피려 했으나, 증원된 프로이센군에게 고립당했다. 프랑스군은 후위에는 스당 요새를, 좌우에는 언덕과 숲을 두고 방어진을 형성했다. 보병대대 202개, 기병대 80개, 야포 564문으로 구성된 프랑스군 12만 명을 보병대대 222개, 기병대 186개, 야포 774문으로 구성된 20만 명의 프로이센군이 포위하고 있는 형국이었다. 결코 프랑스에게 유리한 싸움이 아니었다.

스당의 몰락

불리한 상황에서도 나폴레옹 3세는 마크마옹(Marie Edmé Patrice Maurice

de MacMahon) 원수에게 포위를 뚫고 나갈 것을 명령했다. 프랑스군
은 라몽셀(La Moncelle)을 통해 돌파구를 마련하고자 했다. 마찬가지
로 프로이센군도 라몽셀을 공격 루트로 정하고 있었다. 또한 게오르크
(Georg) 공작의 제11군단이 라몽셀을, 폰 데어 탄(Von der Tann) 장군이
우익의 바제이유(Bazeilles)를 공략할 예정이었다. 한편 방어를 위해 프
랑스 제1군단은 마을 사람까지 징집하여 장애물을 구축했다.

9월 1일 04시에 폰 데어 탄 부대는 부교를 이용하여 도하하면서 공격
을 시작했으나, 격렬한 저항으로 인해 마을의 남쪽에서 고전했다. 교전
이 일어나자 프랑스군의 제1·5·12군단 예하 여단들이 속속 도착했다.
08시에 프로이센군의 제8보병사단이 증원되자 폰 데어 탄은 결정적 기
동을 결심했다. 그리고 09시가 되자 야포 지원까지 가능하게 된 프로이
센군은 공격에 나서면서 지역을 점령했다. 한편 제11군단은 06시부터

●●● 결국 최후에 스당으로 몰린 프랑스군은 프로이센군의 맹렬한 공격에 허무하게 무너
지고 말았다.

●●● 1870년 9월 2일, 스당에서 샬롱군을 이끌던 나폴레옹 3세는 결국 투항하고야 말았다.

라몽셸을 공략하기 시작했고 프랑스군은 07시쯤에는 의미 있는 역습을 가하기도 했다. 그러나 마크마옹이 부상을 입어 지휘권이 오귀스트 뒤크로(Auguste Ducrot)에게로 넘어가면서 프랑스군은 혼란에 빠졌고, 바제이유가 함락되면서 프로이센군이 증원되자 결국 무너지고야 말았다.

11시경이 되자 프로이센군의 모든 야포가 동시에 프랑스군을 두들겼고, 보병까지 증원되었다. 치열한 포격 함께 북서 방면과 남서 방면에서 동시에 공격이 계속되자, 샬롱군은 더 이상 기동할 공간이 없이 완전히 포위되고 말았다. 프랑스 기병대는 탈출구를 찾아 플루앙(Floing) 마을을 향해 3회나 기병돌격을 실시했으나 엄청난 희생자만 내고 실패하고

●●● 프랑스를 제압한 프로이센은 드디어 1871년 1월 18일 베르사유 궁전 거울의 방에서 독일 제국의 수립을 선포하고 빌헬름 1세를 독일의 황제로 선언함으로써 독일의 통일이라는 대망을 이루었다.

말았다. 결국 더 이상 탈출구가 보이지 않자, 나폴레옹 3세는 공격 중지 명령을 내렸다. 이날 프랑스군은 전사자 1만 7,000명과 부상자 2만 1,000명을 기록했다. 결국 방법을 찾을 수 없던 나폴레옹 3세는 다음날 백기를 걸고 프로이센군에게 투항하고야 말았다.

나폴레옹 3세가 투항하자, 프로이센군은 당당히 프랑스의 수도 파리를 향해 진격했다. 비스마르크는 투항한 나폴레옹 3세를 지극히 대접하면서 항복문서에 서명받고자 했다. 그러나 황제가 패배하자 9월 4일 파리에서 민중봉기가 일어나면서 제2제정이 붕괴하고 국민방위정부가 들어서서 저항을 계속했다. 그러나 막강한 전력의 프로이센이 파리를 포위하고 물자를 차단하자, 프랑스 공화정부는 4개월 만인 1871년 1월 평화를 제의했다. 프랑스를 꺾은 프로이센은 1월 18일 북독일 연방 제후와 남독일 3개국 군주들을 베르사유 궁전에 모아놓고 국왕 빌헬름 1세를 독일 제국 황제로 추대했다. 프랑스를 제거함으로써 독일은 그토록 원하던 통일을 이루게 된 것이다.

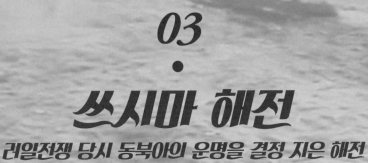

03

쓰시마 해전

러일전쟁 당시 동북아의 운명을 결정 지은 해전

1868년 메이지 유신 이후 일본은 서구 열강의 침략 대상국에서 스스로 제국주의 국가로 성장했다. 존황양이(尊皇攘夷)를 표방하며 구질서인 막부(幕府) 체제를 무너뜨린 이후에 실제로는 양이(攘夷: 서양 배척)를 추구하기는커녕 공격적인 서구화를 추구했다. 그 결과, 일본은 비서구 지역에서는 거의 유일하게 스스로 근대화에 성공한 국가가 되었다. 제국주의 국가로 성장한 일본에게 필요한 것은 정복 대상이었고, 일본의 바로 눈앞에 펼쳐진 것은 한반도였다.

일본의 한반도 전략

당시 조선은 성장의 동력 없이 서구 열강의 침략에 노출되어 있었지만, 청나라와의 안보동맹으로 근근이 국가를 유지해오고 있었다. 따라서 한반도를 차지하기 위해서 일본은 청나라의 영향력을 제거할 필요가 있었다. 이런 이유로 벌어진 것이 바로 청일전쟁이다. 일본은 야마가타 아리토모(山縣有朋)의 지휘 아래 근대적인 육군을 창설했고, 육군참모본부는 이미 1887년 청나라에 대한 침략 계획인 '청국정토책안(淸國征討策案)'을 마련했다. 1894년 7개 사단과 연합함대를 내세운 일본은 손쉽게 청나라에게 승리를 거두었다. 일본은 1895년 4월 청나라와 시모노세키 강화조약(下關 講和條約)을 통해 조선에서 청나라를 몰아내고 랴오둥 반도(遼東半島), 타이완(臺灣), 펑후제도(澎湖諸島)를 할양받았으며 덤으로 무려 3억 엔의 배상금까지 받았다.

청나라의 패배로 국가적 무능함이 드러나자, 서구 열강들의 청나라 분할 경쟁은 더욱 치열해졌다. 그 유탄을 일본이 맞았다. 러시아가 주도하고 프랑스와 독일이 나서면서 삼국간섭으로 인해 일본은 힘들게 차지한 랴오둥 반도와 전략적 요충지인 뤼순(旅順)항 및 다롄(大連)항을 반환해야만 했다. 일본과 러시아는 1896년부터 한반도에서 38선을 기

●●● 일본의 전쟁과 외교를 상징하는 야마가타 아리토모(왼쪽)와 이토 히로부미(오른쪽). 야마가타 아리토모는 일본 제국 육군 원수이자 내각 총리대신을 두 번 지낸 인물이며 일본 의회제도 체제 하의 최초 총리이다. 일찍이 근대 일본의 군사와 정치 토대를 마련했으며, '일본 군국주의의 아버지'로 불린다. 1903~1909년 이토 히로부미와 함께 번갈아 추밀원 의장직을 맡았고, 러일전쟁을 승리로 이끌어 공작 작위를 받았다.

THE GAME OF "HE LOVES ME; HE LOVES ME NOT." IN THE FAR EAST.

●●● 삼국간섭으로 랴오둥 반도를 빼앗긴 일본은 러시아와의 전쟁을 두고 사전부터 철저한 계산을 하고 있었다.

준으로 이남은 일본이, 이북은 러시아가 각각 활동 영역을 정하기로 합의했다. 이렇듯 부동항에 목말라하던 러시아가 만주에서부터 뤼순항을 거쳐 한반도에 이르기까지 남하 의도를 노골화하자, 일본 내에서는 러시아 경계론 및 주전론이 대두되었다. 이에 따라 일본 제국 육군에서는 1900년부터 러시아 작전 계획을 세우기도 했다. 한편 이토 히로부미(伊藤博文) 등 정치인들은 러시아와의 외교협상을 통해 갈등을 해결하고자 했다. 이들은 "만주는 러시아가 차지하고 조선은 일본이 점령한다"는 기본 입장을 러시아에 표명하면서 한반도 북위 39도선에서 완충지대를 설정하겠다는 제안까지 제시했다. 그러나 러시아는 조선이 독립국인 편이 훨씬 더 안보 이익에 부합했으므로 협상은 이뤄지지 않았다. 협상이 결렬되었으니 남은 것은 전쟁뿐이었다.

그러나 일본이 홀로 러시아에 군사적으로 대항한다는 것은 결코 현명한 전략이 아니었다. 이에 따라 야마가타 등의 주전파들은 러시아를 견제할 만큼 강력한 국가인 영국을 안보동맹으로 끌어들이고자 했다. 무엇보다도 각국의 이해관계가 관건이었다. 아프가니스탄과 페르시아의 지배권을 두고 러시아와 반목하던 영국은 당연히 일본과 동맹을 맺을 이유가 있었다. 게다가 일본은 의화단 전쟁에서 큰 활약을 했기 때문에 영국으로서도 믿을 만한 상대였다. 이에 따라 양국은 1902년 1월 30일 런던에서 영일동맹을 체결했다. 영국은 청나라에, 일본은 조선에 대한 우선권을 서로 존중하는 한편 제3국으로부터 그 이익이 침해될 때는 서로 군사적 지원을 한다는 5년짜리 약속이었다. 이에 더하여 러시아가 중국의 동북부 지역을 점령하는 데 반대하던 미국도 일본에 대한 경제적 지원을 약속했다. 불과 30여 년 전에는 청나라나 조선처럼 서구 열강의 침략 앞에 흔들렸던 일본이 이제는 서구 열강과 같은 반열에서 제국주의 영토 확장에 본격적으로 나선 것이었다.

일본, 전쟁을 대비하다

일본 내에서는 러시아와 전쟁을 할 것인가를 두고 많은 논란이 있었다. 그러나 육·해군의 소장파가 군부 내의 강경론을 주도했으며 민간 정치가들과 도쿄제국대학의 학자들은 대러 강경론의 이론적 토대까지 제시했다. 육군은 사단이 무려 13개로 늘어나 10년 전 청일전쟁에 비해 그 규모가 2배 증가했다. 그러나 러시아와의 다가올 전쟁에 대비해 오랜 기간 준비해둘 필요가 있었던 것은 바로 해군력이었다. 해군 함은 1~2년 만에 건조될 수 없었기 때문이다.

청일전쟁 당시 일본은 세계적 수준의 주력함을 단 한 척도 보유하지 못했다. 이를 자각한 일본은 청일전쟁 중이던 1894년에 전함 후지(富士)와 야시마(八島)를 영국에서 건조하고 있었다. 1897년 시키시마(敷島)를, 1989년 하쓰세(初瀨)와 아사히(朝日)를, 그리고 1899년에는 1만 5,000톤급 전함 미카사(三笠)를 영국에서 건조하기 시작했다. 6척의 전함은 1897년부터 1902년까지 차례로 완성되었다. 일본은 약 10년간의 노력으로 전함 6척과 장갑순양함 6척을 주축으로 하는 통칭 '6·6 함대'를 건설했다. 1904년까지 일본 해군은 총 152척에 총톤수 26만 4,600톤의 함정을 보유하게 되었다. 물론 이러한 군비증강이 가능했던 것은 청일전쟁의 배상금 덕분이기도 했다.

본격적인 대러 전쟁계획이 작성된 것은 1902년부터였다. 전쟁계획은 우선 황해와 동해 등에서 해군 작전으로 한반도의 제해권을 장악한 후에 육군이 남포와 나진 등으로 한반도에 상륙한 후 대륙으로 증원되어 본격적인 전쟁에 돌입한다는 것이었다. 양국 간의 전쟁은 이미 서구 열강들 사이에서 예측되고 있었는데, 열강들 사이에서도 신규 진입국들 사이의 싸움이었기에 그 추이를 많은 국가들이 흥미진진하게 지켜보았다. 프로이센-프랑스 전쟁 이후 30여 년 만에 일어나는 본격적인 열강들 간의 전쟁이었기 때문이다. 보어 전쟁이나 미국-스페인 전쟁에서도

●●● 일본은 러시아와의 결전에 대비하여 차분히 군함을 건조해나갔다. 1902년 취역한 미카사는 연합함대의 주력 전함이자 기함으로 일본 제국주의의 상징과도 같은 존재였다.

현대전의 모습이 그려지기는 했지만, 비슷한 국력을 가진 국가들 간의 본격적인 전쟁은 아니었다.

러시아는 나폴레옹을 패배시킨 강대국이었지만 당시의 군사력에 대해서는 의문이 있었다. 일본은 메이지 유신(明治維新) 이후 서구 열강과 같은 수준으로 성장한 국가로, 약체인 청나라를 상대로 이겨봤을 뿐 현대적인 군사력을 갖춘 열강과는 싸워본 적이 없었다. 독일의 화력주의를 채용한 일본 육군과 프랑스식 백병주의에 바탕한 러시아 육군의 싸움도 흥미진진했거니와, 19세기 중반 이래 최초로 대형 장갑함 간의 해전이 벌어질 러시아와 일본 해군의 싸움에도 관심이 집중되었다.

일본, 전쟁을 결정하다

일본 정부는 1903년 8월 이래로 만주 문제와 대한제국 문제를 해결하기 위해 러시아와 협상을 계속해왔다. 협상파들의 끈질긴 노력에도 불구하고 러시아는 결코 일본의 한반도에 대한 정치·군사적 우선권을 인정하지 않았다. 점점 상황이 가열되자 1904년 1월 13일 일본은 중국 국경 보장이나 조선의 비무장화 등 조건을 철회하면서 최후통첩에 가까운 통지문을 날렸다.

러시아는 시간을 더 끌려고 했지만, 결국 2월 4일 일본은 어전회의를 통해 러시아와 전쟁을 결정하고 러시아에 국교 단절을 통보했다. 그러나 전쟁은 실제로는 일본의 선전포고 없는 기습공격으로 시작되었다. 일본은 선제공격을 가한 이후에 선전포고를 하는 등 야비한 전쟁수행 방식을 그대로 답습했다. (전쟁을 2월 8일에 개시했으나 선전조서가 실제로 전달된 것은 2월 10일이었다.)

일본의 대러 전쟁계획은 청일전쟁과 거의 유사했다. 우선 조선 내의 러시아군을 몰아낸 후에 중국 남부지역을 석권한다는 것이었다. 이를 위해서는 제해권을 장악하는 것이 우선이었다. 뤼순항에 집결한 러시아 제1태평양함대를 격파하고 뤼순항을 봉쇄함으로써 러시아군의 한반도 증원을 차단한다. 그사이 조선으로 상륙한 일본군은 얼마 안 되는 러시아군을 압록강 위로 몰아낸 이후에 뤼순항을 점령한 병력과 합류하여 러시아군을 만주에서 완전히 제거한다는 계획이었다.

전쟁의 흐름을 읽은 대한제국은 전쟁에 휩싸이지 않기 위해 중립을 선언했다. 그러나 제국주의 시대에는 무엇보다 힘이 우선이었다. 한반도 석권이 목표였던 일본은 대한제국의 입장따위는 안중에도 없이 전쟁을 진행했다. 2월 6일 연합함대 사령관 도고 헤이하치로(東鄕平八郞)는 연합함대에게 출항 명령을 내렸다. 연합함대는 제1·2·3·4전투함대로 편성되었으며 14척의 순양함과 35척의 어뢰정으로 구성되어 있었다. 이들의 목표는 뤼순항의 러시아 제1태평양함대였다. 연합함대는 2월 8일을 공격개시일로 정하고 사세보(佐世保)항을 출발하여 뤼순으로 향했다. 그러나 서해에 이르렀을 때 우류 소토키치(瓜生外吉) 제독의 제

●●● 러일전쟁은 도고 헤이하치로(사진)가 이끄는 연합함대의 주도 하에 시작되었다.

4함대는 순양함 5척과 어뢰정 8척을 이끌고 제물포 공략에 나섰다.

전쟁의 시작, 제물포 해전

2월 8일 오후 3시 40분경 팔미도 앞바다에서 러시아 해군의 포함(砲艦) 카레예츠(Korietz)가 제4함대와 조우했다. 일본군이 전쟁을 시작했다는 사실을 알 리 없는 카레예츠는 항행 예절에 따라 경외 신호를 보냈지만, 일본 함들은 답례는커녕 카레예츠를 포위하는 대형을 취했다. 일본 함들이 카레예츠의 앞길을 막으면서 어뢰를 발사하자, 카레예츠가 대응포격을 하면서 러일전쟁 최초의 교전이 시작되었다. 다수의 적에게 길이 막힌 카레예츠는 곧바로 제물포로 귀환했다. 국제중립항인 제물포에는 러시아군 순양함 바랴그(Varyag) 이외에도 일본군 순양함[치요다(千代田)]는 물론이고 영국, 프랑스, 이탈리아, 미국 등의 군함이 정박해 있었다.

일본군이 몰려오자 바랴그의 프세볼로트 루드네프(Vsevolod Rudnev) 함장은 국제 교전 규칙에 기대기로 했다. 그는 제물포에 정박하는 국제 해군 함장들 가운데 최선임자인 영국 탈보트 함(HMS Talbot)의 베일리(Lewis Bayly) 대령을 찾아가 "일본 함대에 중립국 항구에서 적대행위를 중지할 것을 경고해달라"며 도움을 요청했다. 베일리도 이를 받아들여 우류 소토키치(瓜生外吉)를 찾아가 중립국에서는 군함 간의 교전을 금하며, 이를 어기는 함정에 대해서는 영국 군함도 무조건 발포할 것임을 경고했다. 이러한 노력으로 제물포항 내에서 교전은 없었지만, 일본군은 항구에 병력 3,000여 명을 내려놓았다. 한편 밤 사이 러시아 본국에서 제물포로부터 피하라는 명령을 인수받은 루드네프는 다음날 오전 출항을 결의했다. 14 대 2라는 말도 안 되는 전력의 열세에도 불구하고

●●● 러일전쟁의 첫 교전은 일본 제4함대가 러시아 포함 카레예츠(사진)를 공격하면서 시작되었다.

●●● 순양함 바랴그는 일본 함대를 맞아 홀로 분전했지만 곧 전투불능에 빠졌다.

●●● 바랴그 함의 함장 루드네프는 함정을 적군에게 넘겨주느니 차라리 침몰시키기로 결정했다.

오전 11시 20분경 바랴그와 카레예츠는 출항했다.

　러시아 전대가 팔미도 인근에 이르자, 무의도 인근에서 대기하던 일본 함대가 순양함 아사마(浅間)를 선봉으로 차단 기동에 나섰다. 그리고 아사마의 8인치 함포 사정거리인 6km 안에 들어가자 사격이 시작되었다. 바랴그와 카레예츠도 이에 대응했다. 순식간의 교전으로 바랴그는 엄청난 피해를 입었다. 그러나 바랴그도 포격으로 치열하게 반격하여 아사마의 함장이 즉사했고 다카치호(高千穗)가 침몰했다. 그러나 1시간 동안 계속된 교전으로 바랴그는 전투불능에 빠졌다. 루드네프는 제물포로 다시 후퇴할 것을 결정했다. 제물포 외항에서 루드네프는 수십 명의 전사자를 내고 더 이상 전투도 항행도 불가능하게 된 바랴그 함을 자침시켰고, 전투손상이 없던 포함 카레예츠도 일본군의 손에 넘기지 않기 위해 자폭시켰다.

제물포의 러시아군을 제압한 일본군은 2월 16일부터 27일까지 제12사단 병력 1만여 명을 상륙시켰다. 일본군이 한성을 포위하고 한일의정서 체결을 강요하자, 위세에 눌린 대한제국은 의정서에 서명할 수밖에 없었다. 이에 따라 일본이 군사상 필요한 지점을 마음대로 사용할 수 있게 되었다. 여기에 더하여 기존에 일본이 부설권을 따낸 경부선과 경의선은 결국 일본의 군사철도로서 대륙 침략의 원동력으로 사용되었다. 한반도는 순식간에 일본에게 유린되었다.

목표는 뤼순항

제4함대를 제물포로 보낸 도고 헤이하치로(東郷平八郎) 제독은 연합함대를 이끌고 2월 8일 18시에는 뤼순항 동쪽 60km 지점에 이르렀다. 여기서 연합함대는 전력을 나누어 제1·2·3구축함전대는 뤼순항으로, 제4·5구축함전대는 다롄항으로 진격시켰다. 일본군은 뤼순항 인근에서 순찰 중인 러시아 포함을 발견하고 소등을 실시한 후 대기했다. 자정 무렵, 즉 2월 9일 00시 20분 4척의 구축함이 항구에 정박 중이던 러시아 함대를 향하여 기습공격을 시작했다. 일본군의 어뢰공격으로 방호순양함 팔라다(Pallada)는 선체 중앙을 직격당하고 전함 레트비잔(Retvisan)은 구멍이 뚫리는 피해를 입었다. 그러나 일본군이 발사한 어뢰의 대다수는 러시아군이 설치해놓은 어뢰방지망에 걸렸기 때문에 러시아군의 피해는 미미했다.

일본의 기습 직후 러시아군 전함 체사레비치(Tsesarevich)가 반격에 나섰다. 최초 공격에 참가하지 못하고 뒤늦게 공격에 나선 나머지 일본 함정들은 전함의 반격에 제대로 된 함대 행동을 하지는 못했지만, 러시아 함대에서 가장 강력한 군함인 체사레비치를 전투불능 상태로 만들었다. 분명히 이 공격은 일본군에게는 최대 기회였다. 그러나 발사된 어뢰 16발 가운데 오직 3발만이 명중했다. 그럼에도 러시아 태평양함대의 핵심전투함 3척인 레트비잔, 체사레비치, 팔라다가 모두 피해를 입어 수주 동안 전투불능 상태에 빠졌다.

한편 아침이 되자 도고는 피해 평가를 위해 데와 시게토(出羽重遠)의 제3함대를 파견했다. 데와는 러시아 군함 3척의 피해를 관측하고 야간 기습으로 러시아군은 작전불능 상태에 빠졌다고 판단했다. 물론 이는 명백한 오판이었다. 보고를 받은 도고는 뤼순항을 향해 공격할 것을 명령했고, 제1함대가 주공을 제3함대가 예비를 맡게 되었다. 그렇게 연합함대가 항구로 접근하던 중 12시경에 초계임무를 수행하던 러시아 순양함 보야린(Boyarin)과 조우했다. 보야린은 곧바로 기함 미카사를 향해 사격을 시작했고 곧바로 양측의 함대전이 시작되었다.

일본군은 포격 소리를 듣고 몰려온 러시아 함정들과 교전하는 동시에 해안포를 상대해야만 했다. 적함을 향해서는 8인치와 6인치 함포가, 해안포를 향해서는 12인치 함포가 불을 내뿜었다. 치열한 교전으로 노비크(Novik), 페트로파블로브스크(Petropavlovsk), 폴타바(Poltava), 다이나(Daina), 아스콜트(Askold) 등 러시아측 전함이 크게 손상되었다. 반면 미카사도 함교를 피격당하는 등 심각한 피해를 입었다. 교전이 계속되면 될수록 함정으로 들어가고 있다고 판단한 도고는 12시 20분경 전 함대에게 후퇴를 명령했다.

●●● 연합함대의 기습으로 러시아의 태평양함대는 곧바로 전투불능 상태가 되어버렸다.

실패한 기습작전

두 차례의 교전 결과 양측은 커다란 피해가 없었고, 최초의 기습작전은
완전한 실패로 끝났다. 2월 11일에는 러시아의 기뢰부설함 예니세이
(Yenisei)가 기뢰밭에서 폭발해 기뢰의 위치를 나타낸 유일한 지도와 함
께 침몰했고, 이를 조사하러 간 보야린도 2월 13일 침몰했다. 저녁에는
제4·5구축함전대가 제3전대의 지원 하에 뤼순항으로 접근했다. 그리
하여 2월 14일에는 제4전대가 외항을 경계하는 러시아 함정들에게 공
격을 가하면서 제2차 공격이 시작되었지만 성과 없이 끝났다. 결국 연
합함대는 뤼순항에 대한 봉쇄작전으로 전환했다.

도고는 좀더 과감한 공격작전을 시도하고자 2월 14일 함대를 이끌고
사세보항에서 출항했다. 시멘트를 채운 증기선 5척을 해협 깊숙이 침몰
시켜 뤼순항을 봉쇄하고자 했다. 그러나 계획은 실패로 끝났다. 항해는

●●● 연합함대는 무려 여덟 차례나 필사적으로 뤼순항을 공략했지만 매번 실패로 끝났다.

불가능하지만 여전히 함포는 살아 있던 전함 레트비잔은 이들 선박을 향해 포격을 가했다. 뤼순항의 길목을 막기 위해 이동하던 선박들은 목표한 지점에 이르지 못하고 침몰하면서 배가 너무 깊이 가라앉아 항구 봉쇄는 성공하지 못했다. 이후에도 일본은 여러 차례 포격을 시도하면서 8차 공격까지 실시했지만 번번이 실패했다. 러시아군도 교전이나 탈출을 위해 몇 차례 포위를 돌파하려고 시도했지만 그때마다 연합함대의 포격에 밀려 퇴각하고 말았다.

그러나 뤼순항의 상황은 이미 해군만으로는 점령할 수 없는 지경에 이르게 되었다. 결국 육군이 뤼순 요새를 점령하여 뤼순항의 러시아 해군에 대한 포격을 가해야 점령이 가능하다는 판단에 이르렀다. 일본군으로서는 러시아의 발틱함대가 합류하기 전에 뤼순항을 점령하고 태평양함대를 차단하는 것이 전쟁의 승패를 좌우하는 중요한 목표였다. 개전을 통해 태평양함대를 묶어놓고 뤼순항을 봉쇄하는 것까지는 해군의 몫이었지만, 이제 뤼순항을 최종적으로 점령하는 일은 육군의 몫이 되었다. 공은 이제 육군에게 넘어간 것이다.

해전에서는 일본 연합함대가 초기 기습에 실패함으로써 기습의 효과

●●● 뤼순항은 전쟁의 승패를 좌우할 만큼 핵심적인 요충지였기 때문에 러시아군은 비록 함대가 궤멸된 상황이지만 필사적으로 방어에 임했다.

를 충분히 살릴 수는 없었다. 그러나 일본은 최소한 러시아 해군 병력을 묶어둠으로써 전략적 우위를 점하는 데까지는 성공했다. 한편 해상 교전이 있은 지 얼마 되지 않아 육상에서도 전투가 벌어졌다. 러시아군은 수적으로 부족하고 병력도 분산되어 있어 일본군에 비해 매우 불리했다. 일본군이 신속히 기동한다면 지상전은 조기에 승리를 거둘 수 있었다. 이에 따라 러시아군의 목표는 일본군이 압록강과 랴오허(遼河)를 지나 뤼순으로 진격하는 것을 막고 유럽과 서시베리아로부터 만주로 예비대가 증원되는 시간을 버는 것이었다. 동부·남부 전위대와 예비대로 구성된 러시아군은 3월 15일에 랴오양(遼陽) 지역에 배치되었다.

압록강을 막아라

일본군은 구로키 다메사바(黑木爲楨)의 제1군 소속 선봉부대인 제12사단이 2월 9일 제물포에 상륙하여 2월 29일에는 평양에, 3월 18일에는 안주에 이르렀다. 제1군의 후속 부대인 근위사단과 제2사단은 3월 29일 진암포(현재의 남포)에 상륙했다. 그러나 제1군의 상륙과 집결은 매우 더디게 진행되어 3월 말에 진천강의 전진기지에 집결한 이후 겨우 4월 10일에서야 4만 5,000여 명의 병력이 압록강에 집결했다. 이렇게 일본군이 집결되는 사이 러시아군 기병대가 수차례 일본군 척후병과 소규모 교전을 벌였지만, 본격적인 교전이 이루어지지는 않았다. 즉, 러시아군은 압록강까지 전진하여 적극적인 방어를 하지 않고 그저 시위적인 방어에 국한했다.

진격하는 일본군에 대항하여 러시아군은 미하일 자술리치(Mikhail Zasulich) 장군이 지휘하는 동부분견대를 파견했다. 이 부대는 21개 육전대대와 24개 백인부대, 6개 보병포중대, 1개 산악포중대, 그리고 미센코 기병대 등 약 2만여 명의 병력으로 구성되었다. 그러나 이들이 담당해야 할 지역은 너무 넓어 전선만 해도 274km에 이르렀다. 게다가 자술리치는 일본군을 얕잡아보고 적의 전력을 파악하기 위한 별다른 활동을 하지 않았다.

게다가 총참모부로부터 동부분견대에 내려진 명령 또한 비현실적인 것이었다. 병력수가 월등히 많은 적군과 전면전은 회피하되 진군은 저지하며, 주력부대가 합류하기 전까지 패배해서도 안 된다는 것이었다. 이에 따라 러시아군이 취할 수 있는 것은 수동적 방어뿐이었다. 즉, 적군이 도하하는 도중에 소총과 중화기 등으로 최대의 타격을 입히며, 일단 적군의 도하가 완료되면 후퇴한다는 것이었다. 특히 방어는 바오산(保山)과 주렌청(九連城) 두 지역을 주축으로 이뤄지고 있었다.

물론 지형 자체는 러시아군에게 유리했다. 압록강과 그 지류인 랴오허 강으로 인해 하천 국경선을 따라 방어선을 견고히 형성할 수 있었다. 또한 러시아군의 진지가 설치된 곳의 지형도 험준하고 가파른 언덕이라서 인근 하중도(河中島)들을 마음대로 포격할 수 있었다. 그러나 러시아군은 이런 천혜의 진지들을 점령하고도 진지 강화나 보수공사를 실시하기는커녕 참호나 교통호도 제대로 구축하지 않았다. 또한 각 진

●●● 1904년 3월 29일, 진남포(현재의 남포)에 상륙한 일본군

지와 부대 간의 통신선 연결에도 소홀했다. 굴러들어온 복을 발로 차버린 러시아군 지휘부의 실책이었다.

기민한 도하작전

이에 반해 일본 측의 준비는 상대적으로 철저했다. 일본은 조선인 어부로 위장하여 러시아군의 동태를 살피면서 방어가 취약한 지점을 찾아냈다. 이에 따라 랴오허 강 하구 근방이 취약하다고 판단하고 3개 사단이 이곳으로 도하하기로 했다. 즉, 일본군이 공격할 중심은 주롄청이었던 것이다. 우선 도하작전을 용이하게 수행하기 위해 일본군은 4월 26일 하중도인 다지도(多智島: 평안북도 의주군 서남쪽 압록강에 있는 하중도)와 구리도(九里島: 평안북도 의주군 용운리 압록강에 있는 하중도로 중국과 인접해 있다)를 공격하여 점령했다. 이제 도하작전을 위한 사전 포석은 끝났다.

그리고 5월 1일 07시 일본군 포병 90여 문이 포격을 시작하면서 일본군의 도하가 시작되었다. 제12사단, 제2사단, 근위사단은 애초의 계획에 따라 친고우(Чингоу, Chingou), 주롄청, 포테틴자(Потэтынза, Potatynza)를 향해 동시에 진격했다. 이렇게 일본군이 진격해 들어가는 12km에 걸친 전선 지역에 배치된 러시아군은 불과 5,000여 명뿐이었다. 러시아군은 가뜩이나 중과부적인 데다가 명청한 지휘부 때문에 본격적인 반격이 불가능했다. 일본군의 공격 목표가 주롄청이었음에도 러시아군 지휘부는 여전히 바오산이 목표라고 생각하고, 주롄청에 필요한 예비대와 포병 지원을 제공하지 않았다.

08시가 되자, 결국 일본군은 주롄청 진지를 점령했다. 또한 근위사단이 러시아군 우익의 병력을 포위한 지 1시간이 지나자 결국 러시아군은 포테틴자 진지를 포기하고 후퇴했다. 러시아군은 마지막으로 퇴로를 보장하기 위해 친고우 지역으로 병력을 급파했으나, 이마저도 제12사단에 포위되면서 잔존 병력은 산으로 후퇴해버렸다. 이후 일본군은 진격을 계속하여 5월 6일에는 펑청(凤城)을 점령했고, 랴오양 전선상의 러시아군 측면까지 압박해 들어갔다. 러시아와 일본의 첫 지상전이었던 압록강 전투는 일본의 대승으로 끝난 것이었다.

그러나 일본군이 승리가 완벽한 것은 아니었다. 일본군 참모부는 여전히 소심하고 더디게 작전을 수행했고, 병력은 지형 조건의 고려 없이 밀집대형을 선호하다가 막대한 피해를 입기 일쑤였다. 승리라고는 하지만 전사자가 무려 1,036명에 이르렀는데, 수적 열세 하에서 치열하게 싸운 러시아군이 겨우 500여 명의 사망자를 기록한 것에 비하면 쓸데없이 병력 소모가 많았다. 그러나 이 전투는 러시아군의 첫 패전으로 차르 집권 하의 러시아군이 얼마나 무능한지 확인하는 계기가 되었다. 또한 압록강 전투의 패배는 앞으로의 전쟁이 더 험난하리라는 것을 알리는 예고였을 뿐만 아니라 러시아 병사들이 지휘부를 신뢰하지 않

●●● 압록강을 도하하는 일본군 기병대

●●● 압록강을 도하하는 일본군 보병부대

게 되는 계기가 되었다. 이렇듯 일본이 뤼순항 해전에서뿐만 아니라 압록강 전투에서까지 승리하면서 이제 러일전쟁의 전략적 주도권은 일본 쪽으로 넘어가게 되었다.

뤼순의 관문, 진저우를 공략하라

한편 일본 육군의 또 다른 주력인 제2군은 랴오둥 반도에 상륙하여 다롄항과 진저우(錦州) 지협의 점령에 나섰다. 이미 청일전쟁 시기에 편성된 바 있던 제2군은 오쿠 야스카타(奧保鞏) 장군의 지휘 하에 제1·3·4사단이 편성되었다. 러시아군은 랴오둥의 요충지인 난산(南山)에 진저우 진지를 구축하고 일본군과의 결전에 대비했다. 우선 일본군은 5

월 16일 쉬살리테즈(Шисалитез, Shisalitez) 마을과 차판딴(Чафантан, Chafantan) 마을에 대한 공략에 나서 러시아군 분견대들을 압박했고, 결국 이들은 진저우의 러시아군 주둔지로 후퇴했다.

뤼순의 관문으로 평가되는 진저우 주둔지는 랴오둥 반도와 산둥 반도(山東半島)를 연결하는 폭 4km의 협소한 지형 정상에 위치하고 있었다. 이곳을 통제한다면 일본군의 뤼순 진출을 충분히 막을 수 있었지만, 이 지역을 지휘하는 제4동시베리아 보병사단장인 알렉산드르 포크(Alexander Fok) 장군의 무능으로 인해 쉽사리 일본군의 접근을 허용했다. 게다가 쿠로파트킨(Aleksei Nikolaevich Kuropatkin) 사령관은 뤼순 공격로상의 유일한 보루인 진저우 진지의 중요성을 인식하지 못했다.

5월 26일 오쿠 장군은 진저우 진지 공격을 위해 3만 5,000여 명의 병력을 집결하여 공격을 시작했다. 해군의 지원 하에 진저우 만을 제압하고 육상 병력으로 압박하면서 진저우 시를 점령했다. 그리고 08시경부터 제3사단과 제4사단 병력이 진저우 진지의 공격을 시작했다. 그러나 밀집대형으로 진격하던 일본군 제4사단은 러시아 포병으로부터 심각한 손실을 입은 채 퇴각했다. 또한 러시아 함대가 진저우 만으로 접근하여 지상의 일본군에 포격을 가하자, 제3사단은 분산했고 일본군 포병도 제압되었다. 결국 정오 무렵 일본군의 진저우 진지 공격은 중지되었다.

14시경 일본군은 전열을 재성비하고 공석을 새개했나. 디시아군의 집중사격으로 일본군은 큰 피해를 입었지만 느린 속도나마 꾸준히 진격을 거듭했다. 2시간의 공격 후에 일본군은 더 이상 진격조차도 불가능한 상황이 되었다. 그러나 더 이상 돌파가 불가능하다고 실의에 빠져 있던 일본군 지휘부는 새로운 돌파구를 찾아냈다. 함포 사격 지원 하에 진저우 진지 좌측 방어 라인을 제4사단이 돌파했던 것이다. 결국 방어 라인이 붕괴되자 1,400여 명의 희생자를 낸 러시아군은 모두 뤼순으로 후퇴하고 말았다.

계속되는 러시아의 패퇴

진저우 진지가 함락되자, 일본군은 다음날 새벽 다롄항에 무혈입성했다. 러시아군은 긴급히 후퇴하는 바람에 다롄의 항만시설을 파괴하지 못했기 때문에, 일본군은 100동 이상의 창고와 막사, 발전소, 철로 제작서, 다량의 레일은 물론이고 막대한 양의 석탄 등을 그대로 손에 넣을 수 있었다. 이렇게 진저우와 다롄항이 함락되자 러시아군 관둥(關東) 주둔 부대들은 육로가 차단되는 것은 물론이고, 적에게 보급기지를 고스란히 내주게 되었다.

그러나 막상 일본군은 진저우와 다롄을 점령한 후 곧바로 뤼순 침공에 나서지 않았을 뿐만 아니라, 러시아군을 추격하는 것도 자제했다. 진저우 전투에서 입은 막대한 손실도 손실이거니와, 러시아군 남부전위대에 대응할 전력을 확보한 이후에 움직이려 했기 때문이었다. 이에 따라 제2군의 제3·4사단은 이동했고, 뤼순 공략을 담당할 제3군의 제1사단이 관둥 반도에 남기로 했다. 제3군은 5월 29일 선발대인 제11사단의 상륙을 기점으로 제1사단과 제11사단 3만여 명의 병력이 상륙을 마쳤

●●● 러시아군은 일본군의 갑작스러운 도하 공격에 의표를 찔리면서 후퇴했다.

다. 제3군 사령관은 노기 마레스케(乃木希典) 남작이었다. 사실 이렇게 일본군 병력이 증강되는 시기에 일본군 제3군은 매우 취약했고, 오히려 러시아 관동군이 유리했다. 그러나 압록강 전투 이후 연이은 패배로 아나톨리 스테셀(Anatoly Stessel) 사령관과 참모진은 도리어 일본군의 총공격을 두려워하고 있었다. 결국 6월 초까지도 양측은 본격적인 전투를 치르지 않고 서로 진지 강화에만 주력했다. 그러나 이런 상황은 증원까지 시간이 필요한 일본군에게 유리할 뿐이었고, 전쟁의 주도권을 바꿔야만 했던 러시아군에게는 독약이었다.

이에 따라 러시아군도 나름대로 회생을 시도했었다. 와팡구 전투(Battle of Wafangou)에서 제1시베리아군단은 뤼순의 병력을 엄호하기 위해 드리시(得利寺)에서 진지를 구축했으나 일본군 제2군의 공격으로 패배했다. 후퇴한 러시아군은 다시 다스차오(大石橋)에서 시베리아 제1군단과 제4군단이 진지를 구축하고 진격하는 제2군에 대한 포격전을 펼쳤다. 이 다스차오 전투에서 러시아는 일본군 제2군의 전진을 막았지만, 결국 보급 부족으로 얼마간 버티지 못하다가 퇴각함으로써 7월 25일 다스차오는 일본군의 수중에 떨어졌다. 이렇듯 러시아군은 후퇴를 거듭했고, 결국은 뤼순으로까지 밀리게 되었다. 드디어 뤼순 포위전이 시작될 터였다.

뤼순을 사수하라

러시아 만주군에게 있어 뤼순의 전략적인 가치는 대단했다. 러시아의 태평양함대가 주둔한 유일한 극동 부동항이자 전략적 요충지이면서 한편으로는 절대로 포기할 수 없는 자존심이었다. 이에 따라 러시아군은 아나톨리 스테셀 중장이 이끄는 5만 명의 관동군과 16척 규모의 함대로 방어에 나섰다. 뤼순 요새의 주변으로는 174고지, 203고지 등 언덕이 있어 방어에 유리했다. 1.5km의 방어 라인에는 콘크리트 요새를 구축하고, 참호들을 연결하기 위해 참호들 사이에 교통호를 만들었다. 세바스토폴 공방전에서처럼 러시아군은 뛰어난 공병 능력으로 단단한 방어선을 구축했다.

러시아군은 전투에 대비해 고폭탄, 수류탄, 유산탄 등 폭발물을 약 27만여 발 비축해놓았는데, 포 1문당 평균 425발이 할당되는 정도로는 장기 방어전을 치르기에는 탄약량이 부족했다. 식량 사정도 좋지 않아 대개 물자들이 200일분에도 못 미쳤다. 그러나 사실 물자보다 더 큰 문제는 러시아군 지휘부에 있었다. 만주군 총사령관 쿠로파트킨 대장은 뤼순 방어전을 위해 요새 전술의 전문가였던 콘스탄틴 스미르노프 (Konstantin Nikolaevich Smirnov) 중장을 새로운 요새 사령관으로 파견했으나, 원래 요새 사령관이자 관동군 사령관이던 스테셀 중장이 지휘권을 넘겨주지 않는 바람에 뤼순 요새에는 사령관이 2명 존재하게 되었다. 결국 두 지휘관의 서로 다른 명령이 상존하게 되면서 가뜩이나 불리한 러시아군은 나락에 빠지게 되었다.

한편 일본군은 7월 30일 공략을 시작하여 노기 장군이 지휘하는 제3군은 포병 지원 하에 10만여 명의 병력을 투입했다. 노기는 뤼순의 방어 구역 가운데 동부전선이 가장 취약하다고 판단하고 이곳을 공략하기로 결심했다. 이를 공략하기 위해서는 샤오구산(小古山)과 다구산(大孤山)을 점령하는 것이 필수였다. 이에 따라 일주일간 공격을 위한 진지 구축 작업에 들어갔다. 제11사단 소속 2개 여단이 점령 임무를 맡아 임무를 수행하기로 했다. 그러나 이는 크나큰 판단 실수였다. 노기의 판단과 달리 실제로 러시아군의 가장 취약한 곳은 동부전선이 아니라 서부전선이었고 그들이 공략하려는 동부전선은 가장 강력한 방어력을 갖추고 있었기 때문이다.

8월 7일 오후 일본군 포격으로 공세가 시작되었다. 그리고 이튿날 일

●●● 뤼순 요새의 방어사령관인 스테셀 중장(사진)은 부족한 판단력에도 불구하고 스미르노프 중장과 지휘권 싸움을 벌이기까지 했다.

본군은 엉뚱하게 우글로바야 (Uglovaya) 산을 공격하며 러시아군을 유인했으며, 적의 의도를 파악하지 못한 러시아군은 서둘러 병력을 보냈다. 바로 그 사이 양쪽 산에 대한 공략이 시작되어 일본군은 막대한 손실에도 불구하고 다구산(大孤山)을 점령했다. 또한 엄청난 피해를 감수하고 9일까지도 공격이 계속되어 결국 러시아군은 샤오구산(小古山)도 포기하고 후퇴하고야 말았다. 양쪽 산의 진지를 점령함으로써 일본은 뤼순 요새의 동부전선을 포격할 수 있는 포대를 구축할 수 있게 되었다. 이후 제3군은 서부전선에 대한 사전 공략도 준비했다. 이번에는 제3군 제1사단이 앞장서 8월 13일부터 보꼬바야 (Боковая, Bokovaya) 산과 뜨료흐골로바야(Трехголовая, Trekhgolovaya) 산의 러시아군 전진기지에 대한 치열한 포격과 끈질긴 야간공격이 계속되었다. 일단 일본군으로서는 본격적인 공성전을 위한 사전 준비는 마친 셈이었다.

뤼순 해전으로 기습했지만 뤼순 점령에 실패한 일본은 이제 육군이 주축이 되는 공세로 전환했다. 일본 육군의 제1군은 조선으로 상륙하여 러시아군의 엷은 저지선을 뚫고 압록강을 건넜다. 제2군은 랴오둥 반도로 상륙하여 난산 전투 승리로 뤼순으로 향하는 관문인 진저우를 점령한 후에 자연스럽게 다롄항까지 차지했다. 그리고 이제 뤼순 점령의 임무는 제3군의 손에 맡겨졌다. 제3군은 1904년 6월이 되어서야 전개를 완료하고 7월 30일 뤼순 공략에 나섰다. 치열한 교전 속에서 제3군은 뤼순 요새의 외곽 산들을 하나둘씩 점령해나가면서 공성전을 위한 준비를 차분히 마쳐나가고 있었다.

세 차례의 대공세

러시아군의 강력한 저항에 직면한 일본군은 우선 항복을 요구하는 최후통첩을 보내면서 전면전을 피하고자 했다. 그러나 러시아군은 명백한 거부의사를 밝혔다. 결국 8월 19일 새벽 일본군은 일제포격을 가하면서 공격에 나섰다. 이번 공세에서 주된 목표는 174고지로, 일본군의 제1공격대는 이틀간의 끈질긴 공격으로 1,800여 명의 사상자를 기록하며 이를 점령했다. 그러나 이외의 모든 전선에서 가한 공격은 지지부진했다. 제3군 지휘관인 노기 장군이 러시아의 방어구역 중 가장 강한 동부전선을 가장 약하다고 오판하고 공격계획을 세웠기 때문이다.

공세를 시작한 이후 24일까지 일본군은 제1·9·11사단을 투입하여 수차례 격렬한 전투를 치르면서 요새를 점령하고자 했다. 러시아군은 병력의 열세에도 불구하고 뤼순항에 머물러 있던 전함들까지 동원하여 막강한 화력으로 일본군을 격퇴했다. 반면 일본군은 대본영(大本營)의 재촉에 따라 빠른 성과를 내기 위해 변변한 화력 지원 없이 강습에 나섰다. 그 결과, 1만 5,000여 명의 사상자를 기록하며 무려 1개 사단 병력을 희생했음에도 뤼순 요새의 점령에 실패했다. 이로써 일본군은 무려 1개 사단을 소모하는 속전속결 방식으로는 뤼순 요새를 점령할 수 없다는 교훈을 배웠던 것이다.

이후 노기는 요새에 대한 직접적인 공략을 회피하면서 요새 인근에 포위 포대를 형성하며 공성전에 돌입했다. 포위 포대를 구축하고 굴착

작업을 시작했다. 이렇게 정공법을 준비하는 과정에서 일본은 203고지에 눈독을 들이게 되었다. 이 고지는 항만과 뤼순시를 한눈에 내려다볼 수 있는 곳이었을 뿐만 아니라 4개 중대가 지키고 있는 취약한 진지였기 때문이다. 특히 해군 측에서는 적 함대까지 괴멸시킬 수 있음을 들어 203고지의 중요성을 강조했다. 그리하여 9월 19일 2차 공세에서는 보도프로보드니(Водопроводный, Vodoprovodnyy)의 다면 보루가 주 공격 목표가 되고 203고지도 공략 대상이 되었다. 280mm 유탄포까지 동원하여 무려 1,000여 발을 포격한 후에 사단 병력이 밀어닥치자, 결국 러시아는 다면 보루를 포기하고 후퇴했다. 그러나 203고지는 3일간 꾸준한 공략에도 불구하고 함락되지 않았다.

전세에 큰 변화가 없자, 재보급을 위해 2차 공세는 잠시 중단되었다. 이때까지 사상자가 무려 4,800여 명에 이르렀다. 여전히 동부전선만을 고집하던 일본군은 10월 26일부터 2차 공세를 재개했다. 재개된 공세에서 일본군은 목표했던 보루들과 203고지를 점령하지 못하고 무려 3,800여 명의 엄청난 사상자를 내고야 말았다. 결국 노기 장군은 목표했던 일왕의 생일(10월 29일)까지 점령에 실패하자 더 이상 공격이 무의미하다고 판단하고 30일에 공세를 중단했다.

203고지의 혈투

한편 11월 말이 되자 뤼순을 구원할 러시아 해군 발트 함대가 인도양을 지나 다가오고 있었다. 이들이 뤼순에 도착한다면 전쟁의 패배는 정해진 것이나 다름없었다. 일본으로서도 더 이상 지체할 수 없었다. 문제는 제3군의 지휘부였다. 이미 사상자가 2만 명을 뛰어넘자 대본영은 일본에 남아 있던 마지막 예비대인 제7보병사단을 뤼순으로 파병했다. 희생은 늘어갔지만 노기와 그의 참모장인 이지치 고스케(伊地知幸介) 소장

●●● 뤼순공략의 주역인 제3군 지휘관 노기 장군은 전술적 창의력 없이 백병전술만을 강요하여 엄청난 희생을 내고야 말았다.

은 동부전선 돌파를 고집하고 있었다. 해답은 제3군 지휘관을 교체하는 것이었지만, 그럴 경우 패전의 원인이 노기와 이지치에게 있는 것이 되어 아군의 사기가 떨어질 것이 뻔했다.

그럼에도 불구하고 11월 26일 제3군은 다시 3차 공세에 나섰다. 이미 러시아군은 일본군의 공격 패턴을 인식하고 방어대책을 강화했지만, 일본군은 여전히 고집스럽게 2차 공세와 똑같은 작전으로 임했다. 특히 쿠로파트킨 포대를 공략하던 시로다스키 결사대(白襷隊) 3,000여 명은 착검돌격을 감행하다가 M1893 맥심 기관총(Maxim Machinegun)의 공격으로 병력 절반을 잃고 만다. 이로써 3차 공세도 사실상 실패로 끝날 판이었다. 공세가 역전되지 않자 이제 제3군은 공격 주축을 203고지로 돌려 전투에 나섰지만 이마저도 여의치 않았다. 이로 인해 사상자가 무려 1만여 명 더 늘어났다.

바로 이때 등장한 것이 고다마 겐타로(児玉源太郎) 대장이었다. 전쟁 전에 타이완 총독과 내무대신을 겸하던 고다마는 러일전쟁에서 만주군 총참모장을 맡으면서 사령관 오야마 이와오(大山巖) 원수를 보좌하면서 전쟁을 승리로 이끌고 있었다. 고다마의 눈에는 이러한 제3군의 행위가 패전으로 이어지는 자살행위로 보였다. 특히 11월 26일에 3차 공세를 시작했다는 소식을 들은 고다마는 오야마 원수의 허락을 받아 몸

소 뤼순으로 향했다. 혼란스러운 제3군의 지휘권을 인수하기 위해 온 것이다. 현장에 도착한 고다마는 이지치 소장을 질책하고 노기 중장과 상의를 한 이후에 지휘권을 넘겨받았다.

고다마는 공격계획을 전면 수정하여 작전을 속개했다. 우선 203고지 인근의 산을 점령한 후 유탄포를 설치하고 12월 5일 공격을 개시했다. 203고지에 가까운 포대를 확보한 일본군의 포격이 정확히 고지로 떨어지는 데 반해, 러시아군의 반격은 부정확한 데다가 미약했다. 치열한 포격으로 고지 정상의 방어 병력은 약 100명에 불과했다. 또한 203고지를 지켜주던 인근 포대들도 점차 일본군의 포격에 제압당했다. 제압 사격이 끝나자 일본군은 소대 병력 단위로 병력을 축차로 고지 남서면을 통해 투입했다. 그리고 12월 5일 10시 20분 드디어 203고지를 점령했다.

뤼순을 점령하다

이제 203고지를 점령한 일본군은 뤼순항을 내려다보며 공격할 수 있었다. 280mm 포격으로 12월 5일 전함 폴타바는 대폭발 후 침몰했고, 이후 전함 레트비잔, 포베다(Pobeda), 퍼레스베트(Peresvet), 순양함 팔라다와 바얀(Bayan) 등이 모두 파괴됨으로써 뤼순항의 제1태평양함대는 사실상 괴멸되었다. 이외에도 조선와 시가지까지 포격이 계속되어 더 이상 뤼순은 회생이 불가한 상태에까지 이르렀다. 여기에 더하여 일본 제3군 공병대는 굴착작전으로 땅굴을 파고 폭약을 장착하여 보루를 기초부터 파괴하는 작전에 돌입하면서 러시아군은 속수무책이 되었다.

이제 러시아군은 절망적인 상황에 이르렀다. 식량도 탄약도 거의 바닥이 났고, 증원군이 올 희망은 없었다. 게다가 12월 15일 러시아군의 명장인 콘트라텐코(Roman Isidorovich Kondratenko) 소장까지 전사하자 러시아군의 사기는 땅에 떨어졌다. 마지막으로 12월 28일 러시아군 최

●●● ❶ 뤼순 포위전에서 일본군은 러시아군보다 4배가량 더 많은 대병력을 보유했지만 희생도 무려 5배나 많았다.
❷ 일본군이 203고지를 점령함으로써 뤼순 포위전은 드디어 종결될 수 있었다.
❸ 203고지를 점령한 만주군 총참모장 고다마 겐타로 대장
❹ 일본군은 280mm 유탄포를 활용하여 전투를 승리로 이끌었다.

후의 파괴력을 자랑하던 알룽산(二龙山) 포대마저 일본군에게 점령되면서 이제 러시아군은 저항조차 불가능한 상황에 이르렀다.

결국 1905년 1월 1일 스테셀 중장은 항복을 결심하고 항복문서를 전달했다. 다음날 협상을 통해 러시아군은 모두 투항했다. 러시아군은 약 3만 5,000여 명의 병력으로 전투를 시작하여 3,000여 명의 전사자와 9,000여 명의 부상자를 기록하며 패배를 기록했다. 그러나 승자인 일본

군에게도 영광은 없었다.

최초 10만여 명의 병력에서 최대 13만여 명의 병력으로 전쟁을 이끈 노기 장군은 무려 155일간의 전투에서 1만 5,000여 명의 전사자와 4만 5,000여 명의 부상자를 기록했다. 13만 명 중 무려 6만 명을 희생시켜 얻은 승리라는 말이다. 심지어 자신의 두 아들조차 이 전투에서 잃은 노기 장군은 대규모 희생에 책임을 지고 사임 후 할복하려 했으나 메이지 왕의 만류로 할복하지 못하고 메이지 왕 사후인 1912년에 할복했다. 이런 엄청난 희생이 있었지만 뤼순의 패배는 러시아에게는 돌이킬 수 없는 군사적 충격이었다.

만주 전선의 대회전

이렇게 뤼순에서 치열한 전투가 벌어지는 사이 만주 전선에도 또 다른 커다란 전투가 벌어졌다. 난산 전투 이후 러시아군은 소극적 방어태세를 취했다. 실제 병력은 러시아 측이 많았지만, 러시아 지휘부는 일본의 군사력을 2배로 과대평가했기 때문에 소극적인 행동을 취할 뿐이었다. 이에 따라 러시아군은 만주군을 둘로 나누어 남부군은 일본군 제1군에, 동부군은 제2군에 대응하도록 했다. 러시아군은 일본군에 대항하여 간혹 전투에서 승리를 거두기는 했으나 후퇴를 반복하면서 전쟁에서는 패배하고 있었다.

러시아군을 압박해 들어간 일본군은 8월에 이르러서는 러시아군의 만주 거점인 랴오양까지 육박하기에 이르렀다. 특히 8월 24일부터 시작된 랴오양 회전에서는 일본군 제2군이 랴오양 남부전선에서 강력히 교전을 벌이는 사이 제1군이 동쪽 산맥을 우회하여 배후로 치고 들어오게 되었다. 결국 쿠로파트킨은 전군을 선양으로 철수시킨 후 병력을 재규합하며 반격의 기회를 노렸다. 특히 시베리아 철도가 선양(瀋陽)까

●●● 항복 서명을 한 직후 스테셀 중장(맨 중앙의 오른쪽)과 노기 대장(맨 중앙의 왼쪽)

지 일부 개통되자, 러시아군은 그간 목 마르게 기다리던 증원병력과 물자를 받게 되었다. 그리하여 10월 5일 러시아군은 최초로 본격적인 반격공에 나서 21만여 명의 전 병력을 투입하여 랴오양 동북쪽의 산맥을 치고 올라가 샤허(夏河)강으로 진출하고자 했다. 일본군이 방어에 나서면서 반격은 좌절되었지만, 적어도 일본군의 진격도 주춤해졌다.

그러나 뤼순이 함락되면서 제3군까지 일본군에 합류하게 되면 이제 러시아군은 절대적으로 위험해질 터였다. 이렇게 일본군 병력이 증원되어 위험해지기 전에 먼저 타격을 가하려는 자가 있었다. 바로 러시아군 제2군 사령관인 그리펜베르크(Oskar Gripenberg) 장군이었다. 그는 쿠로파트킨의 반대를 무릅쓰고 1905년 1월 25일 유럽에서 증원 병력을 모아 산데푸(Sandepu)[헤이궈타이(黑溝台)] 지역에서 일본군의 노출된 왼쪽 측면을 치고 들어갔다. 갑작스러운 러시아군의 진격에 아직 진지를 제대로 구축하지 못한 일본군은 혼비백산했다. 조금 더 본격적인 공격이 있었다면 일본군의 전선은 돌파당할 지경이었다. 그러나 전반적인 승기를 잡았음에도 불구하고 일본군의 반격을 우려한 쿠로파트킨이 1월 29일 공격중지 명령을 내림에 따라 산데푸 전투는 종료되었다. 그리펜베르크는 이 명령에 반발하여 전투 후 사령관직을 사임하고 모스크바로 돌아가버렸다.

1905년 2월에 이르자, 일본군 제3군의 만주 증원이 완료되었다. 병력을 모은 일본군으로서는 더 이상 주저할 이유가 없었다. 물론 일본군 24만 명 대 러시아군 36만 명의 대결로, 병력은 여전히 러시아군이 우세했다. 그러나 러시아군에게는 쿠로파트킨으로 대변되는 소극적인 지도부가 있었던 반면, 일본군은 오야마 이와오 원수가 이끄는 참모진이 있었다. 특히 만주군의 총참모장 고다마 겐타로 대장이 사실 지휘를 하고 있는 일본군은 그 어느 때보다도 전의에 불타고 있었다. 육군의 대규모 전투가 벌어질 곳은 바로 펑톈(奉天)이었다.

육전을 마무리 지은 펑톈 전투

일본의 입장에서는 만주군을 격파해야만 러시아를 강화조약으로 이끌어낼 수 있었다. 당시 러시아와 일본은 무려 100km에 걸친 건선에 건쳐 대치하고 있었는데, 동부전선은 산악지대이므로 전투가 어려웠고, 결국 지형적으로 가장 적합한 장소는 선양, 즉 펑톈[봉천(奉天): 선양의 옛 이름]이었다. 특히 러시아로서는 펑톈을 잃게 되면 더 이상 시베리아 철도를 통한 보급이 어려우므로 펑톈은 지상군의 마지막 보루이기도 했다. 시기상으로는 2월 말에서 3월 초가 유일하게 적합했다. 그 이전은 너무 추워서 행군이 어렵고, 그 이후는 강이 다 녹아 도하가 어려웠기 때문이다. 러시아군도 이 시기에 일본군이 공격해오리라는 것을 쉽게 예측할 수 있었다. 그래서 2월 말경에 러시아의 역습이 있기 전에 타격해야겠다는 계획을 세워놓고 있었다.

그러나 발 빨리 움직인 것은 일본군 쪽이었다. 일본군은 자신들보다 많은 러시아군에 맞서 정면돌파를 하기보다는 기동을 통해 포위 섬멸하는 전술을 활용하고자 했다. 이에 따라 우익에서 제1군과 압록강군이 러시아군 좌익을 견제하는 사이, 제2군과 제3군이 우회기동으로 봉천 후방지역으로 파고드는 것이 일본의 계획이었다. 2월 21일 제1군이 먼저 러시아가 점령한 청하성(清河城)을 공격하면서 우회기동을 은폐했다. 그러나 이러한 움직임을 제3군의 우회기동으로 오해한 러시아군은 제2 방어선을 구축하면서 기습에 대비하는 한편, 일본군 제1군의 전진을 저지했다.

러시아군의 대응을 본 일본군은 일정보다 이틀 앞당겨 2월 27일부터 본격적인 우회기동을 시작했다. 제2군이 샤허강 유역에서 압박을 시작했고, 제3군의 기동도 시작되었다. 하지만 이미 일본의 우회공격을 예상한 러시아군은 비교적 공격을 잘 막아내며 방어선을 유지했다. 특히 쿠로파트킨은 뤼순을 함락시킨 제3군의 병력을 과대평가하여 일본군 최대 병력으로 착각하고는 중앙과 좌익의 병력까지 빼내어 우익으로 보냈다. 바로 이런 상황에서도 제3군은 꿋꿋이 전진하여 3월 6일에는 다스차오 인근까지 전진했다. 이에 대해 러시아군은 준비된 역공으로 일본군의 최좌익이 담당하는 류지아워펑(劉家窩棚) 지역에 공격을 걸어왔다. 그러나 바로 이 지역을 지키던 일본군 제7사단 제14여단은 엄청난 중과부적에도 치열한 반격으로 책임구역을 지켜냈다.

3월 7일경 아직 제3군이 충분히 전진하지 못한 상황인데도 일본군은 포위공격을 시작했다. 특히 핵심은 제2군과 제3군의 연계지점인 간홍둔(干洪屯)이었다. 러시아군으로서는 이 지점의 연계를 막아내면 제2군과 제3군을 분리하여 각각 격파할 수 있었지만, 이마저도 실패하고야 말았다. 이후 일본군이 마을을 하나씩 점령하면서 펑텐역의 후방지역

●●● 펑텐 전투에서 돌격하는 일본군

까지 접근해 들어오자, 시베리아 철도가 끊긴다면 병력을 보존하기 어렵다고 판단하고 쿠로파트킨은 퇴각을 결정했다. 3월 9일 러시아군의 최후 병력이 일본군의 공세를 막아내는 가운데 러시아군은 펑텐에서부터 퇴각했다. 러시아군은 무려 9만여 명의 사상자를 기록했을 뿐만 아니라 수많은 물자를 포기해야만 했다. 일본군은 다음날 펑텐을 접수했

●●● 평톈 전투에서 패배한 후 퇴각하는 러시아군

다. 평톈 전투에 승리함으로써 일본은 이제 만주 전선에 대한 주도권까지 가져오게 되었다. 러일전쟁의 승리는 거의 일본에게 기울어버렸다. 이제 러시아에게 남은 마지막 희망은 극동지역으로 한참 이동하고 있는 발트함대뿐이었다.

　일본은 러시아에 대항하여 초기 기습을 감행했음에도 불구하고 결정적인 전세를 만들지 못하고 고전했다. 연합함대로 전쟁의 핵심 목표 중 하나인 뤼순 함락을 조기에 이루지 못하자, 일본은 육군을 동원하여 5개월간 지리멸렬한 공성전을 펼친 끝에 1905년 1월 1일 뤼순을 점령했다. 한편 만주 전선에서도 일본 육군의 진격은 계속되어 랴오양을 점령한 데 이어 1905년 3월에는 평톈 전투에서까지 일본이 승리했다. 이로써 러일전쟁의 승리는 거의 일본에게 기울어져 있었다. 그러나 러시아는 끝까지 희망의 끈을 놓지 않았다. 러시아의 마지막 자존심인 발트함대가 전선으로 향하고 있었기 때문이다.

최악의 계획과 영국의 견제

당시 해군력 전체를 따져보면 러시아가 일본에 비해 3배나 수적으로 우위에 있었다. 그러나 이러한 전력을 한데 모아 집중적으로 투사할 수 없다는 것이 러시아 해군의 한계였다. 그리고 이러한 한계는 현재의 러시아 해군에서도 계속되고 있다. 일단 흑해함대는 오스만 튀르크의 견제를 위해 흑해에 남아야만 했고, 막강한 전력을 지닌 발트함대가 태평양까지 이동하는 데는 엄청난 시간이 걸렸다.

발트함대는 지노비 로제스트벤스키(Zinovy Rozhestvensky) 제독의 지휘 아래 제2태평양함대로 개칭하고 태평양으로 향했다. 이들은 뤼순에서 기존의 제1태평양함대 잔존 전력과 합류한 후에 일본 함대를 격파하겠다는 계획을 세워놓았다. 로제스트벤스키는 궁정 무관 출신으로 니콜라이 2세(Nikolai II)의 신임을 받았지만, 실제로는 실전 경험이 거의 없었다. 당시 부정부패로 얼룩진 제정 러시아 해군에는 어느 나라보다도 제독이 많았지만 대부분 실전 경험이나 실력이 없었다. 그나마 로

●●● 러시아는 주력 전함을 투입하여 태평양함대를 구원하기로 결심했다. 사진은 러시아 해군의 주력인 페레스베트(Peresvet) 장갑순양함이다.

제스트벤스키는 부정부패한 지휘관은 아니었으며 우수하다는 평가도 있었다.

로제스트벤스키는 우선 동원 가능한 전함 7척과 순양함 7척 등 총 38척을 제2태평양함대에 배속시키고 1904년 10월 14일 상트페테르부르크(Sankt Peterburg)의 리바우(Libau) 항을 출항했다. 그러나 문제는 발트해로부터 희망봉을 돌아 무려 3개의 대양을 지나서 뤼순까지 약 2만 9,000여 km를 이

●●● 발트함대 사령관으로는 지노비 페트로비치 로제스트벤스키 제독(중장)이 선임되었다. 발트함대는 로제스트벤스키 제독의 지휘 아래 제2태평양함대로 개칭하고 태평양으로 향했다.

동해야만 한다는 것이었다. 특히 러시아는 이동경로상에 해군기지가 없었기 때문에 항해하는 동안 물자 조달이 큰 문제였다. 그중 핵심은 석탄이었다. 당시 이러한 세계 항로를 장악하고 있던 것은 다름 아닌 영국이었다. 러시아에 적대적이던 영국은 이미 영일동맹을 통해 일본과 협력하고 있었다. 당연히 영국은 러시아 해군이 순순히 지나도록 허용할 리 없었다.

게다가 설상가상으로 다른 사건까지 발생하여 상황을 더욱더 악화시켰다. 일본 함대가 북해 근처에 전개하여 기습을 준비하고 있다는 정보에 따라 러시아군은 긴장 속에 이동하고 있었다. 10월 22일 러시아 함대는 도거 뱅크(Dogger Bank) 인근에서 일본군 수뢰정 전단으로 추정되는 대상에 대해 포격을 가했다. 그러나 실제로 이는 영국 국적의 어선단으로 어선 1척 침몰 및 5척 파손, 어부 2명 사망, 6명 부상 등의 피해를 입었다. 이 사건으로 러시아와 영국의 관계가 악화되면서 영국 함

대는 러시아 함대를 카나리아 제도(Islas Canarias)까지 추적하면서 견제했다. 영국은 중립국에게 압력을 가하여 러시아 함대의 입항을 거부하도록 했으며, 심지어는 러시아와 동맹관계이던 프랑스조차 입항을 허락하지 않았다. 이로 인해 러시아 함대는 보급과 휴식이 거의 불가능한 상황이었다.

힘겨운 전진

도거 뱅크 사건 이후 일주일간 스페인의 비고(Vigo) 항에 묶여 있던 러시아 함대는 비교적 순조롭게 항행을 했다. 11월 3일에는 탕헤르(Tanger)에 도착했는데, 여기서 함대가 나뉘었다. 흘수선이 낮은 함정은 수에즈 운하로 갈 수 있었지만, 흘수선이 깊은 전함과 순양함 등 주력함정은 결국 희망봉을 우회하는 노선을 택해야만 했다. 수에즈 운하로 향하는 전대는 펠케르잠(Dmitry von Fölkersam) 제독이 지휘를 맡았다. 이후 주력함대는 12일 프랑스령 다카르(Dakar)에서 잠시 보급을 마친 후 이동을 계속했다. 그리하여 12월 1일 리브르빌(Libreville), 12월 초와 중순에 그레이트 피시 만(Great Fish Bay)과 뤼데리츠(Lüderitz)를 거쳐 12월 29일 마다가스카르(Madagascar) 인근의 생트-마리(Sainte-Marie)에 도착했다. 그리고 1905년 1월 9일에는 주력함대는 마다가스카르의 노지베(Nosy Be) 항에 도착했다. 펠케르잠 전대는 짧은 루트를 택했기 때문에 이미 12월 하순에 노지베에 도착해 있었다.

노지베에서 함대가 재집결하던 시기에 이미 뤼순은 일본의 손에 넘어가 있었다. 더 이상 제1태평양함대와 합류하는 것이 불가능해졌으므로 전력이 부족하다고 판단한 함대 사령관은 목표지를 뤼순으로 변경하고 흑해함대 일부를 태평양으로 증파해달라고 건의했다. 그러나 상트페테르부르크는 즉답을 피하며 침묵하다가 흑해함대 대신 또다시 발

트함대로부터 전력을 차출했다. 구형 전함으로 구성된 제3태평양함대
가 급조되어 제1편대가 네보가토프(Nikolai Nebogatov) 소장의 지휘 아
래 1905년 2월 26일 리바우 항을 출항했다. 한편 노지베에 도착한 러시
아 함대는 3월까지 출항을 하지 못하고 있었다. 노지베에 도착하던 시
기에 러시아 함대에 대한 석탄 보급 계약이 종료되었는데, 이를 담당한
독일 회사가 계약 연장에 협조하지 않으면서 무려 2개월 반 이상 함대
는 발이 묶여 있었던 것이다.

　결국 3월 15일이 되어서야 노지베에서 출항한 러시아 함대는 4월 9
일에는 싱가포르를 지나 4월 14일에는 프랑스령 인도차이나(베트남)의
칼란(Cam Ranh) 항에 도착했다. 그리고 5월 9일 제3태평양함대와 합류
함으로써 드디어 50여 척의 대규모 함대가 형성되었다. 이제 뤼순이 아
니라 블라디보스토크(Vladivostok)로 향해야 하는데, 문제는 어느 항로
로 입항할 것이냐였다. 선택지는 라페루즈(La Pérouse) 해협, 쓰가루(津
輕) 해협, 그리고 대한해협, 이 세 가지였다. 로제스트벤스키는 연료 부
족을 걱정하여 가장 짧은 항로인 대한해협을 택했다.

　대한해협으로 접근하는 것은 너무도 위험이 컸기 때문에 러시아 함
대에서는 지원순양함 3척을 황해와 태평양으로 보내어 무력시위를 하
도록 했다. 그러나 투입된 전력이 너무도 적었기 때문에 일본 연합함
대 지휘부는 속지 않았다. 오히려 블라디보스토크 이외에도 남중국해
를 거점으로 공격을 하거나 대만을 장악하여 근거지로 삼을 가능성 등
에 주의했다. 러시아 함대의 움직임을 주의 깊게 추적하던 일본은 진작
에 러시아 함대의 목표가 블라디보스토크라는 것을 파악했다. 그리하
여 연합함대는 제1전대와 제2전대가 마산포에, 제3전대는 쓰시마(対馬)
해협의 오자키시마(大崎島)에 위치하고 있었다.

양측의 대비

러일 양측 함대의 전투력은 거의 비슷했다. 그러나 양측 수병의 사기와 숙련도는 격차가 컸다. 일본의 연합함대는 훈련할 기회도 충분했고, 이미 제물포 해전, 뤼순 해전, 동해 해전 등을 거치면서 나름대로 전쟁을 겪어본 베테랑들로 여태까지의 승전으로 당연히 사기도 높았다. 반면 러시아 수병들은 전투지역으로 오기 위해 무려 6개월 가까이 허비했다. 당연히 장기간의 항해로 피로에 지쳤고, 사기는 땅에 떨어졌다. 보급도 제대로 받지 못하여 훈련할 기회조차 없었다.

한편 함대 자체를 비교해보아도 양측은 크게 차이가 없어 보였다. 일단 주요 함 12척을 보면 일본은 전함 4척과 순양함 8척인 데 비해, 러시아는 전함 11척과 순양함 1척으로 구성되어 오히려 강력해 보였다. 하지만 러시아 함대는 여러 종류의 함정들이 모여 있는 '잡동사니 함대'로, 전함 가운데 4척은 구형이라서 함대 전체의 속력을 떨어뜨리는 원

●●● 러시아 함대는 일본과의 결전을 위해서 발트해로부터 약 3만 km를 6개월간 항행해왔다.

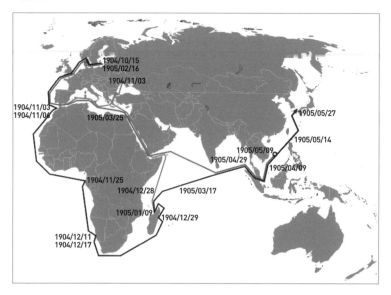

인이 되었다. 화력 면에서는 러시아 함대 쪽이 대구경포가 43문으로 17문에 불과한 일본보다 우세했다. 하지만 일본의 함포는 러시아보다 훨씬 더 현대화되어 있어 사거리가 더 길고 탄약 성능도 우수했다. 실제로는 일본 측이 속도나 화력 면에서 우세했던 것이다.

함대 배치도 일본 쪽이 우세했다. 일본은 2개 전대 후미에 해군 소장이 각각 위치해 있었다. 이에 따라 침로를 어떻게 변침하든 간에 항상 제독이 전열을 선도하며 지휘할 수 있도록 되어 있었다. 무엇보다도 일본에게는 해군의 명장인 도고 헤이하치로가 있었다. 특히 도고 제독은 조선의 명장 이순신 제독의 숭배자로 유명한데, 일본 해군 지도부는 창설 초기부터 이순신의 전술·전략을 깊이 연구하여 메이지 시대에 창설된 근대 일본 해군의 전통으로 만들었던 것이다.

이미 러시아 함대의 움직임을 읽은 도고 제독은 연합함대를 3개 소함대로 세분했다. 도고가 직접 이끄는 제1소함대(전단)는 장갑함 4척, 장

●●● 일본 연합함대는 러시아 함대의 이동경로를 미리 예측하고 대한해협에서 기다리고 있었다.

갑순양함 2척, 경순양함으로 구성되었다. 제2소함대[가미무라 히코노조(上村彦之丞) 지휘]는 장갑순양함 6척과 경순양함 4척으로, 제3소함대는 구형 장갑함과 경순양함 여러 척으로 구성되었다. 그리고 이들 전력을 분산하지 않고 진해만(鎭海灣)에 모아놓고 있다가 대한해협으로 향하는 러시아군을 기다리고 있었던 것이다.

전투의 시작

1905년 5월 27일 02시 45분, 규슈(九州) 서쪽 해역을 순찰하던 일본 연합함대의 경순양함 '시나노마루(信濃丸)'가 짙은 안개 속에서 등불을 켜고 이동 중인 러시아 병원선 '우랄(Ural)' 함을 포착했다. 우랄이 포착된 이유는 등화관제를 엄수하라는 함대 명령을 어겼기 때문이다. 그리고 04시 30분경 시나노마루는 좀 더 자세히 살펴보기 위해 우랄 함으로 접근했다. 우랄 함은 짙은 안개 속에서 시나노마루가 다른 러시아 군함이라고 생각하고 함대에 알리지 않았다. 오히려 시나노마루에게 다른 함정이 다가오고 있다는 신호를 보냈다.

시나노마루는 도고 제독에게 "203구역에서 적발견"이라는 메시지를 전송했다. 05시 05분 러시아 함대가 발견되었다는 소식을 들은 도고 제독은 연합함대에 출동 명령을 내렸다. 함대는 해협의 병목 구간에 전개하여 러시아 함대를 압박할 예정이었다. 한편 날이 밝자 08시경부터 러시아 전함들은 자국 황제인 니콜라이 2세의 대관식 기념일을 맞아 중간 돛대기를 게양하며 경의를 표했다. 바로 이때가 되어서야 우랄 함은 일본 순양함이 근처에 있음을 알아차리고 함대사령부에 이를 알렸다.

러시아 함대는 09시경부터 전열을 단종진으로 재편성하기로 하면서 전투태세를 갖추었다. 러시아군은 전함 4척을 주력으로 구성된 전대 3개로 구성되어 있었다. 함대 사령관 로제스트벤스키 제독이 탑승한 '수

보로프(Suvorov) 대공' 함을 선두로 제1전대가 전열을 이끌었다. 오슬랴바(Oslyabya) 함을 선두로 하는 제2전대와 '니콜라이 1세' 함을 선두로 하는 제3전대가 그 뒤를 이었다. 11시경이 되자 러시아 함대는 드디어 일본군 순양함을 목격하고 포문을 열기 시작했다. 하지만 거리가 너무 먼 데다가 안개가 짙은 탓에 본격적인 교전은 이뤄지지 않았고, 일본군도 아직 주력 부대가 도착한 것이 아니었기 때문에 포격은 해프닝으로 끝났다. 러시아군은 안개가 계속되면 아예 횡대로 전환하여 빠른 시간 내에 해협을 통과할 요량이었지만, 날씨가 밝아지자 2개 단종진으로 함대 전열을 구성하여 이동하기로 했다.

그러나 본격적인 전투가 시작된 것은 14시경부터였다. 러시아 함대가 드디어 일본 함대 주력과 마주치면서 전투가 시작된 것이다. 일본 함대는 다가오는 러시아 함대를 향하여 정(丁)자로 진로를 가로막았다. 그러자 러시아 함대는 동쪽으로 변침하여 일본 함대와 평행하게 항진하게 되었다. 러시아 함대는 일본 함대를 향해 사격을 개시했다. 그러나 거리가 무려 8km 정도 떨어진 탓에 유효한 탄착은 이뤄지지 않았다. 이때 러시아 함대는 아직 완전한 단종렬진을 이루지 못한 상태였고, 실제로는 복종렬진으로 항행하고 있었다. 반면 일본 함대는 이미 단종렬진으로 전투태세를 마친 상태였다. 그리고 일본군은 놀라운 기동을 보여주었다.

도고의 대회전

러시아 함대는 북동쪽으로 올라가고 있던 반면, 일본 함대는 서남서 방면으로 차단기동을 실시했다. 그러나 양측의 사정거리가 너무 멀어서 충분한 공격이 이뤄질 수 없었다. 바로 이때 도고 제독은 러시아 함대를 차단하기 위해 선회를 결정한다. 이에 따라 일본 함들은 단종진으로 러시아 함대 기동 방향에 대해 직각으로 가로지르기 시작했다. 특히 회전할 때 함속이 느린 편이라 러시아 함대의 포격에 노출될 위험이 컸지만 일본 함대는 도고 제독이 탑승한 전함 미카사를 선두로 과감하게 '적전 대회전(敵前大回頭)'을 시작했다. 러시아의 포격은 특히 선두에 있던 미카사에게 집중되었는데, 5분간 15발을 맞을 정도로 피해가 극심했고 약 100명의 사상자가 발생했다. 그러나 여전히 미카사는 흔들림 없이 전투에 임했다.

유턴을 마친 일본 함대는 불과 5분 만에 전열을 가다듬고 이제 본격적으로 러시아 함대에 대한 차단기동에 들어갔다. 소위 '정자전법(丁字戰法)'이라고 불리는 이 전법은, 복종렬진인 러시아 함정의 경우 선두 전함 몇 척만이 사격을 가할 수 있는 반면, 일본 함정의 경우는 모든 함정이 사격을 가할 수 있다는 장점이 있었다. 또한 이 전법은 러시아군의 화포가 노후하여 정밀하지 못하다는 점에서 일본군에게 유리한 점이 있었다. 특히 일본군은 함대 지휘부부터 무력화시키는 전술을 채택하여 화력을 함대 기함인 '수보로프 대공'이나 '오슬랴바' 등 제독이 탑승한 군함에 집중시켰다.

전투가 시작된 지 채 30분도 되지 않아 러시아 함정 대부분이 파손되었다. '오슬랴바' 함은 선두력을 상실했고 '수보로프 대공' 함은 다기 고장으로 우현으로 돌면서 전열에서 벗어났다. 중상을 입은 로제스트벤스키 제독은 의식을 잃은 채로 구축함에 옮겨졌고, 결국 기함은 침몰했다. 이렇게 러시아군의 피해가 속속 일어나는 와중에도 일본군은 여유롭게 포격을 계속해댔다. 심지어는 전투거리가 3km로 가까워지자 일본 함대는 사격거리를 유지하기 위해 두 차례나 일제 회전을 실시했다.

이후의 교전은 일방적이라 해도 과언이 아니었다. 수송함을 호위하던 러시아 방호순양함과 데와 제독의 방호순양함들 간에도 치열한 교전이 일어났고, 주력함대와 떨어져 있던 네보가토프 전대와 가미무라

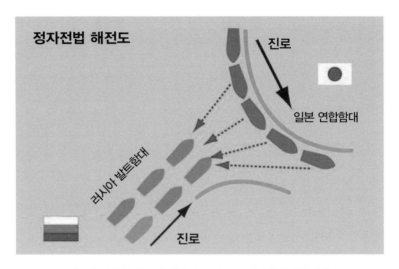

정자전법 해전도

진로

일본 연합함대

러시아 발트함대

진로

●●● 도고 제독은 과감한 정(丁)자 기동(정자전법)으로 러시아 함대를 꺾었다.

전대 간에도 교전이 일어났다. 그러나 이미 전세는 일본의 승리로 기울어져 있었다. 18시 무렵이 되자 도고 제독은 구축함 전대를 투입하여 이제 전투력을 거의 상실한 러시아 군함들을 공격하기 시작했다. 저녁의 공격에서 살아남은 잔존 전력을 모은 네보가토프 제독은 20시경 일단 다시 침로를 남쪽으로 변경했다가, 결국 다음날인 1905년 5월 28일 아침 일본의 방호순양함 전대에게 항복하고 말았다.

러일전쟁의 결말

교전의 결과는 일본의 분명한 승리였다. 러시아 함대는 4,830명이 전사했고 5,907명이 포로가 된 반면, 일본 측의 전사자는 117명뿐이었다. 쓰시마 해협에 진입한 러시아 군함 38척 가운데 31척이 나포되거나 가라앉았다. 러시아 함대는 16척이 격침되고 5척을 자침시킨 반면, 일본 함대는 겨우 3척만이 침몰했다. 특히 러시아 함대는 주력함 12척 가운데 7척이 격침되었고, 1침은 자침시켰으며, 남은 주력함 4척은 모두 항복했다. 반면 침몰한 일본 함정은 모두 수뢰정으로 주력 전함은 건재했다. 손상이 가장 컸던 함정은 적전 대회전을 이끌었던 기함 미카사뿐이었다.

전투의 결과가 세계 각국으로 알려지면서 일본의 위상은 급격히 높아졌다. 그 누구도 일본이 러시아를 꺾으리라고 예상하지 못했기 때문이다. 특히 도고의 정자전법은 이순신 제독의 학익진을 모방한 작품이라는 당대 일본의 평가까지 있을 정도였다. 그러나 쓰시마 해전의 가장 중요한 의미는 러일전쟁을 종료시켰다는 것이다. 펑텐 전투의 패배에도 불구하고 전쟁에 졌다는 것을 인정하지 않으려는 차르에게 마지막 일격을 가함으로써 더 이상의 전쟁의지를 꺾은 전투였다.

결국 일본과 러시아 양국은 1905년 9월 5일 포츠머스 조약(Treaty of Portsmouth)으로 전쟁을 종결시켰다. 이 조약으로 일본은 조선, 랴오둥 반도, 그리고 사할린(Sakhalin) 섬 남쪽의 지배권을 획득했다. 전쟁으로 인해 재정 파탄에 직면한 일본은 러시아로부터 배상금까지 받아내려고 했지만, 러시아 측이 강경히 거부하자 배상금 없이 조약을 체결했다. 누가 봐도 명백히 러시아의 패배로 끝난 러일전쟁을 통해서 아시아의 세력 판도는 단번에 바뀌었고, 일본은 제국주의 국가의 멤버십 클럽에 기입하게 되었다.

러시아는 러일전쟁 패배의 여파로 폭동과 시위 속에 시달리다가 결국 니콜라이 2세가 입헌군주제를 받아들임으로써 겨우 왕정이 유지되었다. 그러나 왕당파 정권은 러일전쟁 패배의 교훈을 살리지 못하고 개혁을 뜸 들이다가 공산혁명을 자초하고 말았다. 승자인 일본은 조선을 장악하고 중국으로 뻗어나가기 위한 발판을 마련하는 데 성공했다. 또한 아시아 유일의 제국주의 국가로서의 위상을 살리고, 이는 이후 제1차 세계대전 때까지도 계속될 터였다. 그러나 갑부가 오래가지 못하듯

●●● 학익진에서 영감을 받았다는 정자 기동은 쓰시마 해전을 승리로 이끈 핵심이었다.

이, 일본도 러일전쟁의 승리를 너무도 자의적으로 해석함으로써 결국 제2차 세계대전을 패배로 이끈 원인을 제공하기도 했다.

04
아드리아노플 공방전
발칸 전쟁을 마무리 짓다

19세기 후반 이후 오스만 튀르크 제국이 저물면서 동유럽의 끝단인 발칸 반도에서는 민족국가들이 발흥하기 시작했다. 발칸(Balkan)이란 원래 터키어로 '거칠고 숲이 많은 산악지대'를 뜻한다. 발칸 반도에는 고대 그리스 시절부터 수많은 도시국가들이 자리 잡고 있었으나, 마케도니아나 로마의 정복 이후에는 제국의 변방으로서 우여곡절을 겪게 된다. 세르비아인, 크로아티아인, 알바니아인, 불가리아인, 그리스인 등등 수십여 개의 다양한 민족이 뒤섞여 있음은 물론이고, 가톨릭과 정교에 이슬람까지 종교마저 혼재되어 통합은 거의 불가능했다. 험준한 발칸 산맥마저도 통일국가를 가로막는 커다란 걸림돌이 되었다.

유럽의 화약고, 발칸 반도

발칸 지역은 14세기부터 오스만 튀르크 제국의 지배를 받았다. 그러나 나폴레옹 전쟁 이후 유럽 각국은 영토분쟁이 끝나자 발칸 반도로 시선을 돌렸다. 가장 적극적이었던 것은 얼지 않는 항구에 목말랐던 러시아였다. 러시아는 남진정책을 펼치는 가운데 이미 크림 전쟁까지 벌이면서 오스만 튀르크 제국을 제치고 흑해에서 지중해로 진출하고자 한 전력이 있었다. 크림 전쟁의 사실상 패배 이후에도 러시아는 계속 진출을 시도하여 1877년 러시아-튀르크 전쟁으로 오스만 튀르크 제국에게 승리했다. 이후 러시아는 1878년 3월에 산스테파노 조약(Treaty of San Stefano)을 통해 영토를 크게 넓혔으며, 발칸의 지배권을 공고히 하기 위해 범슬라브주의를 내세우면서 불가리아와 세르비아를 지원했다. 이에 따라 세르비아와 몬테네그로가 독립했고, 불가리아도 자치권을 얻게 되었다.

러시아에 힘이 집중되자 유럽의 열강들은 슬라브 제국의 등장을 막기 위해 또다시 개입했다. 영국은 오스만 튀르크 제국이 현상유지를 하

길 바랐지만, 불가능할 경우를 대비해 그리스를 제한적으로 지원했다. 프랑스는 레반트(Levant: 현 시리아와 레바논) 지역에 대한 이권을 지키고자 했다. 동진정책을 펼치던 오스트리아-헝가리 제국은 오스만 튀르크 제국과의 관계가 껄끄럽기는 했지만, 오스만 튀르크 제국이 슬라브족을 제압할 정도의 힘을 가지는 것이 자신들에게 이득이라고 생각했다. 결국 러시아의 발칸 지배권을 최종적으로 정하기 위해 독일 비스마르크 수상의 중재 하에 1878년 6월 베를린 회의가 개최되었다. 열강들의 이해관계가 조정된 결과 오스트리아-헝가리 제국은 보스니아-헤르체고비나를, 영국은 키프로스를 관할하게 되었다. 물론 이 회의의 결과에 어느 나라도 만족하지 못했고, 결국 이것은 이후 분쟁의 불씨가 된다.

오스만 튀르크 제국의 힘이 빠지면서 발칸 반도에 대한 압박도 약해지자, 드디어 민족국가들이 등장했다. 우선 1881년 그리스가 오스만 튀르크 제국으로부터 테살리아를 양도받아 민족국가의 등장에 불을 질렀다. 그리고 세르비아, 불가리아, 그리스는 오스만 튀르크 제국 치하의 마케도니아와 트라케(Thrace: 트라키아)를 놓고 경쟁을 하기에 이르렀다. 특히 마케도니아는 그리스-아나톨리 해안과 발칸 반도를 연결하는 지점으로서 발칸 반도의 주도권을 장악하는 데 핵심적인 전략요충지였기 때문에, 발칸의 주도권을 장악하려는 세르비아와 불가리아에게는 서로 양보할 수 없는 곳이었다. 양국은 각각 자기 민족의 보호를 위해 자국의 비정규 전력을 이 지역으로 보냈고, 1904년부터 오스만 튀르크 제국과 양국 비정규전력 사이의 게릴라전이 계속되었다.

그러자 반대로 오스만 튀르크 제국 내에서는 1908년 청년튀르크당 (정식 명칭 '통일진보위원회')이 혁명을 일으키면서 오스만 튀르크 제국의 근대화에 불을 당겼다. 그러나 혁명은 필연적으로 혼란을 가져왔고, 주변국과 자치국들에게는 기회를 제공했다. 오스트리아-헝가리 제국은 보스니아-헤르체고비나를 아예 자국 영토로 합병시켰고, 불가리아는 독립을 국제적으로 인정받았으며, 크레타 자치국은 그리스와 통일을 선언했다. 이런 소용돌이 속에 이탈리아가 리비아를 놓고 오스만 튀르크 제국에 도전하면서 1911년 이탈리아-튀르크 전쟁이 발발했다. 여기서 오스만 튀르크 제국의 패색이 짙어지자 드디어 발칸의 소국들은 본격적으로 독립을 꿈꾸게 되었다. 이미 1908년경부터 느슨하게 연맹을 구성하고 있던 세르비아, 불가리아, 그리스, 몬테네그로 등 발칸 국가들은 1912년에 이르러 러시아의 지원 하에 발칸 동맹으로 연합하여 오스만 튀르크 제국에 대한 전쟁을 준비했다.

THE BOILING POINT.

●●● 일촉즉발의 발칸 반도를 풍자한 그림

전쟁의 시작

러시아의 주도 하에 세워진 전쟁계획은 매우 철저했다. 전선을 동서로
나누어 서쪽의 산자크(Sandjak) 전선은 세르비아와 몬테네그로가, 동쪽
의 마케도니아-트라케 전선은 불가리아와 세르비아가 담당하기로 했
다. 문제는 오스만 튀르크 제국군의 증원이었다. 오스만 튀르크 제국은

2,600만 명에 이르는 엄청난 인구를 지녔지만 대부분이 소아시아 지역에 거주했다. 즉, 소아시아 쪽에서 병력을 증원해야만 했는데, 철도 사정이 열악하여 결국 해상을 통해 병력 증원을 할 수밖에 없었다. 이러한 해상 증원을 에게해(Aegean Sea)에서 막을 수 있는 해상국가는 그리스밖에 없었다. 결국 그리스 해군의 역할이 전쟁을 승리로 이끄는 데 필수적이었다.

사실 발칸 동맹은 매우 느슨한 국가 간의 연합이었고 발칸 국가들끼리 신뢰는 얕았지만, 러시아가 이를 보장했다. 불가리아와 세르비아 간의 군사협정은 1912년 4월에 이뤄졌고, 불가리아와 그리스 간의 협정은 10월이 되어서야 이뤄졌다. 전쟁은 원래 1912년 여름부터 시작할 예정이었지만, 그리스는 해군 전력 증강을 이유로 전쟁을 미뤘다. 그러나 1912년 10월 8일 몬테네그로가 자치권 획득을 명분으로 먼저 개전을 선언했다. 이에 따라 나머지 동맹국들도 긴급히 최후통첩을 보내고 일주일 후에 전쟁을 선포했다.

전쟁이 발발하자 오스만 튀르크 제국군은 다수의 적에 대항하여 육군을 3개 사령부로 나누었다. 제1군 휘하 7개 군단의 10만여 명으로 구성된 트라케 주둔군은 콘스탄티노플(Constantinople)에 전선사령부를 두고 불가리아에 대항했다. 발칸 전쟁의 주력이 될 서부전선에는 오스만 튀르크 제국군 20만여 명이 투입되어 2개의 적을 담당하기로 했다. 마케도니아 주둔군은 살로니카(Salonika: 현 그리스의 테살로니키)에 사령부를 두고 2개 군단과 7개 사단의 병력이 그리스를 견제했다. 한편 바르다르 주둔군은 5개 군단 휘하의 18개 보병사단과 1개 기병사단 및 2개 기병여단의 병력으로 구성되어 스코페(Skopje: 현 마케도니아의 수도)에 사령부를 두고 세르비아를 상대했다.

오스만 튀르크 제국군의 가장 큰 문제는 병력 부족으로 육군의 절반 정도만이 유럽 지역에 있었다. 나머지 병력은 1904년부터 게릴라전에

●●● 전쟁이 시작되자 불가리아군은 오스만 튀르크 제국군을 상대로 선전을 벌였다.

대항하기 위해 아나톨리아(Anatolia) 고원지역부터 예멘에 이르기까지 소아시아 전역에 흩어져 있었다. 전쟁에 앞서 오스만 튀르크 제국군은 불가리아군이 세르비아군과 함께 마케도니아로 진군할 것이라고 판단하고 주력을 마케도니아에 둔 반면, 아드리아노플[Adrianople, 현 터키의 에디르네(Edirne)] 동쪽에 상대적으로 적은 병력만을 배치했다. 그러나 이는 오판으로 나중에 큰 대가를 치르게 될 터였다.

●●● 오스만 튀르크 제국군은 병력의 절반 정도가 발칸에 있어 수적으로 절대 불리했다.

발칸 동맹군의 활약

제일 먼저 침공한 것은 몬테네그로군으로 3만 5,000여 명에 불과하며, 훈련이나 무장 상태 등 모든 면에서 전력이 가장 약했다. 몬테네그로의 주공은 슈코더르(Shkodër: 현재 알바니아 북부)로 진격해 들어가는 한편, 조공은 노비 파자르(Novi Pazar)에 제2전선을 구축했다. 유럽 내에서도 훈련이 잘된 것으로 유명했던 불가리아군은 평시 6만의 병력이 35만여 명까지 증강하여 8개 보병사단과 1개 기병사단으로 구성되었다. 불가리아군 주공은 트라케 동부에서 공격을 시작하여 차탈자(Çatalca) 전선과 갈리폴리 반도(Gallipoli Peninsula)의 지협까지 진출했으며 이스탄불(Istanbul) 외곽까지 압박했다. 한편 조공도 물밀 듯이 밀려 들어가 트라케 서부와 마케도니아 동부를 손쉽게 차지했다.

발칸 동맹의 또 다른 주력인 세르비아군은 전시 편성 23만여 명으로

10개 보병사단과 1개 기병사단으로 구성되었다. 세르비아의 주공은 스코페와 모나스티르[Monastir: 현재의 유고슬라비아 남부의 비톨리(Bitolj)]를 향해 진격하다가 서쪽으로 전환하여 알바니아 지역을 지나 아드리아해로 향했다. 한편 조공인 제2군은 코소보를 점령한 후에 몬테네그로군과 연계했다. 마지막으로 11만 5,000여 명의 그리스군은 주공이 테살리아로부터 마케도니아로 진격하여 11월 12일에는 살로니카를 점령하면서 동북부에서 세르비아군과 연계했고, 다시 카발라(Kaválla)로 동진하여 불가리아군과 합류했다. 그리스군의 조공은 에피루스(Epirus)를 공격하여 이오안니나(Ioannina)까지 육박했다.

그리스가 본격적으로 활약한 것은 역시 해전이었다. 터키군은 전함 6척, 순양함 2척, 구축함 17척 등을 보유하고 있어 비록 구형 전투함이나마 절대로 약한 전력은 아니었다. 이에 반해 그리스 해군은 매우 열악한 예산 사정 속에서 전력을 구축해야만 했다. 이미 1897년 오스만 튀르크 제국과의 해전에서 전력 부족으로 고전한 바 있었던 그리스는 무엇보다도 강력한 무장을 갖춘 현대적 군함들을 획득하고자 최선을 다했다. 이를 위해 그리스의 대부호이자 해상황인 게오르기오스 아베로프(Georgios Averof)는 무려 30만 드라크마(Drachma)를 기부했다. 이 자금을 바탕으로 그리스 해군은 녹일과 아르헨티나 해군으로부터 중고함을 사들였고, 이탈리아 조선사로부터 1만 톤이 넘는 신형 피사(Pisa) 급 장갑순양함을 구매했는데, 이 배에는 아베로프의 이름이 붙었다.

충분히 구축된 전력을 바탕으로 그리스 해군은 10월 중순부터 렘노스(Lemnos) 섬 일대에서 다르다넬스 해협 봉쇄작전을 실시하면서 오스만 튀르크 제국 해군을 견제했다. 출구가 막힌 오스만 튀르크 제국 해군은 대대적인 반격을 준비하여 전함 4척, 순양함 1척, 구축함 4척으로 구성된 주력함대를 이끌고 12월 16일 다르다넬스 해협으로 나왔다. 이에 대항하여 그리스 해군은 기함 아베로프 순양함과 전함 3

●●● 막강한 그리스 해군의 활약으로 오스만 튀르크 제국군의 해상 증원이 좌절되었다.

척, 구축함 4척의 함대로 대항했다. 특히 사령관인 쿤투리오티스(Pavlos Kountouriotis) 제독이 20노트 이상의 속력을 낼 수 있는 군함들만을 동원해 정(丁)자형 차단기동을 통해 기함을 격파하자, 오스만 튀르크 제국 해군의 전열은 무너지면서 패배했다. 그리스가 에게해의 제해권을 장악하자, 오스만 튀르크 제국은 각 전선으로 증원 병력을 보낼 방법이 여의치 않게 되었다.

오스만 튀르크 제국의 대반격

11월 초에는 그리스군이 살로니카를, 11월 말에는 불가리아군이 카르드잘리(Kardzhali)를 점령함에 따라 오스만 튀르크 제국의 트라케 주둔군은 본국에서부터 완전히 고립되어버렸다. 한편 오스만 튀르크 제국의 판단 착오로 상대적으로 작은 저항으로 동부전선을 휘어잡은 불가리아는 아드리아노플을 포위하고, 계속 이스탄불까지 압박해 들어갔다.

●●● 발칸 동맹의 선전으로 이미 11월 말에 이르자 오스만 튀르크 제국군의 패색이 짙어졌다.

그러나 상대적인 전력 우위를 점하던 불가리아군이 차탈자 전선을 돌파하지 못하고 정체되자, 갑자기 전쟁은 휴지기로 접어든다. 양측이 한 치도 전진하지 못하는 대치 상태가 계속되자, 1912년 12월 3일 발칸 동맹을 대표하는 불가리아는 오스만 튀르크 제국과 런던에서 평화협상을 시작했고, 12월 16일 그리스를 제외한 동맹국들은 전투를 중지했다.

그러나 휴전협상을 뒤흔드는 일대 사건이 오스만 튀르크 제국 내에서 발생했다. 1913년 1월 23일 민족주의 성향파인 청년튀르크당이 또다시 쿠데타를 일으켰다. 제국다운 반격 한 번 하지 못하고 항복할 수는 없다는 것이었다. 이들은 국방장관 나짐 파샤(Hussein Nazım Pasha)를 암살하면서 케말 파샤(Mehmed Kâmil Pasha)의 정부를 전복했다. 성공적으로 정부를 장악하자 이스마일 엔베르(Ismail Enver Pasha), 탈랏 파샤(Mehmed Talaat Pasha), 제말 파샤(Ahmed Djemal Pasha)의 삼두정치가 시작되었다. 새 정부는 휴전을 무효화하고 2월 3일부터 전쟁을 다시 시작했다.

2월 20일 오스만 튀르크 제국군은 서부 트라케 전선의 차탈자와 갈

●●● 전선이 고착되자 오스만 튀르크 제국과 발칸 동맹 사이에 휴전이 체결되었다.

리폴리에서 대대적인 반격을 개시했다. 우선 갈리폴리에서는 약 2만 명의 오스만 튀르크 제국군 제10군단 병력이 사르쾨이(Şarköy) 해안에 상륙했고, 갈리폴리 반도에 고립되었던 병력 가운데 약 1만 5,000여 명이 볼라이르(Bolayır)를 공격했다. 짙은 안개 속에서 오스만 튀르크 제국군은 별달리 전진을 하지 못했고, 게다가 불가리아군은 이미 10만여 명 남짓 되는 제4군을 증원시켜놓은 상황이었다. 불가리아군의 치열한 포격 속에 오스만 튀르크 제국군은 제대로 싸움도 해보지 못하고 물러남으로써 반격은 실패로 끝났다.

한편 차탈자 전선은 불가리아군의 주공인 제1군과 제3군의 책임지역이었다. 오스만 튀르크 제국군은 원래 갈리폴리 반격에 대한 양동작전으로 차탈자 전선에서 반격을 시작했다. 마침 불가리아군에는 콜레라가 돌아서 전력이 형편없이 떨어져 있었고, 오스만 튀르크 제국군의 갑작스러운 공격에 이들은 제2방어선으로 무려 15km나 후퇴했다. 그러나 갈리폴리 작전이 실패하자 오스만 튀르크 제국군은 더 전진하기를

● ● ● 흑적에 바박한 청년튀르크당은 국방장관을 암살하면서 쿠데타를 일으켰다.

꺼렸고, 이에 따라 반격은 무위로 돌아갔다. 불가리아군은 며칠이 지나
서야 오스만 튀르크 제국군이 더 이상 전진하지 않을 것이라는 걸 깨닫
세 되었다. 이후 전쟁이 끝날 때까지 차탈자 전선에서 양측은 지리멸렬
한 참호전을 계속했다. 제1차 세계대전의 양상을 예고한 것이다.

발칸의 주도권을 쥐었으나 퇴락하는 오스만 튀르크 제국, 부동항을
찾아 남하하는 러시아, 러시아를 막으려는 유럽 열강들, 자국 민족으로
구성된 국가를 건설하려는 각 자치령이 얽히고설키면서 발칸 전쟁은

시작되었다. 예상외로 약체였던 오스만 튀르크 제국은 개전한 지 불과 2개월도 안 되어 대부분의 전선에서 패퇴하여 겨우 차탈자 전선을 지키면서 발칸 동맹국을 상대로 휴전을 끌어냈다. 그러나 어이없는 패배로 오스만 튀르크 제국 내부에서는 쿠데타가 발생하여 정부가 전복되고, 이로써 잠깐 동안의 휴전은 끝났다. 이제 양측은 또다시 격렬한 전투를 시작하게 되었다.

아드리아노플을 공략하다

오스만 튀르크 제국군의 반격을 받은 발칸 동맹군은 이제 전쟁을 끝낼 결정적인 전투를 치를 것을 결의했다. 이에 따라 그 대상이 된 것이 바로 아드리아노플이었다. 아드리아노플은 트라케 지방의 주도일 뿐만 아니라 수도인 이스탄불을 제외하면 살로니카와 함께 2대 도시에 해당할 만큼 크고 중요한 곳이었다. 그래서 아드리아노플의 방어를 위해서 오스만 튀르크 제국군은 5만 2,000여 명의 병력과 340문의 화포를 배치해놓고 있었다. 특히 아드리아노플은 계속된 러시아의 침략으로 요새화되어, 주 방어선은 3~3.5m 높이에 6~7m 두께의 방벽으로 둘러싸여 있었다. 참호는 4m 깊이에 4~5m 간격으로 설치되어 극복하기 어려웠고, 그 앞에는 4~6중으로 인계철선이 설치되었다. 제2방어선은 주 방어선에서 약 1~4km 후방에 있는 4개 요새가 주축이 되어 구성되었다.

이런 요새화된 도시에 대한 공략은 거의 불가능할 것이라고 오스만 튀르크 제국은 믿었다. 그래서 트라케 전선 사령관인 압둘라 파샤 (Abdullah Pasha) 장군은 아드리아노플의 오스만 튀르크 제국군에게 최대한 많은 적을 유인할 것을 명령했다. 한편 정확한 정보가 없던 불가리아군도 이곳을 공략하기 위해서는 엄청난 병력을 동원하고 상당한 희생을 감수해야만 한다고 각오했다. 이에 따라 참모총장인 이반 피

●●● 아드리아노플을 포위한 불가리아군

체프(Ivan Fichev) 장군은 제1군과 제3군이 아드리아노플을 지나쳐 북쪽으로 진격하는 사이, 제2군으로 도시를 점령한다는 정교한 계획을 세워놓았다. 이에 따라 임무는 제2군 사령관인 니콜라 이바노프(Nikola Ivanov) 장군에게 부여되었다. 불가리아군은 오스만 튀르크 제국군 증원 병력이 도착하기 전에 가급적이면 빨리 아드리아노플을 점령하고자 했다.

이미 불가리아군 사령부는 10월 29일부터 아드리아노플을 포위하기로 결정했지만, 러시아 측의 찬성 없이 함부로 점령할 수는 없었다. 그러나 러시아가 불가리아의 아드리아노플 합병에 반대의사를 철회하자, 포위전은 곧바로 시작되었다. 11월 3일부터 제2군은 아드리아노플 포위를 시작하여 9일에는 도시 전체를 둘러쌌다. 한편 오스만 튀르크 제국군도 가만히만 있지 않았다. 지휘관인 쉬크뤼 파샤(Mehmed Şükrü Pasha)는 선제적으로 병력을 보내어 불가리아군의 진군을 막고자 했다. 그러나 불가리아군은 항공기와 기구까지 동원하여 적의 위치를 정확하게 관측하면서 정밀한 포격을 가하여 오스만 튀르크 제국군의 반격 시

●●● 불가리아군은 정식으로 항공기를 채택하고 항공기 투하 전용 폭탄을 개발해 항공기를 활용한 폭격을 시도하기도 했다.

도를 무산시켰다.

특히 불가리아군은 본격적으로 항공기를 활용한 폭격을 시도하기도 했다. 전쟁사 최초의 항공기를 통한 폭격은 1911년 이탈리아-튀르크 전쟁에서 이탈리아군 조종사 줄리오 가보티(Giulio Gavotti)가 수류탄을 던져 공격한 것이었다. 그러나 불가리아군은 이 아이디어를 좀 더 구체화하여 본격적으로 항공기 투하 전용 폭탄을 개발했다. 비록 손으로 떨구는 수류탄 형태의 폭탄이었지만, 1912년 10월 16일 카라아츠(Karağaç)의 오스만 튀르크 제국군 철도시설에 최초의 폭격이 이루어졌다. 그 효용성을 인정한 불가리아군은 정확한 투하를 위해 수류탄에 X자 모양의 꼬리날개를 다는 등 개조를 거듭했다. 그리하여 11월 14일부터 불가리아군은 아드리아노플 포위전에서 적극적으로 폭격을 활용했다. 불가리아군의 공략은 치열하여 심지어는 휴전협상 도중에도 아드리아노플만큼은 꾸준히 공략했다. 그러나 아드리아노플은 이런 치열한 공격을 끈질기게 버텨내면서 12월 휴전을 맞았다. 휴전으로 방어자인 오스만 튀르크 제국군은 약간의 여유를 얻고 방어축성을 보수할 시간을 벌었다. 그러나 휴전의 조건에 따르면 고립된 아드리아노플에 대한 보급은 불가능했다. 그야말로 아드리아노플은 고립무원이 되었다.

마지막 접전

휴전 이후 쿠데타가 발생하면서 오스만 튀르크 제국의 정권이 바뀌었고, 휴전은 깨어졌다. 오스만 튀르크 제국의 새 정부가 휴전을 깬 중요한 이유 중 하나는 아드리아노플 때문이었다. 휴전이 깨진다는 의미는 곧바로 오스만 튀르크 제국군이 증원될 것이라는 의미였다. 이에 따라 휴전이 끝나자 불가리아군은 당장 아드리아노플을 공략해야만 했다. 특히 불가리아군은 3개 전선에서 오스만 튀르크 제국군과 접하고 있었지만, 그나마 유일하게 성과를 거둘 수 있는 곳은 아드리아노플뿐이었다.

그러나 매서운 겨울로 인해 곧바로 작전은 불가능했고, 불가리아군의 화포는 화력이 약해 세르비아제 화포가 필요했다. 불가리아가 세르비아에 지원을 요청하자, 세르비아 수상인 니콜라 파쉬치(Nikola Pašić)는 세르비아의 지원은 1912년 3월의 양국 간 협정 범위를 넘어서는 것이라면서 그 대가로 마케도니아의 몫이 될 영토까지 요구했다. 그러나 불가리아는 세르비아의 이러한 요구를 무시하면서 러시아를 움직여 세르비아가 지원하도록 만들었다. 2월이 되어서야 겨우 다시 포위전을 시작한 불가리아군은 아드리아노플을 향해 포격을 가했다. 심지어는 외교 공관 인근을 노려서 외교관들로 하여금 항복을 압박하도록 시도하기도 했다. 특히 불가리아군은 아드리아노플과 이스탄불 사이의 무선통신 방

●●● 세르비아군의 대구경포가 아드리아노플 공략을 위해 동원되었다.

해를 시도하기도 했는데, 이는 세계 최초의 전자전으로 기록되었다.

　2월 13일이 되자 세르비아군의 대형 공성포 58문과 17개 포대가 현장에 도착했다. 그중에 120mm와 150mm 공성포는 공장에서 생산되어 곧바로 인도되었다. 그러나 불가리아군 사령부는 여전히 최적의 공격 시기를 기다릴 것을 주문했다. 물론 불가리아군이 손 놓고 기다린 것은 아니어서 항공기와 기구를 사용한 정찰에 이어 항복을 종용하는 전단을 공중에서 뿌리기도 했고, 마지막에는 다시 폭탄까지 떨구었다. 3월이 되자 주변의 주민들까지 아드리아노플로 대피하면서 오스만 튀르크 제국군의 식량 사정은 최악이 되었다. 그야말로 방어 한계점에 이른 셈이다.

　한편 공격하는 불가리아-세르비아군도 힘들기는 마찬가지여서 혹독한 추위와 보급의 한계 등으로 인해 병력의 사기는 급격히 떨어지고 있었다. 막상 모든 조건을 갖춰놓고도 망설인 것은 엄청난 병력 피해를 두려워한 불가리아의 이반 게쇼프(Ivan Evstratiev Geshov) 수상과 피체

●●● 아드리아노플을 점령한 불가리아군

프 참모총장이었다. 그러나 전쟁을 종결하기 위해서는 아드리아노플을
반드시 점령되어야만 했다. 그리하여 3월 20일 불가리아군은 나흘 뒤
공격을 결심했다.

　드디어 3월 24일 불가리아군의 포격이 시작되었고 공성이 시작되었
다. 갑작스러운 포격에 아드리아노플은 대혼란에 빠졌다. 보병은 다음
날인 3월 25일 아침부터 전진을 개시한 후 전투에 돌입했다. 그러나 정
오경에 오스만 튀르크 제국군의 방어 병력이 든든한 전선을 형성하자,
불가리아군은 보병 전투를 그치고 포병 사격으로 전환하여 공세를 계
속했다. 그리고 해가 지고 달이 뜨자 다시 불가리아군의 공격이 시작되
었다. 공격의 강도가 세지자 방어선이 뚫릴지도 모른다는 위기감에 오
스만 튀르크 제국군은 신속히 남쪽 구역으로 증원 병력을 보냈다. 그러
나 이것은 명백한 실수였다. 남쪽 구역으로 증원 병력을 보내기 위해서
는 아드리아노플을 가로지르는 마리차(Maritsa) 강을 건너야만 했는데
교량이 오직 하나뿐이었다. 오스만 튀르크 제국군은 병력을 유연하게

운용할 수 없게 스스로의 발을 묶어버린 셈이었다.

한편 불가리아군은 공격 사흘째인 26일 새벽 03시 오스만 튀르크 제국군이 증원된 남쪽을 향해 조공을 보내면서 교전을 했다. 그러나 04시가 되자 불가리아군의 진짜 주공은 동쪽에서 전진하기 시작했다. 결국 단 한 개뿐인 다리 때문에 막상 오스만 튀르크 제국군은 적군의 주공을 막을 방어 전력을 적시에 동쪽 구역으로 보낼 수 없었다. 결국 불가리아군 주공은 단숨에 주 방어선을 돌파하여 처음으로 적진 내부로 들어왔다. 불가리아군이 전진하자 방어선에 위치하던 오스만 튀르크 제국군은 더 이상 저항하지 않았고, 일부 병사는 불가리아군을 반기기까지했다. 외부에 잔존한 오스만 튀르크 제국군은 너무도 지친 나머지 아침이 되어서야 겨우 반격을 시도할 수 있었다. 결국 오스만 튀르크 제국군에게 방어할 여력은 더 이상 없었고, 09시가 되자 불가리아 기병대가 시내로 돌진하여 적군 사령관 쉬크뤼 파샤(Mehmed Şükrü Pasha)를 체포했다. 마지막 전투에서 불가리아군이 입은 피해도 적지 않아 사상자 9,558명을 기록했는데, 사망자만 해도 1,591명이었다. 아드리아노플 포위전 전체로 따지면, 투입된 전력 14만 9,000여 명 가운데 1만 8,282명의 사상자를 기록했다. 반면 오스만 튀르크 제국군은 1만 5,000여 명의 사상자와 6만여 명의 포로를 기록했다.

끝나지 않은 전쟁

불가리아가 아드리아노플을, 그리스가 비자니 전투(Battle of Bizani)로 이오안니나를, 몬테네그로가 슈코더르를 점령함으로써 오스만 튀르크 제국은 발칸 전쟁에서 패배했다. 무려 반세기 가깝게 유럽에 발을 걸치던 오스만 튀르크 제국의 점령은 1913년 5월 30일 런던 조약(Treaty of London)에 서명함으로써 공식적으로 종료되었다. 전쟁 결과 오스만 튀르크 제국은 무려 34만여 명의 사상자를 기록했고, 이스탄불 주변을 제외한 유럽 내의 모든 영토를 상실했다. 이렇게 오스만 튀르크 제국의 패배로 끝난 전쟁을 제1차 발칸 전쟁이라고 부른다.

한편 오스만 튀르크 제국으로부터 빼앗은 영토를 놓고 발칸 동맹 참전국 사이에 분쟁이 벌어진다. 제1차 발칸 전쟁의 핵심인 마케도니아를 놓고 불가리아가 세르비아보다 더 많은 영토를 차지하자, 세르비아는 그리스와 동맹을 맺고 불가리아에 대항했다. 이 와중에 군사적 자신감이 붙은 불가리아는 마케도니아를 혼자 모두 집어삼킬 생각을 가지게 되었다. 페르디난트 1세(Ferdinand I)의 명령에 따라 미하일 사보프 (Mihail Savov) 장군이 1913년 6월 28일 선전포고 없이 그리스와 세르비아를 공격함으로써 제2차 발칸 전쟁이 시작되었다. 우선 세르비아 남부로 침공한 불가리아군은 브레갈니카 강에서 세르비아군 숙영지에 대한 야간기습을 실시했지만 세르비아군과 몬테네그로군에게 격퇴되었다. 또한 불가리아군은 살로니카의 그리스군도 공격했는데, 초기에 그리스군은 후퇴했지만, 곧바로 킬키스 라하나스(Kilkis-Lahanas)에서 반격을 가하여 불가리아군을 격퇴했다.

한편 불가리아에 대한 새로운 전쟁이 시작되자, 그간 불가리아에 불만을 가졌던 주변국들이 전부 들고 일어났다. 제1차 발칸 전쟁 때 중립을 대가로 실리스트라(Silistra) 성을 양도받기로 했던 루마니아는 불가리아가 약속을 지키지 않자 선전포고를 했다. 심지어는 혼돈을 틈타 오스만 튀르크 제국까지 나섰다. 오스만 튀르크 제국군이 전진을 시작했는데도 그 누구도 관심이 없자, 오스만 튀르크 제국군은 트라케 동부 지역까지 전진하여 아드리아노플을 탈환했다. 주변의 4개국으로부터 동시에 공격을 받던 불가리아는 각국의 군대가 수도 소피아(Sofia) 인근까지 진격해 들어오자, 부랴부랴 휴전을 제의하면서 제2차 발칸 전쟁은 단 32일 만에 종료되었다. 이에 따라 1913년 7월 30일부터 부쿠레슈티

●●● 제1차 발칸 전쟁을 종결 지은 런던 조약 장면

(Bucureşti)에서 회담이 시작되었으며, 당사국들은 8월 10일에 평화협정에 조인했다. 조약에 따라 불가리아는 그리스와 세르비아에게 마케도니아 지방을, 루마니아에게 도브루자(Dobruja)를, 그리고 오스만 튀르크 제국에게는 카발라를 넘겨주었다. 제1차 발칸 전쟁으로 얻었던 영토를 전부 다시 잃어버린 셈이었다.

또 다른 분쟁의 씨앗

제2차 발칸 전쟁이 발발하자 러시아는 처음에는 세르비아와 불가리아 사이의 화해를 주선했다가, 결국 세르비아의 편에 섰다. 부동항 확보를 위해 발칸 반도에 영향력을 미치기 위해서는 세르비아의 도움이 절실했기 때문이다. 다른 열강들의 태도도 지켜볼 만하다. 러시아의 동맹국이었던 프랑스는 아직 독일과 전쟁할 준비가 안 되어 있었기 때문에, 발칸 전쟁 결과 러시아가 오스트리아-헝가리 제국과 전쟁을 수행하더라도 돕지 않겠다고 선언했다.

●●● 발칸 전쟁은 오스트리아-헝가리 제국의 황태자 암살로 이어지면서 제1차 세계대전
의 씨앗이 되었다.

한편 남하를 바라던 오스트리아-헝가리 제국은 자신 이외에 그 어
떤 나라도 오스만 튀르크 제국의 영토를 장악하는 것을 반기지 않았다.
특히 자국 내의 슬라브계 민족주의가 발흥하면서 세르비아를 러시아
의 앞잡이이자 적으로 판단하고 있었지만, 독일의 지원이 부족한 상태
에서 어떤 조치도 취할 수 없었다. 독일은 표면석으로는 오스만 튀르크
제국과 친교를 유지하며 오스만 튀르크 제국이 해당 지역의 균형자로
서 자리할 것을 지지했다. 그러나 실제로 몰락하는 오스만 튀르크 제국
을 믿기보다는 자신들과 우호관계에 있던 불가리아가 새로운 세력 균
형자로 등장하여 러시아를 견제할 것을 내심 바라고 있었다.

마지막으로 당시 세계 최대 강국이라고 할 수 있는 영국의 태도를 살펴볼 필요가 있다. 영국은 질서의 현상유지를 존중한다는 원칙을 내세우면서 표면상으로는 오스만 튀르크 제국을 지지했다. 그러나 역시 쇠락하고 있는 오스만 튀르크 제국이 러시아를 막을 수 없다는 것을 잘 알고 있었으므로, 발칸 동맹 내에 러시아에 대항할 수 있는 세력을 키우고자 했다. 그리하여 발칸 동맹에 그리스가 참가하도록 하면서 러시아의 영향력이 줄도록 했고, 불가리아를 부추겨 러시아가 아니라 불가리아가 트라케 지방을 통제할 수 있도록 꾀했다. 그야말로 러시아 견제라는 큰 그림 하에서 움직였던 것이다.

　그러나 이런 열강들의 복잡한 속내는 결국 더 큰 전쟁을 낳게 되었다. 1914년 6월 28일 오스트리아-헝가리 제국의 프란츠 페르디난트 황태자(Archduke Franz Ferdinand of Austria) 부부가 보스니아-헤르체고비나의 수도인 사라예보(Sarajevo)를 방문했다가 세르비아의 지원을 받는 암살단 '검은손' 소속의 대학생 가브릴로 프린치프(Gavrilo Princip)에 의해 암살당했다. 이 암살로 오스트리아-헝가리 제국은 그간 바라던 세르비아 침공의 구실을 얻었고, 이는 결국 제1차 세계대전의 원인이 되어 전 유럽을 전쟁의 소용돌이에 빠뜨렸다. 유럽의 화약고에서 불장난을 하던 러시아도 결국 그 피해를 고스란히 입었음은 물론이다.

05
제1차 세계대전, 전쟁의 원인은?
모든 것은 사라예보에서 시작되었다

암살과 전쟁 사이

제1차 세계대전은 사라예보(Sarajevo)에서 시작되었다. 발칸 전쟁(Balkan Wars)으로 불붙은 민족주의로 인해 엉뚱하게도 전쟁에 참가하지도 않은 오스트리아–헝가리 제국의 프란츠 페르디난트(Franz Ferdinand) 황태자 부부가 1914년 6월 28일 보스니아의 주도(主都)인 사라예보에서 암살당하는 사건이 발생했다. 세르비아의 민족주의자인 가브릴로 프린치프(Gavrilo Princip)는 '검은손' 암살단의 지령에 따라 암살에 나섰다. 이 암살은 사실 당시 오스트리아 제국에서는 엄청난 비극으로 받아들여지지 않았다. 심지어는 프란츠 요제프 황제(Franz Joseph I of Austria)도 자신의 조카이자 왕위계승자였던 페르디난트를 시녀와 결혼했다는 이유로 승계권을 인정하지 않았기에 그다지 큰 반응을 보이지 않았다. 오스트리아 국민들도 페르디난트의 죽음에 대해 비극이라고 생각했지만 격노하지는 않았다. 사건 직후 오스트리아 제국의 수뇌부에서는 세르비아와의 전쟁 움직임은 없어 보였다.

●●● 페르디난트 황태자의 암살은 애초엔 커다란 국제적 반향을 일으키지는 못했다. 사진은 체포되는 암살범 가브릴로 프린치프의 모습.

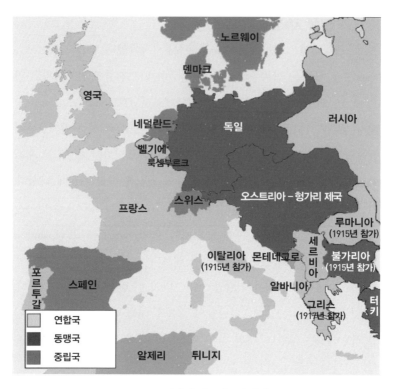

●●● 1914년 유럽 국가들의 상황

　페르디난트의 죽음에 격노한 것은 오히려 당시 오스트리아의 맹방인 프로이센의 황제 빌헬름 2세(Friedrich Wilhelm Viktor Albert von Preußen)였다. 호전적이고 변덕이 심한 것으로 평가되던 빌헬름 2세는 1888년 즉위한 이후 매우 공격적인 외교정책을 펼쳤다. 특히 빌헬름 2세는 철혈 재상 비스마르크(Otto von Bismarck)를 사임시킨 후 현실주의 외교정책을 폐기하고 공격적인 제국주의를 추구했다. 특히 해군장관이던 티르피츠(Alfred von Tirpitz) 제독은 20년 내에 38척의 전함을 건조하면서 대양해군을 건설하겠다는 계획을 추진했고, 빌헬름 2세는 이를 적극 지지했다. 빌헬름 2세는 군주제의 가치를 중시했고, 독일 제국을 세계 최고의 국가로 만들겠다는 야망을 가지고 있었다.

●●● (왼쪽) 암살로 아내를 잃고 자살로 아들까지 잃은 프란츠 요제프 황제는 조카 페르디난트의 죽음에 별다른 반응을 보이지 않았다.
(가운데) 세르비아에 대한 보복에 가장 적극적이었던 것은 유럽 최대의 열강을 꿈꾸던 독일 황제 빌헬름 2세였다.
(오른쪽) 독일의 지원을 등에 업은 오스트리아 외무장관 베르흐톨트는 세르비아에게 강경한 태도로 돌변했다.

　그런 빌헬름 2세에게 페르디난트의 암살은 군주제 전체에 대한 도전으로 비춰졌다. 군주제를 뒤흔든 사건에 대항하여 독일이 움직임으로써 유럽의 질서를 재편할 수 있으리라는 계산도 어느 정도 깔려 있었을 터였다. 빌헬름 2세는 이미 2년 전인 1912년 12월 8일, 군부의 고위급을 모아 전쟁위원회를 개최하면서 미래의 전쟁을 그려보기도 했다. 찬란한 과학기술과 산업 기반을 바탕으로 군사 엘리트를 활용할 수 있는 빌헬름 2세에게 거칠 것은 없었다. 그는 사라예보 암살사건을 방치할 경우 군주제 질서가 흔들릴 수 있다고 생각했고, 오스트리아가 가급적이면 빨리 세르비아를 응징하기를 바랐다.
　암살사건 발생 일주일 만인 7월 5일 오스트리아 대사가 빌헬름 2세에게 독일의 입장을 묻자, 다음날 빌헬름 2세는 오스트리아-헝가리 제국에 엄청난 약속을 한다. 독일은 오스트리아의 세르비아 대응에 대해 무조건적인 지지를 보낸다는 것이었다. 오스트리아가 세르비아를 응징하는 과정에서 러시아와 갈등이 발생하더라도 독일은 헌신적으로 지원할 것이라는 약속이었다. 한마디로 '백지수표'를 발행한 것이다. 한편 빌헬름 2세는 이러한 약속을 하면서도 오스트리아의 요제프 황제가 세르비아를 공격하지 않을 것이며, 만에 하나 공격하더라도 러시아가 세르비아를 지원할 것이라고 생각하지 않았다.

오스트리아의 마지막 욕심

7월 5일 독일의 군사적 지원을 약속받았지만 오스트리아는 여전히 움직이지 않았다. 당시 전쟁을 결심할 수 있는 오스트리아의 핵심 수뇌부는 요제프 황제와 베르히톨트(Count Leopold Berchtold) 외무장관, 그리고 회첸도르프(Count Franz Conrad von Hötzendorf) 참모총장, 이 3명이었다. 개전에 가장 적극적이었던 회첸도르프는 세르비아를 징벌하면서 러시아가 세르비아를 지원하지 못하게 함으로써 오스트리아 제국을 지키고자 했다. 베르히톨트 외무장관은 세르비아에 대한 인내 정책은 끝났다고 강하게 주장했지만 어찌해야 할지 몰랐다. 요제프 황제는 세르비아 침공 시 러시아가 군사적으로 개입할 경우와 독일이 약속한 군사적 지원을 제공하지 않을 상황을 걱정하며 세르비아에 대한 선전포고에 반대했다.

하지만 오스트리아–헝가리 제국은 열강으로서의 지위를 유지하기 위해서는 반드시 세르비아를 손봐야만 했다. 특히 세르비아를 이용하여 발칸 반도로 세력을 확장하려는 러시아를 막지 않으면 오스트리아 제국은 붕괴될지도 모른다는 위기감이 높아졌다. 베르히톨트는 독일이 '백지수표'를 발행하자 과거 신중한 태도에서 곧바로 입장을 바꾸었다. 그는 오히려 더욱 강경한 외교적 조치를 주장하면서 세르비아에 최후통첩을 보냈다. 오스트리아의 요구는 가혹하고도 강경했다. 10개 요구사항을 담은 최후통첩문에는 세르비아 민족주의 단체의 해산, 군 간부 해임과 정치지도자 체포, 오스트리아의 수사 개입 요구권까지 세르비아가 받아들이기 어려운 것들만 담겨있었다. 요제프 황제는 애초부터 전쟁을 반대해왔지만 이미 심하게 병들고 노쇠하여 명확한 판단을 할 수 없었다. 지금까지도 요제프 황제의 승인 여부가 논란이 되고 있지만 어쨌거나 최후통첩문은 48시간의 여유를 두고 7월 23일 세르비아 측에 전달되었다.

최후통첩문을 받아 든 세르비아는 당황했다. 내용이 그 어느 때보다도 강경했을 뿐만 아니라 세르비아의 주권을 심각하게 침해하는 수준이어서 도저히 받아들일 수 없었기 때문이다. 페테르(Peter) 섭정 황태자 이하 세르비아 수뇌부는 이런 과도한 요구를 하는 이유는 역시 침략을 하기 위해서라고 판단했다. 세르비아의 입장에서 암살사건은 오스트리아-헝가리 제국의 국내 사건에 불과했다. 비록 '검은손' 암살단이 슬라브계 민족주의자들이지만, 엄밀히 말하면 이들은 오스트리아 국민이었고, 사건이 발생한 사라예보도 오스트리아 제국의 영토였다. 결국 세르비아가 믿을 것은 러시아뿐이었다. 페테르 왕자는 러시아 황제 니콜라스 2세에게 슬라브족의 보호자로서 러시아의 역할을 강조하면서 지원을 요청했다. 러시아는 일단 세르비아에 최후통첩을 받아들이지 말 것을 권고했다.

최후통첩의 시간이 다가오자, 세르비아는 일단 오스트리아의 요구에 대해 회유적인 답신을 작성했다. 오스트리아의 요구조건 9가지를 수용했으나, 마지막 요구조건인 오스트리아 관료의 암살사건 수사개입권한에 대해서는 모호하게 답변을 했다. 일견 상당부분 오스트리아의 요구를 받아들인 것처럼 보였지만, 실은 수용한 내용에도 수많은 단서조항을 달아 사실상 거부에 가까운 답신을 내놓았다. 그리고 최후통첩시간인 7월 25일 6시 직전에 세르비아의 파시치(Nikola Pašić) 내무장관은 베오그라드(Beograd)의 오스트리아 대사관에 답신을 전달했다. 기즐

(Wladimir Giesl Freiherr von Gieslingen) 오스트리아 대사는 답신에 단서 조항이 달려 있는 것을 확인하자 주저함 없이 외교관계 단절을 알리는 전보를 전달했다. 오스트리아 대사관 직원들은 곧바로 베오그라드에서 철수했다.

러시아와 독일의 개입

오스트리아-헝가리 제국은 7월 28일 드디어 세르비아에 대한 선전포고를 했다. 표면적으로는 페르디난트 암살이 이유였지만, 결국은 세르비아와 국지전을 통해 러시아 세력을 몰아내기 위함이었다. 세르비아는 이에 대해 이미 외교가 단절된 25일부터 군 동원령을 내렸고, 러시아도 세르비아 지원을 위해 육군과 해군 1만 1,000여 명의 병력에 대해 부분 동원령을 발령하고 있었다. 오스트리아와 세르비아의 전투는 처음에는 국지전 수준이었다. 애초에 오스트리아도 그 이상의 수준으로 전쟁이 확산될 것이라고는 생각하지 않았던 것으로 보인다. 그런 바람은 독일도 마찬가지였다. 빌헬름 2세는 오스트리아와 세르비아 간의 전쟁을 국지화하고 러시아의 개입을 막고자 오스트리아와 러시아 사이의 중재사를 사서 했다. 이런 독일의 태도에 영국 그레이(Sir Edward Grey) 외무장관도 지지를 보냈다.

7월 29일 빌헬름 2세는 자신의 사촌이기도 한 니콜라이 2세에게 전보를 보내 전쟁의 확산을 막자고 제안했다. 과거에는 이러한 사적인 관계가 독일과 러시아의 충돌을 막는 데 기여해왔다. 그러나 이번만큼은 달랐다. 러시아는 결국 세르비아를 구원하기 위해 총동원령을 발령했다. 물론 총동원령은 빌헬름 2세의 전보가 도착하기 전에 발령되었던 것이고, 동원령만 발령했을 뿐 당장 군사적 조치가 있었던 것은 아니다. 러시아 또한 독일과의 싸움으로 확산되는 것은 피하고 싶었다. 동원한

●●● **(위)** 세르비아가 최후통첩에 응하지 않자 오스트리아는 전쟁을 선포한다.
(아래) 전쟁의 개시를 알리는 미국《워싱턴 타임스(The Washington Times)》기사

군대를 파병하지 않고 대기 상태로 둠으로써 평화협상 테이블로 당사
자들을 끌어들인 사례는 과거에도 종종 있었기 때문이다.

　빌헬름 2세는 러시아의 총동원령 발령을 신의에 대한 배신으로 여기
고 격분했다. 그는 '니벨룽의 서약'이라고 부를 만큼 확고한 약속을 오
스트리아와 했다. 그런 약속에 바탕한 군사적 지원까지 자제해가면서
평화를 위해 러시아와 대화를 했건만, 러시아가 자신에게 아무 말도 없
이 이미 5일 전부터 병력을 동원했다는 사실을 참을 수가 없었던 것이

다. 거기에 더하여 빌헬름 2세는 협상을 부추긴 영국의 속셈조차 의심했다. 영국이 러시아와 프랑스를 끌어들여 독일을 고립시키고 궁극적으로는 경제적·정치적으로 파멸시키려고 한다며 흥분했다. 그러나 이것은 어디까지나 빌헬름 2세의 자기중심적 관점이었고, 현상 유지를 뒤흔든 것은 오스트리아와 독일이었다. 세르비아나 러시아는 이에 대응할 수밖에 없었던 것이다.

그리하여 1914년 7월 31일 독일은 전시사태를 선포했다. 그리고 자신들을 기만한 러시아에 대해서는 12시간의 기한을 두고 동원해제를 요구하는 최후통첩장을 보냈다. 그러나 시한인 8월 1일 정오가 되어서도 러시아의 답신이 오지 않자, 흥분은 극에 달했다. 결국 빌헬름 2세는 그날 오후 5시 총동원령을 발령함과 동시에 러시아에 대해 선전포고를 했다.

독일의 비책, 슐리펜 계획

그러나 전쟁은 독일과 러시아의 선에서만 끝날 것은 아니었다. 과거 비스마르크 시절까지는 프랑스를 고립시킴으로써 유럽의 평화가 유지되었지만, 빌헬름 2세가 등장한 이후 독일이 공세적인 면모를 보이자 오히려 독일에 대한 고립이 가속화되었다. 러시아는 독일에 대항하여 1894년부터 프랑스와 동맹을 맺고 있었다. 실제로 당시 가장 치열하게 반목하는 2대 동맹이 독일-오스트리아 대 프랑스-러시아였다. 러시아와 독일이 전쟁 상태에 돌입하자, 러시아의 동맹국인 프랑스도 동원령을 발령했다. 당연히 독일도 프랑스와의 전쟁에 돌입하여 8월 3일에는 프랑스에 대해 선전포고를 했다.

물론 프랑스와 러시아라는 2개의 적에 대항하는 것은 어떤 군사강국에게도 어려운 일이다. 그러나 독일은 이미 십수년 전부터 이러한 전쟁 계획을 마련해놓고 있었다. 그것이 바로 슐리펜 계획(Schlieffen Plan)이다. 1897년 당시 독일군 참모총장이던 슐리펜(Alfred von Schlieffen) 백작은 독일이 러시아와 프랑스라는 2대 강국과 동시에 싸우는 최악의 상황에 대비한 전쟁계획을 마련하고자 했다. 독일의 생존을 위한 최후의 처방이었던 셈이다. 슐리펜 계획에 따르면 병력 동원과 배치 속도가 늦은 러시아가 전쟁에 돌입하기까지 걸리는 시간은 6주이고, 그사이에 먼저 압도적 병력으로 프랑스군을 절멸시킨 후에 러시아군과 상대하겠다는 계획이었다.

슐리펜 계획은 독일군이 대대적이고도 신속한 기동 하에 강화된 좌익으로 레프트훅을 날리는 것과도 같은 작전이었다. 그러나 북동부 접경지역에는 프랑스군의 막강한 요새들이 펼쳐져 있어 독일군은 우회해야만 했다. 따라서 독일군이 마스트리히트(Maastricht) 돌출부를 통해 네덜란드와 벨기에를 통과한다면 프랑스 북서부로 침공하는 것은 상대적으로 쉬웠다. 이에 따라 이곳에 5개 군 35개 군단 병력을 집중하여 프랑스군을 후방부터 포위하여 전멸시키겠다는 계획이었다. 한편 개전 시 프랑스군이 알자스-로렌(Alsace-Lorraine)을 되찾기 위해 공격할 것이 예측되므로 이곳에는 2개 군을 배치해 저지할 계획이었다.

그러나 슐리펜을 이은 참모총장인 헬무트 폰 몰트케[Helmuth Johann Ludwig Graf von Moltk: 소(小) 몰트케]는 알자스-로렌이 공격당하면 독일군 주력의 측면과 후방이 위협을 받는다고 판단했다. 이에 따라 신규 창설 사단들을 우익에 보강함으로써 원래 계획보다 더 적은 병력으로 공격에 나서야만 했다. 애초 공수의 전력비가 7 대 1이었다면 몰트케에 들어서는 3 대 1로 바뀌었다. 슐리펜 계획은 허점이 많았지만 오히려 독일 군부는 양면전쟁 계획을 갖추었음을 자부하면서 전쟁을 불사하겠다는 태도를 과시했다.

일파만파 퍼지는 전쟁

프랑스에 대한 전쟁을 앞두고 슐리펜 계획에 따라 독일은 벨기에에 길을 터줄 것을 요구했다. 8월 2일 독일은 먼저 룩셈부르크를 침공했다. 또한 독일은 벨기에 정부에 최후통첩을 보내 영토를 통과하도록 허락하지 않으면 적으로 간주하겠다고 전했다. 중립국이던 벨기에는 당연히 이러한 요구를 거절했고, 독일은 다음날 프랑스와 함께 벨기에에 선전포고를 했다. 그리고 8월 4일 독일군은 제1·2·3군 약 76만 명의 병력을 동원하여 벨기에 국경지대를 공격했다.

벨기에가 침공당하자, 영국도 나설 수밖에 없었다. 영국은 애초에 명예로운 고립(Splendid Isolation)정책을 유지하면서 유럽 열강들과 직접적인 다툼을 회피하고 아시아나 중동 등의 지역에서 세력을 확장하는 데 신경을 써왔다. 영국과 독일 황실은 인척관계였기 때문에 1900년까지만 해도 양국은 비교적 친밀한 관계를 유지해왔다. 그러나 빌헬름 2세 즉위 이후 독일이 해군력을 증강하고 보어 전쟁(Boer War)에서 보어인들의 독립을 돕는 등 해외 식민지 경쟁에서까지 영국과 경쟁하자 더

●●● 독일군은 슐리펜 계획에 따라 벨기에로 거침없이 침공해 들어갔다.

이상 고립정책을 포기하고 독일의 고립에 나섰다. 이에 따라 프랑스-러시아 동맹과 근접하여 1904년 영불 협상, 1907년 영러 협정을 통해 3국 협상(Triple Entente) 체제를 갖추었다.

물론 3국 협상에는 자동개입 조항은 없었지만, 영국은 벨기에의 중립 보장을 위한 조약의 가입국으로 벨기에를 지키고자 했다. 영국은 이미 8월 2일 독일에 전쟁을 중지할 것을 경고했다. 벨기에가 침략당한 후 통첩 시한인 8월 4일 23시까지 독일의 응답이 없자, 영국은 선전포고를 했다.

이후 계속 꼬리에 꼬리를 물고 참전국이 늘어났다. 영일동맹에 의해 일본은 8월 23일 독일에 대해, 25일 러시아에 대해 선전포고를 했지만 실제 전쟁에 합류할 일은 없었다. 러시아와 불편한 관계이던 오스만 튀르크 제국은 표면상 중립의 입장을 견지했다. 그러나 실제로는 8월 2일 독일과 비밀조약으로 동맹을 결성하고 러시아와 전쟁에 나서기로 했지만, 정권 내의 입장이 정리되지 않아 참전하지 못하고 있다가 10월 29일 오스만 해군이 흑해의 러시아 해군기지를 포격하면서 11월 1일 정식으로 참전하게 되었다. 한편 재미있는 것은 이탈리아였다. 1882년 결성된 3국동맹의 일원이었던 이탈리아는 전쟁이 시작되자 중립을 선언하고 독일과 오스트리아를 외면하다가 1915년 프랑스와 런던 밀약을 체결한 후에 결국 연합국으로 과거 동맹국들에 선전포고를 했다.

제1차 세계대전은 전쟁이 끝날때까지 무려 35개국이 참전하는 사상 최대의 전쟁이 되었다. 그래서 세계대전(World War)이라는 명칭이 처음 붙은 전쟁이었을 뿐만 아니라 '모든 전쟁을 끝내기 위한 전쟁(War to End All Wars)'이라는 별명까지 붙었다. 전쟁의 원인으로는 민족주의, 제국주의, 군국주의, 국가동맹, 이 4가지가 지적되지만, 자국의 이익만을 불나방처럼 쫓던 열강들을 규제할 수 있는 국제적 기준과 질서가 없었기에 5년간의 치열한 전쟁은 결국 시작될 수밖에 없었다. 과학과 산업

의 혁명, 그리고 엄청난 경제력을 자랑하던 유럽은 이렇게 전쟁의 소용
돌이에 빠져들었다.

06

마른 전투

슐리펜 계획을 막고 참호전의 서막을 알리다

역사는 반복된다. 유럽의 숙적 프랑스와 독일의 대결은 역사 속에서 계속되어왔다. 특히 제1차 세계대전이 시작되면서 프랑스는 다시금 독일의 주요 전쟁 목표가 되었다. 당시 경제와 문화 면에서 급성장하던 독일에게는 거칠 것이 없었다. 이미 19세기 말부터 프랑스와 러시아와의 양면전쟁을 대비했고, 그렇게 등장한 것이 1905년의 슐리펜 계획이었다.

슐리펜 계획의 발동

슐리펜 계획은 간단히 말하면 먼저 프랑스를 격파하고 그 다음에 러시아를 상대하겠다는 계획이었다. 이를 위해 먼저 프랑스와의 승부에 전력을 집중하여 병력의 90%는 프랑스에 집중하고 나머지 병력은 러시아에 대한 저지 임무를 수행한다. 단, 승부는 최대한 빠른 시간에 마무리 지어야만 했다. 애초에 계획한 바에 따르면, 프랑스를 무너뜨리는 데 필요한 시간은 42일이었다. 그러나 러불 동맹으로 프랑스가 러시아 철도에 자금 지원을 하면서 철도망이 갖춰졌으므로, 그 시간은 더욱 줄어들었다.

게다가 이 계획은 애초의 장점을 많이 잃어버렸다. 슐리펜이 계획을 세웠을 때는 5개 군에게 우익을 맡겨 벨기에, 네덜란드로 우회시키고 2개 군은 후퇴하듯 적군을 유인하여 포위섬멸하는 것이었다. 그러나 전쟁을 앞두고 몰트케는 우익에 집중한다는 애초 계획을 포기하고 서부전선의 병력을 러시아 전선으로 빠르게 전환이 가능하도록 좌익을 강화했다. 그 결과 전력 집중과 포위가 불가능한 상황에 이르렀다. 엄청난 대부대의 이동을 위해 예하부대들의 작전 일정을 시계바늘처럼 세밀하게 짜놓았기 때문에 작전계획이 가동되면 수정이 어려웠다. 어쨌거나 개전을 결심한 이상 슐리펜 계획은 가동될 수밖에 없었다.

●●● 1914년 8월 4일 벨기에 국경으로 진격하는 독일군의 모습

1914년 8월 3일 서부전선에 88개 사단을 동원한 독일군은 벨기에로 침공해 들어갔다. 프랑스를 침공하기 위해서는 반드시 거쳐야 할 관문이었다. 그러나 벨기에의 저항이 의외로 거센 데다가 벨기에 침공은 영국군의 참전을 불러왔다. 또한 8월 5일 독일군은 프랑스 침공의 핵심 관문인 리에주(Liege) 지역 점령에 나섰지만, 강한 저항으로 전진할 수 없었다. 결국 루덴도르프(Erich Ludendorff) 장군이 직접 나서서 요새 공략을 지휘하고서야 8월 7일에 리에주를 함락할 수 있었고, 인근에서 저항을 계속하던 요새들도 8월 15일 즈음에 대부분 함락했다.

벨기에는 영국과 프랑스의 구원을 기다렸지만, 결국 지원군은 제때 도착하지 못했다. 결국 독일군의 초대형 곡사포 공격에 안트베르펜(Antwerpen), 나무르(Namur), 모뵈주(Maubeuge) 등의 지역이 하나둘 독일군에게 점령당하면서 벨기에는 독일군의 수중에 떨어졌다. 특히 독일군은 시간을 지켜 진격해야만 한다는 강박에 더해 후방의 치안 유지에 배치할 병력이 적었기 때문에, 벨기에에 대한 공포 통치를 시작했다. 이 과정에서 무려 6,500여 명의 벨기에 민간인이 독일군에게 학살되었다. 또한 독일군은 전쟁 수행을 위해 벨기에로부터 원자재와 식료품을

●●● **(위)** 벨기에군은 치열한 저항에 나서지만 420mm 빅 베르타(Big Bertha) 곡사포 등 거포의 위력에 굴복하고 만다.

(아래) 1914년 8월 20일 벨기에군 병사들이 안트베르펜으로 후퇴 중이다. 사진 속의 개가 끌고 가는 수레에는 기관총이 실려 있다.

모두 압수해가는 바람에 시민들은 기근에 시달려야만 했다.

국경선 전투의 시작

벨기에가 점령당하는 사이, 프랑스는 동원령을 완료하고 독일에 대한 '작전계획 제17호'의 발동에 들어갔다. 작전계획 제17호는 프랑스군 참모총장인 조제프 조프르(Joseph Joffre)가 주도한 공세 위주의 전쟁을 수행한다는 계획이다. 프로이센-프랑스 전쟁의 패배 이후 프랑스군을 지배했던 정신력 우선주의와 공격제일주의에 기반한 작전계획이었다. 요점은 방어에 집착하지 않고 즉시 반격을 가하여 알자스-로렌 지역을 회복한다는 것이었다. 문제는 직접적인 백병공격을 강조하는 바람에 오히려 화력지원을 해줄 수 있는 중·대구경 화포의 개발을 경시했고, 그 결과 화력의 열세를 가져오게 되었다는 사실이다.

프랑스군은 아직 동원이 완료되지 않은 와중에도 작전계획 제17호에 따라 공세를 실시했다. 8월 6일 프랑스 제7군[보노(Louis Bonneau) 지휘]이 곧바로 알자스 북부로 진격했지만, 독일의 반격으로 퇴각했다. 그러나 8월 14일 프랑스는 알자스군[포(Paul Pau) 지휘]의 공격으로 뮐루즈(Mulhouse)를 재점령했다. 물론 독일군의 압박으로 예비대가 필요했던 조프르는 다시 알자스군을 불러들였다. 8월 20일에는 프랑스 제1군과 제2군이 로렌(Lorraine) 지역에서 모랑주(Morhange)와 자르부르크(Saarburg)를 공격했지만, 독일군의 좌익인 제6군과 제7군에 의해 밀려났다. 아무리 백병정신이 강한 프랑스군이라도 독일군의 기관총과 포병 공격에는 속수무책으로 엄청난 희생을 기록했다.

이렇게 불리한 상황임에도 불구하고 조프르는 다시 무리하게 공격을 시도하고자 했다. 영국에서 급조해 보낸 영국원정군(British Expeditionary Force)과 프랑스 제5군에게는 북진 명령이 내려졌다. 즉, 상브르(Sambre)

●●● (왼쪽) 백병정신을 강조하던 프랑스군은 너무도 공격에 집착한 나머지 오히려 초
기에 크게 패배할 위기에 처했다.
(오른쪽) 독일군은 맥심 기관총 등 다양한 신무기를 사용하여 화력의 우위를 점하며 프랑
스군을 압박했다.

강을 도하하여 독일군 우익을 타격하라는 것이었다. 독일군의 중앙부
를 약점으로 보고 이를 공략하겠다는 생각이었다. 하지만 실제로 붕괴
위험에 빠진 것은 프랑스군으로, 독일 제1군과 제2군이 공략하고 있는
연합군의 좌익을 내버려둘 경우 슐리펜 계획대로 포위될 위험에 처해
있었다. 프랑스군은 지나치게 공격 위주의 작전에 집착한 나머지 병참
선이 지나치게 늘어졌을 뿐만 아니라 심각한 손실까지 입게 되었다. 뒤
늦게 상황을 파악한 조프르는 8월 25일부로 전 부대에게 남쪽으로 후
퇴할 것을 지시한다. 뒤늦은 판단이었으나 결단은 빨랐고 결과적으로
이는 연합군을 살렸다.

조프르의 대처는 단호하고도 재빨랐다. 우선 파리(Paris)-베르됭
(Verdun)-낭시(Nancy)-벨포르(Belfort)에 이르는 지점을 방어선으로 설
정하고 여기까지 병력을 후퇴시켰다. 그러면서도 후퇴하는 와중에 대
대적으로 낡은 지휘부를 뜯어 고치면서 군단장 9명과 사단장 38명을
교체했다. 또한 최대 약점인 좌익과 중앙을 보충하기 위해 제6군과 제
9군, 2개의 야전군을 신편했다. 무엇보다도 영국원정군과의 협조가 무

●●● (왼쪽) 프랑스군은 마른 강에서 최후의 반격을 통하여 절체절명의 위기를 벗어났다.
(오른쪽) 조프르 장군은 작전계획 제17호로 실전에서 큰 효과를 거두지 못하고 실패했지만, 이후 반격의 기회를 꾸준히 노리다가 천재적 임기응변을 발휘해 프랑스를 구했다.

너지면서 붕괴된 연합군 좌익을 보강하는 것이 중요했다. 이에 따라 8월 26일부터 조프르는 로렌(Lorraine)에서 차출한 사단과 신편 예비사단들을 합쳐 제6군을 새로 만들었다. 또한 중앙을 보강하기 위해 제9군을 배치했다.

역공의 기회를 노려라

제6군에게 주어진 핵심 임무는 무너진 연합군의 좌익에서 특히 가장 위태로워진 수도 파리를 방어하는 것이었다. 모누리(Michel-Joseph Maunoury)가 이끄는 제6군은 9개 보병사단과 2개 기병사단 약 15만여 명으로 구성되었다. 문제는 전쟁 도중에 최전선에서 엄청난 병력을 어떻게 옮기느냐 하는 것이었다. 이를 위해 300량의 열차가 동원된 대호

송작전이 벌어졌다. 그 결과, 제6군은 마른 서쪽의 모(Meaux)로부터 파리 북쪽의 퐁투아즈(Pontoise)까지 넓은 전선에 점차 배치되기 시작했고, 9월 10일에서야 영국원정군의 좌측에 전개를 마쳤다. 약 10일간의 정돈된 후퇴를 마친 후, 연합군 좌익에는 제3군, 제4군, 제9군, 제5군, 영국원정군, 그리고 제6군이 배치되었다. 이렇게 필사적인 배치를 마치자, 연합군 좌익의 전력 열세는 가까스로 극복되었다.

한편 프랑스의 잇단 후퇴가 반드시 독일군에게 유리한 것만은 아니었다. 일단 병참선이 너무 길어져 독일군은 보급에 커다란 어려움을 겪었고, 계속된 전투로 독일군 우익도 많이 약해진 상태였다. 게다가 몰트케의 우유부단과 변덕으로 인해 슐리펜이 유언으로 남겼던 우익 보강은 실제로 이뤄지지 않았다. 무엇보다도 지휘부 간의 불화와 통합된 지휘능력 부족으로 인해 각 군 사이에 연계가 잘 되지 않았다. 이는 독일군에게 치명적인 약점이 될 터였다.

몰트케는 후퇴하는 프랑스군을 격멸시키기 위해 우익에 5개 군을 모았다. 그 가운데 제1군과 제2군은 프랑스군 좌익에 접근하여 포위섬멸을 통해 슐리펜 계획을 마무리 짓는 임무를 맡았다. 그런데 서쪽으로 전진하던 제1군[클루크(Alexander von Kluck) 상급대장 지휘]은 파리 인근에서 남하를 시작했다. 슐리펜 계획에 따르면 파리를 한참 지나서 서쪽으로 더 이동한 후 남하하면서 포위해야만 했지만, 클루크는 후퇴하는 영국원정군을 뒤쫓아 가다가 몰트케에게 보고조차 하지 않고 방향을 틀었다.

그러나 파리 북쪽에는 퐁투아즈부터 이미 프랑스 제6군이 배치되고 있었다. 독일군의 최우익에 해당하는 제1군이 방향을 꺾자, 독일군의 우익이 마침내 프랑스군에게 노출된 것이다. 애초에는 프랑스군도 독일군의 의도를 잘 이해하지 못했다. 그러나 항공정찰과 무전감청을 통해 독일군의 진격 경로가 바뀐 것을 확신하게 되자, 조프르는 이제 반격의 시간이 되었다는 것을 알았다. 그 먹잇감은 당연히 독일군 제1군이었다. 9월 4일 조프르는 역공을 구상했다. 즉, 후퇴를 멈추고 9월 6일경에 프랑스 제6군과 영국원정군을 투입하여 공격에 나선다는 것이었다.

뜻밖의 반격

9월 4일 늦은 오후, 조프르는 전군에게 후퇴를 멈추고 반격을 감행하라고 지시했다. 특히 영국원정군은 몽미라이(Montmirail)로 진군하고, 제9군이 생공(St. Gond) 늪지대를 따라 우익을 엄호하는 가운데 제5군은 북쪽으로 진군하며, 제6군으로 하여금 우르크(Ourcq)를 공격하도록 지시했다. 이에 따라 9월 5일 오전 제6군이 파리에서 나와 동진하다가 독일군 제1군의 우익에 해당하는 제4예비군단 기병정찰대와 조우하고 교전을 시작했다. 그러나 화력이 우세한 독일군은 오후가 되자 주도권을 확보했고, 제6군은 후퇴할 수밖에 없었다. 그러나 그날 밤 독일군 제4군단도 10km 후방으로 후퇴하여 전열을 가다듬었다.

한편 전방으로 진출했던 독일군 제2군단까지 마른 강의 북부로 후퇴하여, 9월 8일까지 제1군 휘하의 4개 군단이 모두 북부에 진지를 형성하게 되었다. 그야말로 신속한 태세 전환으로 인해 제6군이 우르크 강을 넘어 공격하는 것은 어려워졌다. 그러나 이 과정에서 제1군은 제2군과의 간격이 무려 50km나 벌어져 좌익이 비어 있다는 사실을 간과했다. 남쪽에서 올라오는 연합군 병력이 이 사이를 뚫고 들어온다면 결정적인 타격을 입을 터였다. 실제로 연합군은 항공정찰을 통해 이 간극을 발견했다.

연합군은 기회를 놓치지 않고 영국원정군과 프랑스 제5군을 투입하여 독일 제1군과 제2군 사이를 치고 들어갔다. 9월 6일 프랑스 제5군의 우익이 공격을 감행하여 독일 제2군을 궁지에 몰았으며, 영국 원정군은 마른 강의 지류인 프티 모랑(Petit Morin) 강을 건너 마른 강의 교량들을 점령했다. 9월 8일 이 교량들을 통해 프랑스 제5군이 증원되었지만 제2군의 점령지역을 탈환하지는 못했다. 다음날 프랑스 제5군이 다시 마른 강을 건너 공격을 하자 독일 제1군과 제2군은 점점 피해가 늘어만 갔다. 그러나 여전히 독일 제1군은 프랑스 제6군을 상대로, 독일 제2군은 프랑스 제5군을 상대로 그럭저럭 잘 버텨내면서, 반격 3일 만에 연합군의 역공은 실패로 돌아가는 듯 보였다.

택시부대와 마른 강의 기적

그러나 프랑스군의 의지는 쉽게 꺾이지 않았다. 6일부터 8일 사이 프랑스 제6군은 독일 제1군에게 일방적으로 얻어맞는 입장이었지만, 파리를 지키기 위해 7일 밤 사이에 무려 1만여 명의 예비전력이 전선으로 충원되었다. 병력수송 수단이 마땅치 않자, 프랑스군은 파리 시내의 택시 600여 대를 총동원하여 제7사단 병사 3,000여 명을 50km 밖의 전선까지 실어 날랐다. 증원된 제6군은 확실히 자리를 지켜낼 수 있었다.

그리고 9월 9일 프랑스 제5군과 영국원정군이 독일 제1군과 제2군 사이의 간격을 공략하는 요충지인 샤토티에리(Château-Thierry)를 향해 진격했다. 바로 여기서 승부가 갈렸다. 독일 제2군 사령관인 뷜로브(Karl von Bülow) 장군은 이 공격을 심각한 것으로 받아들이고는 제2군 병력을 후퇴시켜버렸다. 제2군이 후퇴하자 제1군도 후퇴하지 않을 수 없었다. 특히 후퇴를 결정하게 된 데에는 몰트케의 조바심도 일조했다. 전쟁이 계획대로 돌아가지 않자, 몰트케는 참모장교인 헨취(Richard Hentsch) 대령을 현장에 파견하여 제1군과 제2군 간의 조율 업무를 맡겼다. 몰트케가 제2군이 포위당할 것을 우려하여 후퇴를 결정하자, 헨취는 이에 동의했고 결국 제1군에게도 후퇴할 것을 권고했다.

●●● 프랑스 제6군의 예비병력을 전선으로 보내기 위해 프랑스군은 무려 600여 대 이상의 택시를 동원했다.

이로써 독일군은 9월 9일부터 13일 사이에 조직적 후퇴를 시작하여 엔(Aisne) 강에 전선을 설치했다. 독일군이 후퇴하자 조프르는 연합군에게 총공격을 명령했다. 그러나 화력이 미약했던 연합군은 엔 강 방어선을 돌파할 수 없었다. 이때 엔 강 방어선에 설치했던 참호들이 1917년까지 이어지면서 참호전이 이어지게 된 것이다. 이로써 독일이 공들여 왔던 슐리펜 계획은 무위로 돌아갔다. 몰트케는 총장에서 해임되었고, 후임으로 폰 팔켄하인(Erich von Falkenhayn) 장군이 취임했다

초기에 순식간에 붕괴할 것 같았던 프랑스는 마른 강의 기적을 통해 기적적으로 회생했다. 반면에 슐리펜 계획에 따른 속전속결을 추구하던 독일은 결국 마른 전투에서 야망이 좌절되고 말았다. 그러나 마른 강의 기적은 속도전의 끝임과 동시에 앞으로 시작될 기나긴 지구전의 시작을 알리는 사건이었다.

탄넨베르크 전투

숙적 독일과 러시아, 500년 만의 재대결

제1차 세계대전 초기 서부전선에서 벌어진 마른 전투와 달리, 동부전선에서의 전투는 다른 양상으로 전개되었다. 동부전선 전투의 핵심은 역시 독일과 러시아였다. 두 나라는 1세기 전 나폴레옹의 프랑스에 대항하여 동맹으로서 함께 피를 흘린 역사도 있고 양국 황제들 사이의 친척 관계로 인해 그동안 전쟁을 피할 수 있었다. 그러나 이제 유럽의 신흥 강국으로 주변국을 불편하게 하는 독일에 대항하여 러시아와 프랑스 그리고 영국까지 손을 잡고 있었다. 결국 독일과 러시아는 일대 결전을 피할 수 없었다.

전장은 동프로이센

전쟁을 먼저 준비한 것은 러시아였다. 러시아는 이미 1914년 7월 30일 독일의 최후통첩이 도착하기도 전부터 총동원령을 내려 40만 명의 상비군을 120만 명까지 증강했다. 독일에 슐리펜 계획이 있었다면, 러시아에는 A계획과 G계획이 있었다. A계획은 독일이 프랑스를 먼저 공격할 경우 러시아의 공세계획으로 독일과 오스트리아-헝가리 제국을 동시에 공격한다는 것이었고, G계획은 방어계획으로 독일과 접경지대에 병력을 배치하여 국경을 지킨다는 수세적 계획이었다.

독일과 러시아가 먼저 맞붙을 장소는 당연히 동프로이센(Ostpreußen) 지역이었다. 동프로이센은 독일의 영토 가운데 러시아 쪽으로 가장 돌출된 지형으로, 발트 해에 접해 있었다. 서쪽의 비스와(Wisła) 강부터 시작하여 리투아니아 접경의 메멜(Memel) 강에 이르기까지 거의 200km에 걸친 지역으로, 늪과 연못, 호수가 많아 지형적으로 공격자에게는 불리하고 방어자에게는 유리했다. 이곳은 중세에 튜튼 기사단(Teutonic Order)이 점령한 이후 기독교화된 지역인데, 1410년 탄넨베르크 전투(Battle of Tannenberg)에서 튜튼 기사단이 패배한 전적이 있었다. 그리고 같은 지

●●● 러시아군의 빠른 동원에 독일군은 의표를 찔렸다.

역에서 500년 만에 슬라브족과 게르만족이 다시 싸우게 될 터였다.

　러시아군은 차르의 삼촌인 니콜라이 대공의 지휘 하에 있었다. 러시아군은 2개 집단군으로 나뉘어 제1집단군이 독일에 대항하여 북부전선을, 제2집단군이 오스트리아-헝가리 제국에 대항하여 남부전선을 담당하게 되었다. 제1집단군은 질린스키(Yakov Zhilinsky) 대장을 사령관으로 48만여 명의 병력으로 구성되었으며, 휘하에는 렌넨캄프(Paul von Rennenkampf) 대장의 제1군과 삼소노프(Aleksandr Samsonov) 대장의 제2군이 있었다. 그런데 삼소노프는 러일전쟁 당시 렌넨캄프가 자신의 부대를 구원하러 오지 않은 것에 대한 원한으로 렌넨캄프와 사이가 좋지 않았다. 이것은 처음에는 경쟁심리로 작용하여 도움이 되었지만, 결국 결정적인 순간에는 독이 될 터였다.

　한편 동프로이센을 지키고 있던 것은 고작 1개 야전군뿐이었다. 슐리펜 계획에 따라 프랑스를 격파한 후 러시아를 막는다는 것이 독일군의

●●● 러시아 제1군 사령관 렌넨캄프 대장(왼쪽)과 제2군 사령관 삼소노프 대장(오른쪽)은 서로 앙숙이었다.

작전계획이었기 때문이다. 물론 전력상 감당이 안 될 경우 조직적인 후퇴를 통해 시간을 끄는 것도 이들의 임무였다. 이 막중한 임무를 맡은 것은 독일 제8군으로 17만 3,000여 명의 병력에 사령관은 폰 프리트비츠(Maximilian von Prittwitz und Gaffron) 대장이었다. 프리트비츠는 지략이 뛰어난 유능한 전사형 지휘관이기보다는 정치적인 지휘관이었다. 이는 독일군에게 큰 취약점이었다. 게다가 1개 야전군만으로 러시아와의 접경지대 전체를 막을 수는 없었다. 따라서 독일 제8군은 주요 요새를 거점으로 적군의 전진을 막을 수밖에 없었으며, 병력도 예비군을 포함시켜서 편제를 유지할 정도로 전력이 약했다.

러시아군, 진군하다

8월 12일 드디어 러시아군은 동프로이센 침공을 개시했다. 렌넨캄프의 제1군은 8월 17일이 되어서야 국경에 도달했다. 서구에 비해 열악했던 러시아의 철도 사정을 감안한다면, 이는 엄청나게 빠른 도착이었다. 그러자 슈탈루푀넨 (Stallupönen)에 주둔하던 독일 제1군단 예하의 사단이 공격에 나서 적 병력 3,000명을 포로로 잡으면서 러시아군을 몰아냈다. 그러나 러시아군의 갑작스러운 진군에 놀란 프리트비츠는 부대를 슈탈루푀넨에서 굼빈넨(Gumbinnen)으로 후퇴할 것을 명령했다. 결국 18일 러시아 제1군은 무혈로 슈탈루푀넨을 점령했다.

●●● 전진하는 러시아군에 맞서 독일군은 불리하지 않은 싸움을 펼쳐갔으나 지휘부의 무능으로 후퇴를 거듭했다.

8월 20일 프리트비츠는 렌넨캄프의 부대가 인근에서 휴식 중이라는 무전을 감청하고, 독일군 제1·17군단과 제1예비군단을 투입하여 공격에 나섰다. 새벽부터 갑작스러운 기습에 러시아군은 가진 화력을 모두 소모하면서 버텨냈다. 특히 오후가 되어 러시아군이 화력을 다시 집중하기 시작하자, 프리트비츠는 당황하여 제1군단과 제1예비군단을 후퇴시켰다. 그리고는 OHL(Oberste Heeresleitung, 독일 육군 최고사령부로 전화를 걸어 몰트케 원수와 상황을 토의했지만, 결론이 나지 않았다. 그러자 그날 밤, 제8군 사령부는 비스와 강을 건너 서프로이센 지역으로 후퇴하겠다는 내용의 전문을 OHL로 날렸다. 한마디로 슐리펜 계획을 송두리째 뒤흔드는 어이없는 결정이었다.

한편 준비 부족으로 출발이 늦은 삼소노프의 제2군은 남쪽으로부터 동프로이센을 진격하여 독일군의 우익을 위협했다. 문제는 독일군 우익에 제20군단밖에 없었다는 것이었다. 러시아 제2군이 비스와 강까지 육박해오면서 독일 제20군단을 압박하고 있다는 것을 깨달은 소심한 프리트비츠는 8월 21일 휘하 제8군에게 제20군단에 합류하도록 명령한다. 제8군 지휘부의 어이없는 행동에 제1군단장인 프랑수아(Hermann von François) 대장은 황제에게 직접 군사령관 해임을 건의하기까지 했다. 몰트케도 더 이상은 안 된다고 판단하고 프리트비츠를 해임한 후 힌덴부르크(Paul von Hindenburg)를 사령관에 임명하고 루덴도르프(Erich Ludendorff) 참모장과 함께 현장에 파견했다.

8월 23일 힌덴부르크와 루덴도르프가 현장에 도착했을 때 독일군은 분명 수세에 몰려 있었다. 그렇다고 러시아가 전장을 압도적으로 장악하고 있는 것도 아니었다. 러시아군의 가장 큰 약점인 군수지원이 제1군과 제2군 모두의 발목을 잡고 있었다. 러시아와 독일은 철도 궤도 규격이 서로 달랐으므로, 러시아군은 동프로이센에 진입한 이후에는 독일군의 열차를 포획하여 수송에 나서야만 했다. 물론 독일군이 바보가 아니어서 철수하면서 모든 화차를 가져가버려 러시아는 군수 수송에 철도를 활용할 수 없었다. 군수지원이 늦어지자 러시아군의 진격도 늦어졌다.

●●● 전투 와중에 무능한 프리트비츠를 대신해 힌덴부르크 대장(사진)이 제8군 사령관에 취임했다.

독일군의 부활

힌덴부르크와 루덴도르프는 제8군을 어떻게 살려낼 것인가 고민했다. 고작 17만여 명 수준의 병력으로 그 3배에 가까운 48만여 명의 적군에 대항해야만 했다. 승리할 수 있는 방법은 적을 분할하는 것뿐이었다. 즉, 러시아 제1군과 제2군 중 하나만을 골라 먼저 격파하자는 것으로, 슐리펜 계획을 동프로이센 전장으로 축소하는 발상이었다. 현장을 가장 잘 아는 엘리트 장교이자 제8군 부참모장인 호프만(Max Hoffmann) 중령의 조언을 들은 루덴도르프는 삼소노프의 제2군을 먹잇감으로 삼기로 했다. 절망적인 보급 부족 속에서 가장 먼 거리를 이동해왔기 때문에 가장 지쳐 있을 부대였기 때문이다.

우선 후퇴하던 병력을 되돌리는 게 우선이었다. 제8군 전체의 후퇴를 위해 비스와 강을 지키도록 명령받은 제1군단을 빨리 제20군단과 합류시키는 게 중요했다. 가장 빠른 수송 수단은 역시 철도였고, 관건은 열차의 수송능력이었다. 독일군은 30분마다 열차 1량꼴로 이동하여 밤낮으로 150km를 달려와 도이치-아일라우(Deutsch-Eylau)에 하차한 후 제20군단과 합류했다. 제17군단과 제1예비군단은 제20군단의 좌익까지 행군하여 이동했다, 행군에 앞서 부대들에게는 하루의 정비시간이 주어졌다. 행군 전에 충분한 휴식을 취하게 할 뿐만 아니라, 렌넨캄프의 갑작스런 기습이 있을 경우에 대비하기 위함이었다.

렌넨캄프의 제1군이 어디로 움직이느냐도 중요했다. 독일 제1기병사단은 러시아 제1군을 따라다니면서 남서쪽으로 내려오는 움직임을 사전에 차단했다. 물론 러시아 제1군에 비하면 독일 제1기병사단은 극소수의 병력이었기 때문에 그저 얇은 차단막일 뿐이었다. 그러나 독일군 차단 병력이 꾸준히 견제해오자, 렌넨캄프는 측면 공격 방지를 작전의 우선순위로 삼았다. 그러자 자연스럽게 러시아 제1군은 동프로이센의 주도인 쾨니히스베르크[Königsberg: 현 칼리닌그라드(Kaliningrad)]를 향해 나아갔다. 렌넨캄프가 과감히 차단 병력을 돌파하고 나가서 삼소노프의 제2군과 합류했다면 독일군은 궤멸했을 것이다. 그러나 서로 수십 km가 떨어져 있는 데다가 그사이에 마주리안 호수(Masurian Lakes) 지대까지 위치하여 지리적으로 연계가 어려웠다. 게다가 러일전쟁 때부터 서로를 원수처럼 여긴 두 지휘관 때문에 제1군과 제2군 간에 협력은 이루어지지 않았다.

독일군이 함정을 파고 있는 사이 러시아 제1군은 엉뚱한 곳으로 이동했고, 러시아 제2군은 꾸역꾸역 의도한 대로 움직였다. 정교하고 효율적인 철도망을 사용한 독일군은 밤낮 없는 이동으로 어느새 함정을 파놓는 데 성공했다. 이제 러시아 제2군이 더 깊이 들어오면 들어올수록 독일군은 러시아 제2군을 포위할 수 있게 되었다. 순식간에 공격자와 방어자가 바뀐 순간이었다.

잡을 것이냐 잡힐 것이냐

삼소노프는 독일군의 함정을 인지하지 못한 채, 애초 작전계획보다 더 깊이 서쪽으로 들어가기로 결심했다. 특히 상급부대인 제1집단군의 질린스키 사령관이 더 깊이 진격해 들어갈 것을 독촉했기 때문이다. 제2군은 여름의 뜨거운 열기 속에 보급도 부족한 상태에서 하루 24km씩 전진을 계속했다. 정찰용 항공기가 부족한 데다가 노련한 기병정찰대가 부재했던 제2군은 측면이 노출되는 것을 깨닫지 못하고 전진을 거듭하고 있었다.

8월 26일 드디어 삼소노프의 기병대가 좌익에서 독일군의 병력 증강을 탐지했다. 독일 제1군단과 제20군단이 러시아 제2군과 교전을 벌였지만, 본격적인 것은 아니었다. 독일로서도 러시아 제2군이 더 밀고 들어와야 포위가 완성될 수 있었는데, 최선봉은 알렌슈타인(Allenstein)까지는 도달해 있었다. 한편 같은 날 니콜라이 대공이 질린스키 사령관을 방문하여 삼소노프를 더 지원할 것을 명령했다. 질린스키는 렌넨캄프에게 제2군의 지원을 명령하자, 제1군 예하의 4개 군단 가운데 2개 군단은 쾨니히스베르크 공략에 투입하고, 나머지 2개 군단을 마지못해 내놓았다. 그러면서도 기병만 먼저 보내고 주력인 보병은 재보급을 이유로 출발을 늦췄다.

러시아의 무선통신을 줄곧 감청해오던 독일 제8군은 러시아 제1군의 합류 소식에 당황했다. 러시아 제1군이 합류한다면 포위되는 건 러시아 제2군이 아니라 독일 제8군이 될 터였다. 그러나 삼소노프는 계속 전진하겠다는 의지를 보이고, 렌넨캄프는 삼소노프 지원을 위해 병력을 어디까지 보내야 하나 꺼려하는 정황이 무선감청 속에서 드러났다. 결국 양측이 합류하는 일도 협력하는 일도 없을 것이라는 판단이 나왔다. 힌덴부르크와 루덴도르프는 결국 공격을 계속하기로 결정했다.

8월 27일이 되자 독일 제1군단은 러시아 제2군의 좌익을 때리면서 전술적 요충지인 우스다우(Usdau)를 장악했다. 그러나 러시아 제2군의 중앙은 알렌슈타인에서 북서쪽으로 전진하며 독일 제20군단을 공격해나가다 독일 제17군단과 제1예비군단은 러시아 제2군의 우익을 두들겼다. 이렇게 양 측면이 공격당하고 있음에도 삼소노프는 여전히 함정을 눈치 채지 못했다. 무전통신에만 의존하던 지휘통신이 제대로 이뤄지지 않았음에도 누구하나 현장을 확인하지 않았기 때문이다. 결국 27일이 끝나가는 무렵에야 위험에 처했다는 사실을 알았지만 이미 늦었다.

작은 슐리펜 계획의 승리

이제 러시아 제2군은 완전히 포위망 안에 들어왔다. 남은 것은 후방을 끊어 포위망을 완성하고 섬멸하는 것으로 28일부터가 승부의 시작이었다. 그러나 28일 아침이 되자 독일군의 항공정찰이 렌넨캄프의 지원병력이 증원되고 있음을 알렸다. 하지만 힌덴부르크는 차분히 루덴도르프에게 계획대로 포위섬멸작전을 수행할 것을 명령했다. 막상 독일군의 공격이 시작되자, 러시아 제2군은 좌우익의 맨 끝단에 있던 제1군단과 제6군단을 재보급을 위해 후퇴시켰다. 항공정찰은 부정확해서 렌넨캄프의 지원병력은 아직 출발하지 않았던 것이다.

러시아 제2군이 스스로 좌익과 우익을 무너뜨리자, 독일 제8군은 기회를 놓치지 않았다. 독일 제8군의 양 끝단에 있던 제1군단과 제17군

●●● 러시아군은 함정에 갇혀 도망칠 곳 없이 녹아내렸다.

●●● 러시아 제2군은 무려 9만 2,000여 명이 포로로 잡혔고, 그중 장군만 13명이었다.

단이 돌진해 들어오기 시작했다. 좌우로 치고들어온 2개 군단은 러시아군의 후방에서 연계하면서 나이덴부르크(Neidenburg)와 빌렌베르크(Willenberg) 사이에 전선을 형성했다. 드디어 러시아 제2군은 독일 제8군에 의해 완벽히 포위당한 것이었다.

29일이 되자 러시아군 진영은 아비규환이었다. 지형적으로도 러시아군은 개활지에서 표적이 될 수밖에 없었다. 탄넨베르크 남쪽에 있는 프뢰게나우(Frögenau)에 러시아 제2군 병력의 중심이 모여 있었다. 화력주의를 자랑하는 독일군은 엄청난 수의 야포를 동원하여 러시아군을 격멸했다. 러시아군은 대부분 죽거나 항복할 수밖에 없었다. 투항하는 병사의 행렬이 너무 길어 도로가 막힐 정도였다고 한다. 30일이 되자 포위망을 돌파하려는 잔존 병력들의 시도는 모두 실패했고, 러시아 제2군 사령관 삼소노프는 패전의 수치를 삼키며 그날 밤 자살했다. 이 전투에서 러시아 제2군은 9만 2,000여 명이 포로로 잡히고 7만 8,000여 명의 사상자를 기록하면서 말 그대로 붕괴했다.

이 전투의 승리로 독일은 500년 전 튜튼 기사단이 슬라브족에게 입은 패배를 설욕했다. 힌덴부르크는 이 전투를 탄넨베르크 전투라고 명명했다. 탄넨베르크 전투의 승리 이후 독일 제8군은 이제 러시아 제1군을 목표로 삼고 1주일 후 마주리안 호수 전투에서 격파했다. 마치 슐리펜 계획의 축소판처럼 독일군은 러시아 제2군과 제1군을 차례로 격파함으로써 러시아의 침공에서 동부전선을 구원했다.

그러나 반대로 이 때문에 슐리펜 계획은 망가졌다. 소심했던 육군총장 몰트케는 동부전선을 구원하겠다며 서부전선에서 5개 사단 규모의 증원병력을 빼내어 보냈지만, 막상 전투에는 활용하지도 못하고 다시 서부전선으로 복귀시켰다. 마른 전투에서 절실히 필요했던 증원병력을 엉뚱한 곳에 소모하면서 독일군은 프랑스의 빠른 점령이라는 슐리펜 계획을 스스로 무너뜨렸다. 전쟁의 큰 흐름에서 본다면 러시아군이 프랑스를 구원한 셈이다.

08

갈리폴리 전투

전선 고착을 타개하는 데 실패한
현대전 최초의 상륙작전

1914년 9월의 마른 전투 이후 서부전선은 심각한 고착상태에 빠졌다. 독일군은 파리 동부까지 밀고 들어갔지만 마른 전투 이후 50km 뒤로 밀려난 후 더는 전진하지 못했다. 그에 앞서 프랑스는 남부 알자스 지방으로 공격을 감행했지만, 그저 제한적 승리에 머물렀을 뿐이다. 탄넨베르크 전투로 동부전선까지 고착상태에 빠지면서 쉽게 끝날 것 같은 전쟁은 깊은 늪으로 빠져들었다.

전선 고착은 장기화되어 심지어는 크리스마스가 되자 서부전선 여기저기서 자발적인 '크리스마스 휴전'이 이뤄지기까지 했다. 전쟁 도중에 사령부의 허락이나 지시도 없이 이뤄진 자발적인 휴전에 지휘부들은 노발대발하기에 이르렀지만, 1915년 1월 초순이 되어서야 본격적인 전투가 재개되었다.

전선이 고착되는 사이 새롭게 전쟁이 시작된 곳도 있었다. 바로 오스만 튀르크 제국이었다. 이미 발칸 전쟁으로 취약함을 드러낸 바 있던 오스만 튀르크 제국은 러시아 견제를 위해 지난 30년간 자신들에게 공을 들여오던 독일과 손잡았다. 전쟁이 시작되자 영국은 오스만 튀르크 제국군이 주문한 전함 2척을 몰수해버렸고, 이로 인해 양국의 관계는 악화되었다. 그러던 차에 1914년 8월 11일 독일 해군 지중해전대로부터 순양전함 괴벤(SMS Goeben)과 경순양함 브레슬라우(SMS Breslau)를 승조원까지 통째로 넘겨받은 오스만 튀르크 제국 해군은 10월에 이르러서는 연합국의 선박들이 다르다넬스 해협으로 진입하지 못하도록 봉쇄 조치를 취했다.

오스만 튀르크 제국군의 적대적 행위에 대한 보복에 나선 영국의 다르다넬스 전대는 10월 27일 오스만 튀르크 제국 해군 포함(砲艦) 한 척을 나포했다. 그러자 다음날 오스만 튀르크 제국 해군에 편입된 독일 순양함전대는 흑해로 넘어가서 오데사(Odessa)와 세바스토폴(Sevastopol) 항구를 기습하여 러시아 군함들에게 큰 피해를 입혔다. 이에 따라 러시아가 오스만 튀르크 제국에 대해 11월 2일에, 프랑스와 영국은 11월 5일에 선전포고를 했다. 11월 말에 '지하드(jihād: 성전)'를 선포한 오스만 튀르크 제국은 러시아의 캅카스(Kavkaz)에 대한 공세를 준비하는 한편, 다르다넬스 해협도 봉쇄했다. 동부전선과 서부전선이 정체되자 이제 지중해전선의 전쟁이 가열되기 시작했다.

과감하지만 오만한 계획

전선이 고착상태에 빠지자, 러시아는 오스만 튀르크 제국의 위협에 민감해졌다. 오스만 튀르크 제국의 전쟁장관 엔베르 파샤(Enver Pasha)는 독일군사고문단의 반대에도 불구하고 준비가 덜 된 오스만 튀르크 제국군으로 러시아 공세를 준비했다. 오스만 튀르크 제국이 캅카스 지역을 노리고 있다는 것을 뻔히 알면서도 별다른 대책이 없었던 러시아는 연합군에게 구원의 손길을 내밀었다.

한편 연합군은 전선 고착을 어떻게 돌파해야 할까 하고 고민에 빠져 있었다. 특히 영국의 해군장관 윈스턴 처칠은 서부전선의 교착을 돌파하려면 제3의 장소에서 전쟁을 벌여야 한다고 설파했다. 그래서 처칠이 선택한 곳이 바로 갈리폴리[Gallipoli: 현지어로는 '겔리볼루(Gelibolu)'] 반도였다. 처칠은 다르

●●● 오스만 튀르크 제국의 전쟁장관인 엔베르 파샤

다넬스 해협을 확보하고 오스만 튀르크 제국의 수도인 이스탄불(Istanbul)까지 점령함으로써 동맹국을 분열시키겠다는 계획을 11월 말에 전쟁회의에 제시했다.

문제는 병력이었다. 국방장관 키치너(Horatio Herbert Kitchener) 원수는 이미 알렉산드레타[Alexandretta: 현 이스칸데룬(İskenderun)]에 대한 상륙작전도 고려했었지만, 서부전선의 병력을 다른 지역으로 파견하

●●● 윈스턴 처칠 해군장관은 전선 고착의 타개책으로 갈리폴리 상륙작전을 추진했다.

는 것을 꺼려했다. 무엇보다도 영국원정군 사령관 프렌치(John French) 원수가 반대하자, 지상군 동원이 어려워졌다. 심지어는 해군 내부에서도 반대의 목소리가 커졌다. 당장 자신의 파트너인 피셔(John Arbuthnot "Jacky" Fisher) 해군참모총장이 반대하고 나섰다. 요새포가 지키고 있는 비좁은 차나크(Chanak) 수로에 1선함을 보내서 희생시킬 수는 없다는 것이었다. 그러나 처칠은 굽히지 않았다. 2선급 구형 군함과 비교적 적은 병력으로도 작전이 충분히 가능하다고 자신하고 애스퀴스(Herbert Henry Asquith) 수상으로부터 작전을 재가받았다.

실제 영국의 입장에서는 갈리폴리 전역은 전략적으로 괜찮은 카드였다. 오스만 튀르크 제국군의 주의를 러시아로부터 돌릴 수 있을 뿐만 아니라, 잘하면 그리스나 루마니아를 전쟁에 끌어들여 또 다른 동맹국인 오스트리아-헝가리 제국을 공격하게 할 수도 있었다. 더 나아가 이

●●● 영불 연합함대는 18척의 전함과 기타 순양함과 구축함들로 구성된 대함대였지만, 충분히 큰 병력은 아니었다.

탈리아까지 연합국 측에 끌어들이기까지 한다면 금상첨화였다. 또한 비좁은 차나크 수로를 공략하는 것은 소규모 병력만으로도 충분하다는 처칠의 주장도 병력이 부족한 상황에서 매력적으로 들렸다. 이렇게 어중간한 전력으로 구성된 영불 연합 원정함대는 오스만 튀르크 제국으로 원정에 나섰다.

전투의 시작

이미 영국 해군은 본격적인 공세 이전인 1914년 12월 13일 다르다넬스 해협에 B11 잠수함을 파견하여 오스만 튀르크 제국 해군 전함을 격침시켰다. 심지어는 영불 잠수함들은 마르마라(Marmara) 해까지 진입하여 오스만 튀르크 제국군의 해상 수송망을 교란했다. 그러나 본격적인 공세가 시작된 것은 1915년 2월에 이르러서였다. 2월 17일 아크 로열(HMS Ark Royal) 항공모함에서 정찰기가 이륙하여 해협에 대한 정찰을 실시했다. 그로부터 이틀 후인 2월 19일 영불 연합함대의 전함 콘월리스(HMS Cornwallis)와 벤전스(HMS Vengeance)가 오스만 튀르크 제국군 해안포대를 향해 포격을 가하면서 갈리폴리 전투(Battle of Gallipoli)

가 시작되었다.

우선적인 목표는 해협을 견제하는 오스만 튀르크 제국군 해안포대였다. 원래는 아크 로열에서 8대의 항공기를 동원해 함포 사격을 유도할 예정이었지만, 악천후와 척박한 환경으로 인해 오직 1대만을 운용할 수 있었다. 2월 25일에 이르러서는 함대의 포격 속에서 영국 해병대가 상륙작전을 펼쳐 쿰 칼레(Kum Kale) 등의 요새를 공격했는데 저항이 거의 없었다. 한편 오스만 튀르크 제국군이 깔아놓은 기뢰는 강한 해류로 제거가 매우 어려웠다. 이렇게 시간이 지체되는 사이 오스만 튀르크 제국군은 다시 반격을 가하면서 연합함대는 피해를 입었다.

좀처럼 원정함대가 성과를 거두지 못하자, 처칠은 함대사령관 카덴(Sackville Carden) 중장에게 성과를 내라고 압박하기 시작했다. 처칠은 이미 런던의 전쟁지도부를 설득하여 지상군 파견을 약속받아두었기 때문이다. 지상군으로는 이안 해밀턴(Sir Ian Hamilton) 대장의 지휘 하에 식민지에서 파견된 대규모 병력이 준비하고 있었다. 한편 충분한 준비가 되지 못한 상황에서 카덴은 처칠의 강권에 이기지 못해 3월 18일을 공격 날짜로 통보해버리고는 작전 전날 신경쇠약으로 무너져버렸다. 카덴을 대신하여 곧바로 부사령관인 드로벡(John de Robeck) 제독이 지휘권을 맡아 공격은 예정대로 진행되었다.

비극적 결말

그리하여 3월 18일 영불 연합함대는 18대의 전함을 중심으로 이를 지원하는 순양함과 구축함전대들이 따라붙으면서 다르다넬스 해협의 가장 좁은 부분을 향해 전진해 들어갔다. 기뢰가 눈에 띄었지만 소해함 임무를 수행하는 민간 선박들이 3개를 처리하면서 길이 트였다. 그러자 '퀸 엘리자베스(HMS Queen Elizabeth)'를 선두로 하는 선두대열이 11시에 사격을 시작하면서 공격이 개시되었다.

그 뒤로 프랑스 전함 대열이 오스만 튀르크 제국군의 요새포를 공략했지만, 오히려 피해를 입은 것은 프랑스 쪽이었다. 그러나 오후가 되자 오스만 튀르크 제국군의 화력이 약화되기 시작했고, 이제 승기는 연합함대 쪽으로 기우는 듯했다. 그러나 오스만 튀르크 제국군이 열흘 전 몰래 깔아놓은 기뢰에 프랑스 전함 부베(Bouvet)가 접촉하면서 대폭발했다. 13시 54분 폭발과 함께 전복한 부베는 수분 내에 침몰했다. 기뢰 한 발에 무려 639명이 사망했다.

이렇게 함대는 기뢰밭에 들어서고 있었지만, 모두들 부베가 어뢰의

●●● (왼쪽) 오스만 튀르크 제국군은 막강한 요새포로 다르다넬스 해협의 접근을 막았다. (오른쪽) 연합함대의 강력한 함포사격에 오스만 튀르크 제국군의 방어태세가 무너지는 듯했다.

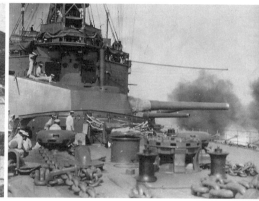

●●● 기세를 올리던 프랑스 전함 부베는 기뢰와 접촉하면서 순식간에 수장되었다.

공격을 받아 탄약고가 폭발한 것이라고 생각하고는 계속 전진했다. 16시 정각 한참 교전을 마치고 물러나던 영국의 순양전함 '인플렉서블(HMS Inflexible)'이 기뢰에 접촉하면서 31명이 사망했다. 바로 부베가 침몰한 지역 인근이었다. 인플렉서블은 피해복구를 하며 가까스로 인근의 렘노스(Lemnos) 섬까지 대피한 후에 좌초되었다. 그 다음 전노급전함 '이리지스터블(HMS Irresistible)'의 피해가 심각했다. 이리지스터블을 구원하기 위해 전함 '오션(HMS Ocean)'이 접근했는데, 오션마저 기뢰에 접촉했다. 이에 따라 이리지스터블과 오션의 승무원들은 모두

●●● 영국 해군의 전함 이리지스터블도 기뢰로 표류하다가 전원 퇴선했다.

구축함으로 대피했다. 순식간에 제3대열의 전함들은 전투력을 상실해 버렸다. 이외에도 제2대열에 있던 프랑스 전함인 골루와(Gaulois)와 쉬프랑(Suffren)도 기뢰 접촉으로 피해를 입었다.

결국 연합함대는 패배 속에서 물러나야만 했다. 연합함대는 700여 명의 희생자를 기록했고 무려 3척의 전함을 잃었다. 이에 반해 오스만 튀르크 제국군은 겨우 118명의 희생자를 기록했을 뿐이었다. 이는 영국 해군에게 있어 트라팔가 해전(Battle of Trafalgar) 이후 최악의 패배였다. 그럼에도 처칠은 추가적인 공격을 명령했는데, 실제로 이스탄불(Istanbul)의 상황은 다음날 곧바로 연합함대의 추가 공격이 있었다면 무너지기 직전이었다. 그러나 엄청난 패배와 더딘 소해작전에 낙담한 드로벡 제독은 3월 23일 해군성으로 전문을 보내 추가적인 작전이 가능하기 위해서는 지상군이 필요하다며 지상군 증원을 요청했다. 한편 해군총장인 피셔는 최신예 초노급 전함인 '퀸 엘리자베스'가 지중해에 투입된 것에 노발대발하면서 전함을 불러들여 본토의 대함대에 편입시켰다.

지상전을 준비하다

결국 대함대가 진입하려면 소해작업을 먼저 해야만 했고, 소해작업을 하려면 오스만 튀르크 제국군의 이동식 해안포들을 제거해야만 했다. 여기에 해밀턴 경이 지휘하는 지중해 원정군 7만 8,000여 명이 투입되었다. 병력은 호주군과 뉴질랜드군을 주축으로 구성된 안작군단(ANZAC, Australian and New Zealand Army Corps)이 중심이 되었고, 윌리엄 버드우드(William Birdwood) 중장이 지휘를 맡았으며, 이집트에서 대기 중이었다. 이외에도 제29사단, 왕립해군사단, 프랑스 동방원정군단 등이 원정군에 포함되었다. 결과적으로는 5개 사단으로 갈리폴리를 점령해야만 했다.

　문제는 이들 병력의 대비상태였다. 대부분 병사들은 오스만 튀르크 제국군을 조금만 겁주면 항복할 겁쟁이로 생각하고 있었다. 제1·2차 발칸 전쟁 때 오스만 튀르크 제국군이 보여준 약체의 이미지가 남아 있었기 때문이다. 심지어는 작전을 위한 정보도 심각하게 부족하여, 부대는 정보수집을 하는 대신 이집트의 여행 가이드가 전해주는 정보에 바탕하여 전쟁을 준비하고 있었다. 지상원정군은 4월 초에 이집트에서 출발하여 렘노스 섬에 일단 집결한 후에 상륙연습을 실시하면서 전쟁을 준비했다.

　한편 이미 연합함대를 격파했던 오스만 튀르크 제국군의 사기는 높았다. 다르다넬스 해협을 지키는 것은 제5군이었는데, 제5군은 5개 사단으로 구성된 동원부대였고 후속부대가 증원되는 중이었다. 지휘도 독일 군사자문인 폰 잔더스(Otto Liman von Sanders) 장군이 맡았고, 제5군의 상급지휘관은 대부분 독일인이었다. 오스만 튀르크 제국군이 취한 방어전략은 고지를 점령하여 위에서 견제함으로써 반도를 지켜낸다는 것이었다. 폰 잔더스는 해안선을 따라 병력을 분산시키지 않고 적이 상륙하면 곧바로 출동하여 격파한다는 전략을 짜놓았다. 이를 위해서는 어디에 병력을 배치할 것인가가 관건이었다.

　34세의 젊은 오스만 튀르크 제국군 중령 한 명이 병력이 배치될 위치에 대해 상당한 통찰력을 가지고 있었다. 그 중령은 후에 터키의 초대 대통령이 될 무스타파 케말(Mustafa Kemal: 케말 파샤로 유명)이었다. 폰 잔더스는 케말의 능력을 한눈에 알아보고 그를 제19사단장에 임명했다. 2개 사단은 가장 취약한 베시카 만에 3분의 1이 배치되어 경계를 취했고, 2개 사단은 갈리폴리 반도 북쪽에 배치되어 병참선을 확보하고자 했다. 그리고 제9사단과 케말의 제19사단은 전략적 예비대로서 헬레스 곶(Cape Helles)을 따라 배치되었다. 게다가 연합군의 상륙부대의 도착이 늦자, 오스만 튀르크 제국군은 파괴된 요새를 복구하고 해안방어선을 구축할 귀중한 시간을 얻었다. 상황은 연합군에게 불리하게 변하고 있었다.

연합군의 3월 공세는 비극으로 끝났다. 무모한 공격으로 해군이 피해를 입은 데 대하여 항의하는 뜻으로 피셔 해군총장이 사퇴했다. 무리한 계획을 강행시킨 해군장관 처칠은 책임을 지고 물러났다. 그러나 공세 당시 오스만 튀르크 제국군도 위험한 지경에 이르렀다. 만약 연합군이 해군 이외에 지상군까지 투입하여 갈리폴리로 상륙했다면, 포격으로 지리멸렬했던 오스만 튀르크 제국군은 이들을 막아낼 수 없었을 것이다.

결국 연합군은 뒤늦게 상륙작전을 계획했다. 4월 23일 갈리폴리 반도의 해안 6개 지점에 상륙한다는 것이었다. 그러나 기상 악화로 실제로는 25일에 상륙작전이 펼쳐졌다. 주공인 제29사단이 반도의 끝에 있는 헬레스 곶(Cape Helles)에 상륙하여 킬리트바히르(Kilitbahir)의 요새까지 전진하는 사이, 호주군과 뉴질랜드군으로 구성된 안작군단(Australian and New Zealand Army Corps: 지휘관 버드우드 장군)이 반도 중간의 가바 테페(Gaba Tepe)로 상륙하여 반도를 횡단하여 킬리트바히르로 향한다는 것이었다. 주공을 숨기기 위한 프랑스군의 기만상륙도 계획되있다. 그러나 이미 3월 공세로 방어가 흔들리면서 커다란 위기를 맞았던 오스만 튀르크 제국군은 상륙에 대비하여 만반의 준비를 끝내놓고 있었다.

안작군단의 상륙

4월 25일 4시 30분 안작군단의 제1파 병력이 가바 테페로 상륙했다. 제1파 6개 중대 병력은 호주군이 주축이 되었으며, 이미 당일 새벽 1시부

●●● 안작군단 제1파의 상륙은 별다른 저항없이 수월이 이뤄졌지만, 제2파부터는 달랐다.

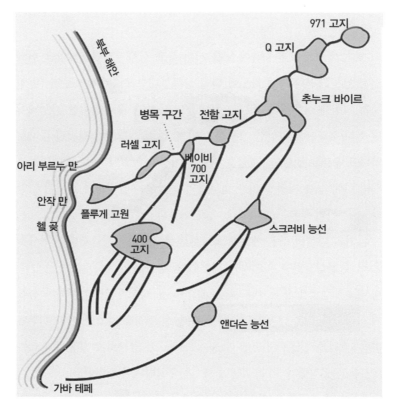

북부 해안

971 고지
Q 고지
추누크 바이르
병목 구간   전함 고지
러셀 고지
아리 부르누 만   베이비 700 고지
안작 만
헬 곶   플루게 고원   스크러비 능선
400 고지
앤더슨 능선
가바 테페

●●● 안작군단이 상륙한 Z해안 인근의 지형도. 안작군단은 결국 베이비 700 고지 이상은 전진하지 못했다.

●●● 갈리폴리 상륙작전에서 안작군단의 활약을 그린 그림

터 36척의 보트에 분승하여 노를 저어 목표 상륙지점인 Z해안을 향해
전진했다. 그러나 거친 파도에 밀려 상륙부대는 Z해안에서 무려 1마일
북쪽 지점에 상륙했다. 게다가 부대들도 뒤섞인 채로 상륙을 감행해야
만 했다. Z해안은 완만한 경사를 너머 뻥 뚫린 개활지만 건너면 곧바로
차나크 수로로 진출할 수 있는 지형적 이점이 있었다. 파도에 떠밀리다
시피 하여 상륙 지점에 이른 병사들의 눈앞에는 급경사가 펼쳐져 있었
다. 바로 아리 부르누(Ari Burnu) 능선이었다.

한 가지 다행인 점은 애초에 목표했던 Z해안으로 상륙했다면 병사들
은 즉각 몰살당했을 것이라는 점이었다. 경사를 극복하기는 힘들었다.
병사들은 덩굴을 붙잡거나 대검으로 바닥을 찍어가면서 능선까지 힘겹
게 올라갔다. 오스만 튀르크 제국군은 능선 정상의 참호를 버리고 후퇴
하여 더 뒤쪽의 플루게 고원(Plugge's Plateau)을 점령하고 정상에 오르는
병사들을 공격했다. 이런 와중에 제1파 증원병력이 도착했다.

증원병력 도착으로 안작군단이 점령한 해안은 더욱 넓어졌다. 이 즈
음 오스만 튀르크 제국군도 방어병력이 증강되어 안작군단은 상륙정을

최소 6정 이상 격침당했다. 플루게 고원 북쪽에서 교전이 시작되어 제2파 병력은 '러셀 고지(Russell's Top)'에 다다랐다. 그러나 오스만 튀르크 제국군은 다시 '베이비 700(Baby 700)' 고지로 후퇴하여 더욱 유리한 지형에서 호주군을 공격했다. 이렇게 되자 호주군 제3여단장인 싱클레어-맥래건(Ewen Sinclair-Maclagan) 대령은 군단의 작전계획을 수정할 것을 요청했다. 남쪽에서 측면을 역습당할 우려가 있어 전진하기보다는 현 지역을 강화하겠다는 것이었다.

한편 이 전투의 중요성을 깨달은 것은 제19사단장 무스타파 케말이었다. 그는 10시쯤 제57보병연대 제1대대와 함께 현장에 도착해 직접 전투의 흐름을 살폈다. 그리고 연대 전체와 1개 포대를 증원하여 추누크 바이르(Chunuk Bair) 능선을 점령하도록 했다. 이곳을 통제하는 쪽이 결국 전쟁에서 승리할 것이라고 케말은 확신했다. 케말은 '스크러비 능선(Scrubby Knoll)'에 지휘부를 설치하고, 이후 안작군단에 밀려 후퇴하는 오스만 튀르크 제국군을 보호하며 오히려 역습에 나섰다.

전진의 한계

제1파의 부대는 이미 8시쯤에 플루게 고원을 지나 베이비 700 고지까지 전진했었다. 그리고 그 다음의 목표인 '전함 고지(Battleship Hill)'[빅 700(Big 700) 고지로도 불림]를 향해 전진했다. 그러나 케말의 지휘에 따라 오스만 튀르크 제국군은 조직적인 반격을 시작하며 전함 고지에서 사격을 가했고, 이후 베이비 700 고지까지 밀어붙였다. 한편 그사이에 제2파인 호주군 제1여단과 제2여단도 해안에 도착했다. 그러나 애초에 베이비 700 고지를 지원하기로 했던 제2여단이 우측방의 오스만 튀르크 제국군 공격에 대응하자, 제1여단의 제1대대가 대신 투입되었다. 증원에도 불구하고 오스만 튀르크 제국군이 순식간에 밀려와서는 베이비

700 고지를 탈환함은 물론 이제 러셀 고지까지 위협하기에 이르렀다. 제1여단은 제2대대까지 추가 투입했지만 한계가 역력했다. 11시경이 되자 제3여단은 병력 대부분이 전사하거나 부상을 입으면서 거의 궤멸되었고, 추가로 투입된 제1여단 2개 대대도 심각한 타격을 입었다.

더 이상 베이비 700 고지의 공략이 어려워졌을 즈음 제3파가 도착했다. 이에 따라 제3파의 뉴질랜드 여단이 고지 공략을 맡았다. 그러나 막상 정오에 1개 대대가 상륙한 이후 나머지 대대들은 밤이 되어서야 상륙할 수 있었다. 오스만 튀르크 제국군이 호주군을 다시 해안으로 밀어내면서 야포의 화력망이 재구성되었고, 상륙정이 대낮에 드나들 수 있는 방법이 없었기 때문이다.

전선이 정체되자 오스만 튀르크 제국군은 본격적인 반격에 나섰다. 제57연대와 제27연대 사이에 제77연대를 불러들이고 예비대인 제72연대까지 동원했다. 군단장 에사드 파샤(Mehmed Esad Pasha)로부터 전권을 넘겨받은 케말은 북에서 남으로 역습을 지시했다. 최우선 목표는 베이비 700 고지에 잔존하던 연합군 병력이었다. 이들은 겨우 60여 명만이 살아남았고 심지어는 지휘관이 전사하여 상병이 지휘하고 있었지만, 7시 30분부터 15시까지 무려 다섯 차례의 오스만 튀르크 제국군 공격을 막아냈다. 또한 러셀 고지에는 먼저 도착한 뉴질랜드군 병력이 일부 증원되었다.

오스만 튀르크 제국군은 집요하게 베이비 700 고지는 물론 러셀 고지로 압박해 들어왔다. 베이비 700 고지와 러셀 고지를 연결하는 병목 구간[넥(Nek)이라 불림]은 집중적인 공격으로 한때는 9명의 기관총팀에 의해 간신히 버티기까지 했다. 전선의 남쪽에서는 400고지 건너편의 '야포 능선'에 오스만 튀르크 제국군 제27연대 1개 대대 병력이 증원되었다. 오스만 튀르크 제국군의 치열한 포격으로 상당한 사상자가 발생한 호주군은 결국 전진을 멈추었다. 19시경이 되자 황혼이 깃들었고, 전

●●● 오스만 튀르크 제국군은 기관총과 포병 등으로 병력의 열세에도 불구하고 연합군을 효과적으로 저지했다.

선은 이제 고착된 채로 멈춰섰다.

헬레스 곶 상륙

상륙작전의 선봉에 선 안작군단은 엄청난 사상자를 기록했고, 내륙으로는 별로 전진하지도 못한 채 비좁은 상륙거점을 확보하는 데 그쳤을 뿐이었다. 그런데 같은 날 남쪽에서 상륙을 벌일 연합군 주공의 상황은 더욱 황당했다. 헌터웨스턴(Aylmer Hunter-Weston) 소장이 지휘하는 제29사단은 헬레스 곶을 둘러싸는 S·V·W·X·Y 5개 지점으로 상륙하기로 되어 있었다. 그런데 이런저런 문제로 인해 상륙이 지연되자 헌터웨스턴 장군은 백주 대낮에 상륙하기로 결정해버렸다.

　주공의 상륙지점은 V해안과 W해안으로 갈리폴리 반도의 최남단에

●●● '리버 클라이드' 함에서 바라본 오스만 튀르크 제국군 요새의 모습. 사진 아래쪽의 선상에는 작전 중 사망한 영국군의 주검이 쌓여 있어 얼마나 치열한 교전이었는지를 보여준다.

해당하는 2개 지역이었다. 우선 V해안에는 석탄운반선을 상륙함으로 개조한 '리버 클라이드(River Clyde)'가 주력 상륙함으로 투입되었다. 영국군은 상륙 시간을 단축하기 위한 극단적인 방법을 썼다. 이 선박을 해안가에 좌초시켜 현측의 램프를 열고 병력을 투입한 것이었다. 리버 클라이드로부터 먼스터 소총연대와 햄프셔 연대가 상륙했고, 더블린 소총연대는 소형 보트로 상륙을 감행했다. 그러나 상륙지점 바로 앞에는 세드 엘 바르(Sedd el Bahr) 요새가 버티고 있었다. 오스만 튀르크 제국군의 기관총 진지가 리버 클라이드에서 나오는 병력을 갈가리 찢어 놓았다. 200명의 상륙병력 가운데 겨우 21명만이 상륙에 성공했을 정도였다.

W해안에서는 랭커셔 소총연대가 소형 보트로 상륙했다. W해안은 폭이 불과 1마일도 안 될 정도로 비좁았고, 그 앞에는 높은 사구가 구

●●● W해안으로 상륙한 랭커셔 소총연대의 모습. 이들은 무려 60%의 사상자를 기록하며 W해안을 접수했다.

릉을 이룬 채 철조망이 쳐져 있었다. 이미 철저한 대비태세를 갖춰놓은 오스만 튀르크 제국군은 상륙부대가 도착하자 치열한 총탄세례를 퍼부었다. 그러나 오스만 튀르크 제국군은 상륙군에 비해 현저히 열세였다. 수가 적어 상륙 자체를 막을 수는 없었지만 고지를 점령하여 최대한 많은 피해를 입히는 것까지는 할 수 있었다. 랭커셔 연대는 격렬한 저항 속에서도 조밀한 철조망 지대를 돌파해 내륙으로 진격하는 데 성공했다. 그러나 1,000명의 병력 가운데 무려 600여 명의 사상자가 발생했다.

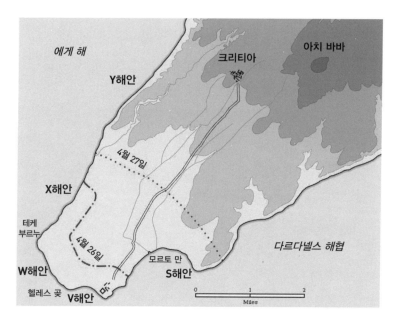

●●● 헬레스 곶에서는 5개 지점으로 영국군 제29사단이 상륙을 감행했다. 이 중에서 제일 남단의 W해안과 V해안이 가장 치열한 전투 장소가 되었다.

V와 W해안을 제외한 지역에서는 순조롭게 상륙에 성공했다. 그러나 주공이 격렬한 저항에 부딪히자, 헌터웨스턴은 이를 우회하기는커녕 여기에 집중적으로 지원병력을 쏟아부었다. 결국 V와 W 지점도 상륙 에는 성공했지만, 제29사단은 전력을 소진하여 내륙으로 진격할 능력 을 잃어버렸다. 애초에 첫날 목표는 상륙지점을 전체적으로 감제할 수 있는 아치 바바(Achi Baba) 고지를 점령하는 것이었지만, 그 근처에도 도달하지 못했다.

전진도 후퇴도 못 한다

갈리폴리 상륙작전은 모든 전선에서 실패했다. 병력을 상륙시켰을지 는 몰라도 본격적으로 내륙으로 전진하기 위한 동력은 이미 첫날부터 상실했다. 특히 최북단의 Z해안을 담당한 안작부대는 지형에 가로막혀 아예 판을 새로 짜지 않고서는 전선을 돌파한다는 것이 어려웠다. 버드우드 장군은 상륙 첫날 밤 지상을 찾아 주요 지휘관들과 의견을 나누었다. 결론은 퇴출한 이후에 공격을 준비하자는 것이었다. 버드우드가 해밀턴에게 무전을 보내 이러한 의사를 타진하자, 해밀턴은 다음과 같은 유명한 전문을 보냈다.

"땅을 파고 버텨라. 안전해질 때까지 파고 또 파고 계속 파라."

사실 이들을 퇴출시킬 해군 전력조차도 녹록지 않았던 것이다.

연합군은 이틀날부터도 공세에 나섰으나 오스만 튀르크 제국군의 단단한 방어망은 뚫리지 않았다. 오히려 4월 27일 케말은 제5사단으로부터 6개 대대를 지원받아 12개 대대를 동원하여 안작부대에 대한 총반격을 감행했다. 다음날 영국군은 증원된 프랑스군과 함께 크리티아(Krithia) 마을을 장악하고자 했다. 아치 바바를 점령하기 위해서는 일단 크리티아부터 점령해야만 했지만, 전투에 지친 제29사단 병사들은 제대로 싸울 수 없었다. 연합군은 3,000여 명의 사상자를 기록하며 후퇴했다.

그러자 4월 30일에는 케말이 또다시 안작군단과 영국군을 향해 총반격을 가했는데, 이번에는 오스만 튀르크 제국군 쪽이 큰 피해를 입고 후퇴했다. 이를 좋은 기회라고 판단한 버드우드 장군은 같은 날 밤 진격을 명령했다. 안작군단은 야간에 오스만 튀르크 제국군 진영을 기습하여 처음에는 성공하는 듯했다. 하지만 오스만 튀르크 제국군의 치열한 포격으로 무려 1,000여 명의 사상자가 발생하자 교전을 멈췄다.

5월에도 치열한 공방전은 계속되었다. 영국군은 또다시 크리티아와 아치 바바를 점령하고자 이집트로부터 병력 2만 명을 더 증원받아 5월 6일 2차 크리티아 전투를 시작했다. 그러나 오스만 튀르크 제국군은 이번에도 당당히 연합군을 물리쳤다. 자신감에 찬 오스만 튀르크 제국군은 또다시 안작군단을 바다로 몰아내겠다며 5월 19일 반격을 감행했다. 하지만 이번에 오스만 튀르크 제국군은 무려 1만 3,000여 명의 사상자(그중 사망자만 3,000명)을 기록하며 대패했다. 산처럼 쌓인 시체들로 인해 악취가 진동했고 전염병이 우려되었다. 결국 양측은 전사자를 매장하기 위해 잠시 휴전을 하기도 했다.

참호전으로 끝내버린 상륙작전

전선은 이미 교착되었지만, 영국군 수뇌부는 여전히 상황을 타개할 수 있다고 믿었던 모양이었다. 키치너 국방장관은 의용군사단이나 신병부대들을 지중해 전선으로 증파하며 결정적인 승리를 요구했다. 지중해 원정군사령관인 해밀턴 장군은 8월 대공세로 역전을 시도했다. 교착상태에 빠진 안작군단에게 활로를 터주어 헬레스 곶에 갇힌 주공이 본격적으로 공세에 나설 수 있도록 하겠다는 양동계획이었다.

8월 6일 안작군단으로부터 8km 북쪽에 있는 수블라 만(Suvla Bay)에 영국군 제9군단이 상륙했다. 제9군단은 비교적 약한 저항 속에 스톱포드(Frederick Stopford) 중장이 지휘하는 2개 사단 병력으로 수월하게 상륙에 성공했다. 수블라 만에 제9군단이 상륙하는 동안 안작군단은 주금이라도 더 전진하기 위해 영웅적인 전투를 펼쳤다. 호주군 제3경기병여단은 말을 버리고 병목 구간을 공격했고, 구르카(Gurkha) 대대는 사리바이르(Sari Bair) 고원에서 정상에 도달하기도 했는데 어이없게도 영국군의 착각으로 오인포격을 당해 전멸했다. 뉴질랜드군은 추누크 바이르 능선에서 드디어 오스만 튀르크 제국군을 몰아내고 이틀간 점령하기도 했다.

전선은 이렇게 치열했지만 졸장 스톱포드가 이끄는 제9군단은 즉시 내륙으로 공격적으로 전진하기는커녕 해안가에서 시간을 낭비했다. 8

월 10일이 되자 케말이 이끄는 오스만 튀르크 제국군은 증원과 동시에 반격에 나서 추누크 바이르를 곧바로 탈환했다. 모든 전선에서 밀리던 연합군은 8월 21일 마지막으로 시미터(Scimitar) 고지의 점령에 나섰지만, 이마저도 돈좌되면서 이제 갈리폴리 전선에서 모든 희망은 사라지고 말았다.

한편 1915년 10월 세르비아가 점령당하자 연합군은 더 이상 갈리폴리에서 병력을 낭비할 수 없게 되었다. 갈리폴리 철수가 논의되었지만 해밀턴 장군은 치욕스러운 후퇴는 할 수 없다며 강하게 거부했다. 그러나 연합군이 살로니카(Salonika)에서 새로운 전선을 형성하면서 우선순위는 바뀌었다. 특히 키치너 장관은 11월 직접 갈리폴리를 방문한 후에

●●● 유럽의 전선 고착을 돌파하기 위해서 시작된 갈리폴리 상륙작전은 결국 또다른 참호전을 낳았다.

●●● 8월 공세가 실패하면서 연합군의 갈리폴리 전투는 더 이상 추동력을 잃었고 몇 개월 후 전격적인 철수가 이뤄졌다.

내각에 원정군의 철수를 권고했다. 이에 따라 1915년 12월 20일까지 안작 만과 수블라 만의 병력이 철수한 이후에 이듬해 1월 9일까지 헬레스 곶의 주공이 전격적으로 철수함으로써 갈리폴리 전역은 종료되었다. 현대전에서 최초의 그리고 최대의 상륙작전은 이렇게 별다른 성과를 거두지 못한 채로 종료되었다. 상륙작전은 훨씬 더 치밀한 계획과 전문 훈련을 받은 병력들 간의 공조가 필요했지만, 갈리폴리에서는 그 어떤 것도 찾아볼 수 없었다.

09

이프르 제2차 전투

비인간적인 화학무기 사용의 시발점이 된 전투

개전 첫 주부터 벨기에와 프랑스로 파죽지세로 밀고 나가던 독일은 서부전선에서 순조로운 승리를 거둘 수 있을 것이라고 생각했다. 그러나 1914년 9월 마른 전투에서 공격의 템포가 꺾여버린 이후, 10월 말 벨기에의 이프르(Ypres) 지역에서 전투가 벌어졌다. 이프르 제1차 전투로 지독한 소모전이 시작되면서 600여 km에 걸친 서부전선은 확실히 고착되었다.

최루가스의 등장

전선이 고착되자 이를 타개하기 위한 다양한 방안이 시도되면서 전장에서 화학무기가 쓰이기 시작했다. 가장 대표적인 것이 최루가스(xylyl bromide: 브롬화 크실린)였다. 사실 최루가스를 제일 먼저 쓴 것은 프랑스로, 1914년 8월 최루가스 수류탄을 독일군에게 소량 사용했지만 효과가 미미했다. 프랑스는 이미 1912년부터 경찰의 시위대 해산작전 등에 최루가스를 사용했는데, 독일군이 밀려오자 이를 급하게 사용했던 것이다.

그런데 실제로 화학무기에 집착한 것은 독일군이었다. 독일군은 1914년 10월 27일 뇌브 샤펠(Neuve Chapelle)에서 105mm 곡사포탄에 질식작용제(dianisidine-chlorosulfonate) 캐니스터를 담아 발사했지만 별다른 성과를 얻지 못했다. 이 화학물질은 독일 바이어(Byer: 아스피린 제작사)가 만든 것으로 독성이 약하고 최루 효과가 있는 분말 형태의 물질이었다. 독일군은 3,000발이나 발사했지만, 포탄에 TNT 장약이 너무 많이 내장되어 피탄되면 화학물질이 불타 없어져 영국군의 피해는 미미했다.

그러나 독일군은 이에 멈추지 않고 1915년 1월 31일 동부전선의 볼리무프 전투(Battle of Bolimów)에서 새로운 최루가스(브롬화 크실린)를

●●● 독일은 동부전선에서 대대적으로 최루가스 사용을 시도해봤지만 큰 효과를 거두지 못했다.

사용했다. 독일 제9군[사령관 막스 호프만(Max Hoffmann) 대장]은 15cm 구경 곡사포에서 최루가스 액체가 든 캐니스터를 무려 1만 8,000발이나 발사하면서 라브카(Lávka) 강 인근의 러시아군에게 포격을 가했다.

새로운 시도 역시 성공으로 평가하기는 어려웠다. 날씨가 워낙 추워 최루가스 액체가 기화하지 못함으로써 효과를 발휘하지 못했기 때문이다. 독일군은 실망하지 않고 화학무기 포탄의 성능 개량을 계속했다. 그리하여 1915년 3월 프랑스 전선의 니우포르트(Nieuwpoort)에서 또다시 최루가스 포탄을 발사했을 때는 가시적인 성과를 거두었다. 이제 최루가스 대신에 좀 더 치명적인 화학물질을 활용한다면 대량살상이 가능할 터였다.

이프르 돌출부를 공격하라

1915년 봄부터 연합군은 서부전선에서 기지개를 켜기 시작했다. 물론 새로운 돌파구를 찾아서 다르다넬스와 발칸 지역에 원정군이 파견되어 갈리폴리 전투가 벌어지기도 했지만, 서부전선 자체에서도 성과가 있었다. 대표적인 것이 1915년 3월의 뇌브 샤펠 전투(Battle of Neuve Chapelle)였다. 뇌브 샤펠은 서부전선의 독일군 점령지역 가운데 돌출부로 교통의 요지였고, 반격을 위해서는 반드시 제압해야할 지역이었다. 여기서 연합군은 탄막사격을 통해 적군을 압도하고 뇌브 샤펠을 점령했다.

독일군은 1915년에 접어들어서 서부전선에서는 방어 위주로 병력을 운용하고 동부전선에만 집중해왔다. 그러나 이제 돌출부를 점령당한 독일은, 반대로 연합군의 돌출부에 대한 공세를 기획했다. 여기서 돌출부란 연합군이 지키고 있던 벨기에의 마지막 주요 지역이었던 이프르(Ypres)였다. 독일군은 랑에마르크-필켐(Langemarck-Pilckem) 능선-이제르(Isere) 운하를 잇는 선과 이프르까지만 전진하기로 하고 예비대조차 배치하지 않았다. 여기서 독일군은 새로운 독가스를 군사적으로 활용할 수 있는지 시험할 예정이었다. 이처럼 독일군의 목표는 전략적이라기보다는 시험적 성격이 강했다.

독일군이 사용하려던 가스는 염소 가스였다. 독가스 개발을 담당한 것은 독일 천재 화학자였던 프리츠 하버(Fritz Haber)였다. 하버는 이미 1914년에 독일 최고사령부에 염소 가스를 무기로 사용할 것을 제안했었다. 그는 단순히 제안에서 그치지 않고 직접 화학무기 제작을 주도했을 뿐만 아니라, 전장에까지 나와서 화학무기가 제대로 쓰일 수 있도록 현장 작업을 감독했다. 사실 독일군이 이프르 공략에 나서면서 진격 범위에 제한을 둔 것도 독가스 공격이 얼마나 믿을 수 있는 것인지 확신이 없었기 때문이다.

●●● 천재적 화학자인 프리츠 하버가 독일의 화학무기 개발을 주도하여 독일은 다른 국가들보다 뛰어난 화학전 능력을 가지게 되었다. 프리츠 하버는 나중에 노벨화학상을 수상하게 된다.

죽음의 공격

1915년 4월 22일 늦은 오후 독일군은 공세를 감행했다. 제23·24예비군단이 주축이 된 독일 제4군이 공세에 나섰다. 독일군은 짧고도 격렬한 포격으로 연합군의 진지를 두들겼다. 포격이 끝나자 연합군 병력은 독일군의 1파 병력이 돌격해 들어올 것으로 예상했다. 그러나 병력은 보이지 않고 전장에는 안개만이 밀려 들어왔다. 독일군은 전진하는 대신 8km에 걸친 전선에 배치해놓았던 가스통 5,730개의 밸브를 일제히 열었다. 가스통에서 나온 것은 무려 168톤 분량의 염소 가스였다. 오후 17시 30분의 일이었다.

액체염소는 공기와 혼합되면서 청록색의 기체염소로 변했다. 염소가스는 동풍을 타고 서서히 연합군 진지로 향해 제45알제리사단과 제

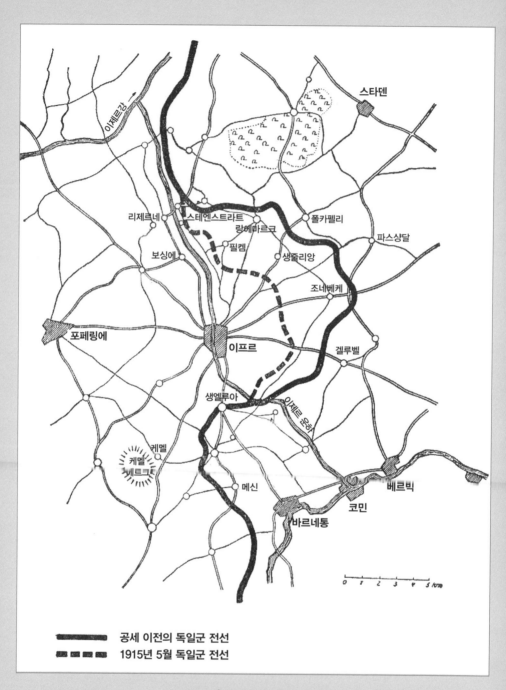

━━━━━	공세 이전의 독일군 전선
▪▪▪▪▪	1915년 5월 독일군 전선

●●● 이프르 제2차 전투

87의용군사단으로 향했다. 노란 연기는 서서히 참호를 집어삼키면서 2개 연대 병력을 순식간에 무력화시켰다. 많은 병사들은 그 자리에서 쓰러져 죽었다. 다른 이들은 비틀거리거나 경련을 일으켰고, 엄청난 고통을 참지 못하고 미친 듯이 참호에서 빠져나와 전선 뒤에 있는 마을로 도망가기도 했다. 이러한 병사들의 공포는 마을 주민들에게도 그대로 전달되었다. 그야말로 아비규환이었다.

하버와 그의 연구진이 염소 가스를 택한 데에는 이유가 있었다. 우선 염소 가스는 당시 독일의 염색공장이 가진 설비만으로 쉽게 만들어낼 수 있었다. 또한 염소 가스를 만들기 위해 전쟁에 필요한 다른 물자를 소모하지 않아도 되었다. 게다가 염소 가스는 공기보다 무거워 지하로 파놓은 참호를 공략하기에 적절했다. 또한 염소를 액체 상태로 만드는 기술은 이미 확보되어 있어, 부피가 작은 액체로 대량생산하여 운반할 수 있었다.

무엇보다도 염소는 강력한 질식작용제로 눈, 코, 목, 폐에 직접적인 해를 미쳤다. 염소는 물과 만나면 염산으로 바뀐다. 염소 가스를 흡입하면 폐의 점막에 있던 물과 반응하여 염산이 되고 이는 폐를 파괴한다. 결국 염소 가스를 마신 병사들은 초록색 액체를 계속 구토해내다가 폐에 물이 차서 죽었다. 엄청나게 고통스러운 죽음이었다. 이렇듯 다량의 염소 가스를 집중적으로 사용하면 많은 사람을 손쉽게 질식사시킬 수 있었다.

당황스러운 결과

갑작스러운 독가스 공격으로 동료들이 죽기 시작하자, 프랑스 병사들은 공포에 질려 참호에서 도망쳐 나왔다. 2개 연대에서 순식간에 6,000여 명의 사상자가 발생했다. 사망자 가운데 절반은 질식사나 폐 손상으로 10분 이내에 사망했고, 많은 이들이 실명했다. 공기보다 무거운 염소 가스가 참호 아랫바닥에 쌓이자, 병사들은 버티지 못하고 참호 밖으로 뛰쳐나왔다.

이로 인해 이프르 전선에서 제1캐나다사단의 담당구역 좌측 8km 일대에 커다란 구멍이 뚫려버렸다. 독일군은 랑에마르크에서 필켐까지 3km 지대를 순식간에 점령했다. 그러나 독일군도 독가스가 걱정되기는 마찬가지였다. 그래서 천천히 움직이는 독가스 안개의 뒤를 바짝 쫓아가지는 않았다. 독일군은 방독면을 착용하여 상대적으로 안전했지만, 실제 염소 가스를 살포하는 과정에서 너무 심하게 노출된 병사들은 방독면 착용 여부와 상관없이 사망했기 때문이다. 게다가 독일군은 영국 제2군[사령관 스미스-도리안(Horace Smith-Dorrien) 장군]의 강력한 저항에 더 이상 전진하지 못했다.

사실 독일군 최고사령부도 독가스가 전선에서 이 정도까지 효과가 있으리라고는 예상하지 못했었다. 공략이 불가능했던 이프르 전선에 구멍이 생겼다. 절호의 기회였지만 독일군은 이를 활용해서 적군을 제

●●● 갑작스러운 독일의 염소 가스 공격으로 프랑스군은 저항도 못 하고 무너지고 말았다.

●●● 독일군은 방독면까지 준비하고 공격에 나섰지만, 최초의 독가스 공격이 성과를 가져다줄지에 대해서는 확신이 없었다.

압할 준비가 전혀 되어 있지 않았다. 오죽하면 예비대조차 투입하지 않고 공세를 시작했겠는가. 한마디로 독일군은 독가스까지 사용한 장점을 전혀 살리지 못했던 것이다.

반면 이 기회를 틈타서 연합군은 방어선을 재조직했다. 캐나다군과 프랑스군이 비어 있는 참호로 신속히 증원해 들어갔다. 증원 병력은 무려 1~3km나 되는 먼 거리에서 신속히 이동했다. 특히 증원을 위해 달려온 캐나다 병사들은 오줌을 수건이나 옷에 묻혀 얼굴을 가리면서 가스의 작용을 막았다. 특히 알제리 사단의 진영이 무너지자 이를 증원하기 위해 동원되었던 캐나다 원정군 제13대대가 가장 치열하게 싸우면서 큰 피해를 입었다.

●●● 본격적인 방독면이 없었던 연합군은 마스크나 수건에 오줌을 묻혀 호흡기를 보호했다. 하지만 이후에 수포작용제가 등장하면서 전신방호복의 필요성이 제기되었다.

계속되는 가스 공격

가스 공격으로 인해 캐나다군 뒤에 있던 생줄리앙(St. Julien) 마을이 이제는 최전선이 되어버렸다. 바로 이 지역에 대해 4월 24일 아침 독일군은 2차 독가스 공격을 가했다. 마을에 주둔하고 있던 캐나다군 대대는 전멸했고, 독일군은 순식간에 마을을 점령했다. 다음날인 25일 영국군은 방어선을 되살리려고 했다. 그러나 프랑스군의 포병 지원이 불가능한 상황이었기 때문에 2개 여단 병력을 투입했지만 생줄리앙을 회복하기에는 역부족이었다. 또한 26일에도 대대적 반격을 했지만 여전히 성과가 없었다.

27일이 되어 독일군이 좌측 후방에서 포격을 가해오자 영국군의 위치는 더욱 위태로워졌다. 영국 제2군 사령관 스미스-도리안 장군은 보다 방어가 용이한 포테이저-빌체(Potijze-Wieltje) 선으로 후퇴할 것을 주장했다. 물론 프랑스는 이런 주장에 대해 격렬히 반대했고, 포슈

(Ferdinand Foch) 원수는 수개의 사단 병력을 증원하겠노라고 존 프렌치(John French) 영국 원정군사령관에게 약속했다. 그러자 프렌치는 독일군에게 빼앗긴 지역을 탈환하여 돌출부의 안전을 지키는 것이 핵심이라고 판단했다. 그가 인근의 작전통제권을 스미스-도리안 장군으로부터 제5군단장 플루머(Herbert Plumer) 장군에게 넘기면서 결국 플루머가 제2군 사령관이 되었다.

이프르 방어공세가 지속되면서 영국군은 추가적인 가스 공격을 당했다. 포슈의 약속과 달리 프랑스군의 실질적 증원이 어려운 상황에서 생 줄리앙 회복은커녕 현재의 방어선을 사수하는 것조차 불가능했다. 결국 플루머도 스미스-도리안이 제시한 대로 포테이저-빌체 선으로 후퇴작전을 수행했다. 독일은 5월 중에 네 차례나 추가적으로 가스 공격을 실시하면서 벨레바르데-프레첸베르크(Bellewaarde-Frezenberg) 선까지 확보했지만, 15일경 프랑스가 스테엔스트라트(Steennstraate)를 점령하면서 독일군은 이제르(Yser) 강 후방으로 철수했다.

이렇게 5월 25일을 끝으로 이프르 제2차 전투는 종료되었다. 전투의 결과 자체로 보면 이프르 돌출부는 종심의 크기가 5km 정도로 줄어들었지만, 독일군으로서는 전투 자체에서 그다지 커다란 성과를 거두지는 못했다. 그러나 독가스를 전투에 사용할 수 있다는 것은 독일군으로서는 커다란 자산이 되었다. 독일군은 이후 8월 6일 오소비엑(Osowiec) 요새를 수비하던 러시아군에게 염소 가스를 사용하여 성공적으로 요새 탈환 임무를 달성했다.

격화되는 화학전

독일의 독가스 공격에 대하여 연합국은 1899년 헤이그 조약(Hague Convention)의 위반을 지적하며 비난했다. 그러나 독일 측은 기존의 조

●●● 화학무기로 눈이 먼 병사들이 후송을 기다리고 있다.

약은 화학포탄을 쓰지 말자는 것이며, 가스통을 쓰는 걸 막지는 않는다
면서 자신의 행위를 정당화했다. 이러한 명분싸움과는 별도로 이프르
제2차 전투 이후에 영국과 프랑스도 자국산 화학무기와 방독면을 개발
하기 시작했다.

그러나 화학무기 전쟁에서 늘 앞장선 것은 독일이었다. 특히 독일 전
쟁부의 지원과 프리츠 하버의 지휘 아래 각종 화학무기가 개발되었다.
전쟁이 한창 때 하버의 연구팀에는 화학박사만 150명이 넘었다고 한
다. 1917년 독일은 겨자 가스라는 수포작용제를 개발했다. 겨자 가스는
접촉한 피부나 눈 또는 폐 부위에 물집이 생기게 한다. 집중적으로 접
촉하면 피부가 타 들어가고 눈에 들어가면 시력을 잃는다. 겨자 가스는
노출된 병사들이 죽기까지 4~5주가 걸리며 전투력을 점점 떨어뜨려 훨
씬 더 효율적인 무기라고 할 수 있다.

제1차 세계대전 기간 동안 무려 10만 톤이 넘는 화학무기가 사용되
어 120만 명의 사상자가 발생했으며, 그중 9만여 명이 죽었다. 이프르

●●● 화학무기에 포탄을 결합하는 기술이 발달하면서 화학무기의 전장 효율성은 점점 더 높아졌다.

전선에서 처음 쓰였던 독가스는 바람에만 의존했지만, 화학무기 투발에 최적화된 포탄이 등장하면서 무기로서의 효율성은 더욱 높아져만 갔다. 이 기간 동안 만들어진 화학무기탄만 해도 3,500만~6,600만 발에 이른다.

그러나 치명적인 화학무기 사용으로 인한 끔찍한 장면들로 인해 이후 화학무기는 전쟁에서는 가급적이면 사용하지 말아야 할 무기체계로 사람들의 머릿속에 각인되었다. 심지어는 미치광이였던 아돌프 히틀러(Adolf Hitler)조차 제2차 세계대전에서 화학무기를 사용하지 않았을 정도였다. 물론 히틀러가 사용하지 않은 것은 인본주의 때문이 아니라 상대편의 보복에 대한 두려움 때문이었다. 이프르 제2차 전투와 화학전은 산업시대의 전쟁이 얼마나 치명적이고 비인간적인지를 보여준 대표적 사례로 기억된다.

●●● 제1차 세계대전 중 화학무기로 인해 120만 명의 사상자가 발생했고, 그중 9만여
명이 죽었다.

●●● 이프르 제2차 전투 이후 화학전은 제1차 세계대전의 중요한 전투 양상으로 떠올
랐다.

10

유틀란트 해전

제1차 세계대전을 가른 결정적 해전

1914년 개전 이후 헬골란트 해전(Battle of Heligoland Bight)에서 강력한 대영제국 해군은 독일의 대양함대(Hochseeflotte)에 대한 우위를 과시했지만, 완벽한 승리를 거두지는 못했다. 이후 영국과 독일 양측은 자신들의 핵심 전력이 소진될 것을 두려워하여 방어적 성격의 작전만을 수행했다.

물론 상황은 영국에게 유리했다. 영국 대함대(Grand Fleet)는 독일에서 멀리 떨어진 북해의 출구에서 해상봉쇄를 하는 것만으로도 충분히 독일의 모든 해상로를 막을 수 있었던 반면, 독일 대양함대는 심각한 피해를 감수하지 않고서는 이러한 봉쇄에 대항할 수 없었다. 독일의 소극적 태도는 영국 해군에게 엄청난 자유를 주었다. 심지어 영국 해군은 독일 대양함대에 그다지 신경 쓰지 않고 갈리폴리 전투까지 치를 수 있었다.

한편 독일도 영국의 봉쇄를 시도했다. 비록 수상함 전력은 약했지만, 독일의 잠수함들은 영국의 것보다 크고 작전 능력이 뛰어났다. 그러나 잠수함으로 선박을 정선시키고 화물을 검색하는 것은 불가능했다. 그래서 독일 잠수함들이 할 수 있는 것이라고는 적군의 것이든 중립국의 것이든 군용이든 민간용이든 간에 구분하지 않고 선박이면 무조건 전부 다 격침시키는 것뿐이었다. 독일은 1915년 북해 시역을 건깁 구역으로 선포하고 항행하는 선박은 무조건 격침하는 무제한 잠수함작전을 시작했다.

이 과정에서 수백여 척의 민간 선박들이 격침되었는데, 그중에는 루시타니아(RMS Lusitania) 호도 있었다. 1915년 5월 7일 독일 U-20 잠수함이 루시타니아 호를 어뢰로 공격하여 격침시켰는데, 이로 인해 미국인 승객 139명 가운데 128명이 사망했다. 자국민의 희생에 여론이 악화되면서 미국이 참전할 기세를 보이자, 독일은 재빨리 미국에 사과와 동시에 미국 국적 선박은 공격하지 않겠다는 약속을 했다. 미국도 참전 비

●●● 포스 만(Firth of Forth)에 정박한 영국의 대함대. 엄청난 규모를 짐작하게 하는 사진이다.

용과 희생을 감안하여 사과를 수락하면서 양측의 갈등은 일단락되었다.

대양함대 출항하다

1916년 1월, 독일은 라인하르트 쉐어(Reinhard Scheer) 제독을 대양함대 사령관으로 임명했다. 쉐어 제독은 병환으로 사망한 전임자에 비해 더 공격적인 임무 수행을 추구했다. 해군을 증강시켜온 빌헬름 2세나 티르피츠(Alfred Peter Friedrich von Tirpitz) 해군성 장관은 대양함대의 초라한 성적에 조바심이 났다. 결국 영국의 해상봉쇄를 뚫어야 하는 사명이 쉐어 제독의 어깨에 걸려 있었다. 그러나 대양함대는 전함이 16척인 데 반해 영국 대함대는 28척으로, 전력 차는 극복할 수 있는 수준이 아니

●●● (위) 영국 대함대에 대항하는 독일
의 대양함대는 비록 규모는 작았지만 현대
화에 많은 노력을 꾀했다.
(아래) 1916년 새롭게 대양함대 사령관에 취
임한 쉐어 제독은 공격적인 작전을 추구했다.

었다. 명백한 전력열위를 극복하기 위해 대양함대는 분할 정복 전략을
사용했다. 북해에서 기습적으로 영국을 타격한 후 대응하러 나오는 영
국 해군 전대 등을 우세한 전력으로 타격하고자 했다. 꾸준히 적 전력
을 감소시켜 추후에 있을 결정적인 해전에서 전력 차를 조금이라도 줄
여보려는 노력이었다.

한편 1916년 4월 25일, 독일 해군성은 무제한 잠수함 작전의 중지를 결정했다. 루시타니아 호 격침 사건처럼 미국 등 중립국이 공격을 받아 참전하게 될 위험성을 우려했기 때문이다. 무제한 작전이 중지되면서 이제는 국제 규칙에 따라 민간 선박을 공격할 때는 선원들에게 경고를 하고 도망갈 시간을 준 후에 공격하거나, 아니면 중립국 선박은 아예 공격하지 말아야만 했다. 쉐어 제독은 이러한 제약으로 상선 공격의 효용성이 아주 낮아졌다고 판단하고 잠수함으로 군함을 공격하기 위해 잠수함을 배치하기 시작했다.

대양함대는 이제 영국 함정을 유인하여 공격하는 계획에 잠수함까지 포함시켰다. 영국 해군을 유인하여 대함대 가운데 상대적으로 적은 전력이 대응하러 나오면 이를 격퇴하겠다는 것이었다. 이 작전이 성공한다면 다소나마 대함대 전력을 감소시켜 대양함대와 대함대가 서로 어느 정도 대등하게 싸울 만한 규모로 만들 수 있을 터였다. 작전의 성공 확률을 높이기 위해 쉐어 제독은 전략적 요충지에 잠수함 10척을 배치하여 영국 대함대의 움직임을 감시하도록 했다.

독일은 영국 대함대 감시를 위해 체펠린(Zeppelin) 비행선까지 동원했다. 만에 하나 영국 대함대 본진이 북쪽에서 내려올 경우 기습하는 독일 대양함대가 위험해질 수 있기 때문에 정찰 능력을 갖춘 플랫폼인 비행선이 필요했다. 그러나 5월 28일까지도 강한 북동풍으로 비행선을 보낼 수 없게 되자, 작전을 연기하거나 혹은 스카게라크(Skagerrak) 해협으로 순양전함을 보내서 감시 임무를 대신하도록 해야만 했다. 그러나 이미 배치된 잠수함들이 작전할 수 있는 한계는 6월 1일이었기 때문에 더 이상의 연기는 불가능했다. 결국 5월 30일 독일 해군은 다음날인 5월 31일을 디데이(D-Day)로 정하고 출항을 준비했다.

그러나 영국군은 이미 1914년부터 독일 해군의 암호를 해독하고 있었다. 영국 해군정보부 '40호실'에서 5월 31일 기습하겠다는 독일의 암

●●● 대함대의 사령관인 존 젤리코 제독은 커다란 흠은 없었지만, 넬슨 정신이 부족하다는 비난을 받았다.

호통신을 감청한 후, 영국 대함대 사령관 젤리코(John Jellicoe, 1st Earl Jellicoe) 제독은 독일의 함대 행동에 대비해 가용한 모든 전력을 파견하기로 했다. 독일 잠수함들이 영국군 기지를 감시하고 있었지만, 대함대는 1916년 5월 30일 한밤중에 출항했다. 야간 출항으로 독일 잠수함은 아무것도 발견하지 못했을뿐더러 만에 하나 발견했다고 해도 어뢰 한 발 제대로 쏠 수 없었을 것이다.

호각은 아니지만 열세도 아닌 대양함대

영국과 독일이 맞붙는다면 애초에 공평한 싸움이 될 수 없었다. 영국 해군 전력은 독일 해군 전력의 2배까지는 아니더라도 그에 버금갈 정도로 강했기 때문이다. 무려 150여 척의 함선으로 구성된 영국 대함대는 크게 주력함대와 정찰함대, 이 2개 함대로 나뉘었다. 전함 24척과 전투순양함 3척으로 구성된 노급전함(弩級戰艦) 함대는 젤리코 제독이 직접 지휘했다. 이 함대는 전함 4척을 더 보유했으나, 정비 중인 3척과 갓 취역한 1척은 참가할 수 없었다. 각각 전함 8척으로 구성된 3개 전대는 전함 4척씩 구성되는 2개 편대로 나뉘었다. 2개 편대에는 전함 4척 이외에 장갑순양함 8척, 경순양함 8척, 정찰순양함 4척, 구축함 51척 등이 편성되었다.

한편 비티(David Beatty, 1st Earl Beatty) 제독이 지휘하는 전투순양함 함대는 노급전함 함대를 위한 정찰 임무를 맡았다. 전투순양함 함대는 전투순양함 6척, 퀸엘리자베스(Queen Elizabeth)급 노급전함 4척, 경순양함 14척, 그리고 구축함 27척으로 구성되었다. 여기에 수상기모함(Sea Plane Tender) 엥가딘(HMS Engadine)도 정찰 임무를 위해 함대에 포함되어 있었다. 엥가딘 함은 원래 영불해협을 오가던 우편선이었으나, 수상기 3척을 운용할 수 있는 모함으로 개조되어 북해 지역에 투입되어 왔다. 엥가딘 함은 항공기를 운용할 수 있다는 점에서 초기 개념의 항공모함들 가운데 하나였던 셈이다.

　이에 대항하는 쉐어의 독일 대양함대는 역시나 영국 대함대와 전력 차가 컸다. 대양함대 역시 주력함대와 정찰대로 나뉘었다. 쉐어가 직접 지휘하는 주력함대는 전함 16척과 전노급전함 6척으로 역시 3개 전대로 나뉘었다. 그리고 경순양함 6척과 어뢰정(영국의 구축함과 유사) 31

●●● 비티 제독(왼쪽)과 힙퍼 제독(오른쪽)은 도거 뱅크 해전 이후에 명예를 놓고 재대결을 벌이게 되었다.

●●● 비티 제독은 수상기모함인 엥가딘(사진)으로부터 수상기를 투입하며 해전 역사상 최초의 해상공중정찰을 실시했다.

척이 이들을 지원했다. 한편 정찰함대는 전투순양함 5척, 경순양함 5척, 어뢰정 30척으로 구성되었으며, 힙퍼(Franz Ritter von Hipper) 제독이 지휘를 맡았다.

외양상으로는 영국 해군이 절대적 우세로 보이지만, 실제로는 영국 대함대에도 문제가 많았다. 장갑이나 포의 신뢰성이 떨어졌으며, 구경은 작지만 정확성이 높고 사정거리가 유사한 독일의 함포에 명중당하면 영국 군함들은 버티지 못했다. 특히나 구형 장갑순양함은 방호력이나 속도나 모두 현대적 기준에 미치지 못했다. 반면 독일 대양함대에게는 전노급전함이 아킬레스건이 되었다. 낡디낡은 전함은 무장이 약한 데다가 속력까지 느려서 함대 전체의 속력이 18노트까지 떨어졌다. 그러나 무엇보다도 독일 대양함대의 약점은 바로 정신력이었다. 이들은 영국 함대의 능력이 자신들보다 더 우수하다고 생각하고 있었다. 바로 이런 심리적 열세는 이후 전투에서 그대로 드러날 터였다.

최초의 조우

영국 대함대의 출항은 곳곳에 배치된 독일 유보트(U-boat)들에 의해 목격되었다. 독일 잠수함들은 출항하는 영국 전함들을 격추하고자 시도했지만, 단 한 번도 성공하지 못했다. 그러나 대양함대 사령부가 애초에 의도한 대로 적의 움직임을 사전에 탐지하고 전략 정보를 획득하는 기회를 얻었다. 그러나 정보가 정확하지 않았다. 영국 함정들은 독일 잠수함의 기습에 대비해 지그재그로 운항했기 때문에, 독일 잠수함들은 영국 함정들이 어디로 향하는지 알 수 없었다.

한편 영국 대함대는 사전에 예정된 집결지로 피해 없이 하나둘씩 모여들면서 종렬진을 형성하고 있었다. 그런데 영국 측에서도 실수가 있었다. 젤리코 제독은 여전히 독일 대양함대가 출항하지 않았다고 생각하고 있었다. 그러나 독일 전투순양함들은 이미 아침 09시경에는 암룸(Amrum)에서 소해작업까지 마친 상태였다. 이에 따라 대양함대도 함대를 구성하기 시작했다. 우선 힙퍼 제독의 정찰함대가 약 50마일 앞에서 임무를 수행하는 가운데 주력함대가 도열했다. 22척의 주력 전함이 3개 전함전대로 나뉘어 단종진 형태로 길게 늘어서 있었다.

14시가 되자, 비티의 전투순양함 함대는 주력함대보다 77마일 앞서서 독일 해역으로 향진하고 있었다. 한편 함대 구성을 마친 독일 대양함대는 북상하고 있었으며, 맨 앞에는 힙퍼의 선견 함대가 있었다. 그러다가 덴마크 서쪽의 유틀란트(Jutland) 해역에서 드디어 만남이 이루어졌다. 비티의 함대는 제1·2전투순양함전대와 제5전함전대 등 전대별로 단종진으로 3마일 간격을 두고 이동하고 있었는데, 14시 20분경 제1전대의 경순양함 갤러티어(HMS Galatea)가 독일 어뢰정들(B109와 B110)을 발견했다. 곧바로 14시 28분부터는 경순양함 갤러티어와 페이튼(HMS Phaeton)이 함포사격을 시작했다. 이에 대항하여 독일 측에서는 힙퍼 함대 소속의 제2정찰전단[뵈디커(Friedrich Bödicker) 제독 지휘]

●●● 최초로 독일 어뢰정들을 발견한 것은 영국 경순양함인 갤러티어였다.

이 함포사격으로 대응했다. 그러나 명중시킨 것은 독일 측이었다. 경순양함 엘빙(SMS Elbing)이 어뢰정들을 지키기 위해서 갤러티어와 페이튼에 사격을 가했는데, 14시 36분에 엘빙에서 날아간 포탄이 최대사거리에서 갤러티어에 명중했던 것이다. 그러나 포탄이 폭발하지 않음으로써 전과를 기록하지는 못했다.

선견대 사이에서 전투가 벌어지자, 비티는 곧바로 전투순양함전대들과 지원 세력을 남동지역으로 내려 보냈다. 특히 독일 함대의 위치와 규모를 파악하기 위해 비티는 곧바로 엥가딘에서 수상기를 발진시켰다. 이는 해전 역사상 최초로 항공기를 정찰에 투입한 사례로 기록되는데, 아쉽게도 수상기가 역할을 하지는 못했다. 엥가딘의 수상기는 15시 30분경에 독일 해군 경순양함대의 규모와 위치를 파악하고 무전을 보내고자 했지만, 적의 대공화기 공격 속에서 자세한 정보를 전달하는 데 실패했다.

펼쳐지는 *진검대결*

도거 뱅크 전투(Dogger Bank incident)에서 비티와 힙퍼는 숙명의 대결을 벌인 바 있다. 이때 힙퍼는 우세한 전력을 가진 영국군에 기가 죽어 교전을 회피했고, 비티는 명백히 우세한 전력에도 불구하고 잠수함이 두려워 완승을 거두지 못했다. 그야말로 한이 맺힌 양측 지휘관에게 재대결의 기회가 주어진 셈이었다. 결국 두 함대는 수평침로로 전투에 돌입하게 되었다. 즉, 양측이 서로 평행하게 바라보면서 포를 겨누고 간격을 좁혀 들어간 것이다. 양측의 거리가 14km 정도로 줄어들어 주포의 최대사정거리에 들어서자 15시 48분 독일이 먼저 사격을 가했다.

비티 함대는 사실 교전에 들어가기 직전까지도 문제가 많았다. 우선 함대 내에서 가장 빠르고 강한 화력을 가진 제5전함전대[에반 토머스(Evan Thomas) 제독 지휘]는 전투 준비가 전혀 되어 있지 못했다. 전대의 가장 끝에 있는 함과 다른 전대의 함들과의 거리가 너무 떨어져 있어서 조명신호를 인식할 수 없었을 뿐만 아니라, 함대 본진과 무려 10마일이나 떨어져 있어서 전투 시 든든한 화력 지원이 불가능한 상태였다.

열세에 몰린 독일 해군은 영국의 대함대를 격멸할 회심의 일타를 노리고 있었다. 새롭게 독일 대양함대 사령관으로 취임한 쉐어(Reinhard Scheer) 제독은 영국 대함대의 주력인 전투순양함대를 덴마크 서쪽 앞바다인 스카게라크(Skagerrak) 해협으로 유인해 소탕하겠다는 계획을 세우고 5월 31일 실행하기로 했다. 그러나 영국은 암호 해독을 통해 독일의 이런 계획을 사전에 파악하고 오히려 대양함대를 격파하기 위해 역습을 준비했다.

독일 해군이 전개하고 있던 유틀란트 인근에 가장 먼저 도착한 것은 비티의 선견정찰함대였다. 그러나 힙퍼의 정찰함대와의 조우를 눈앞에 둔 비티의 함대는 앞서 나간 전투순양함전대와 이를 지원할 전함전대 사이 거리가 너무 떨어져 있었다. 심지어는 주력인 전투순양함전대가

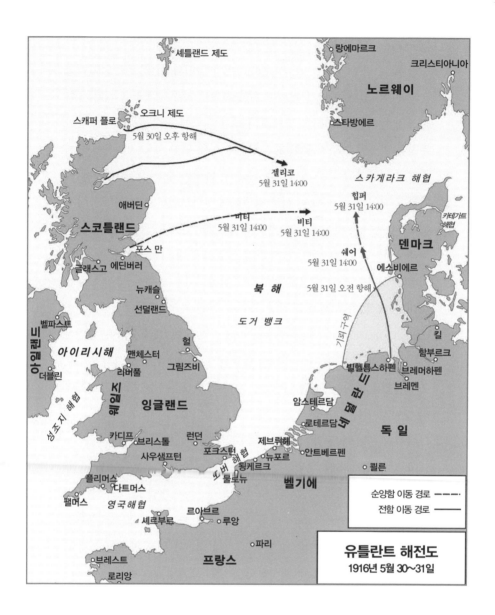

셰틀랜드 제도

랑에마르크

크리스티아니아

노르웨이

스캐퍼 플로   오크니 제도

5월 30일 오후 항해

스타방에르

젤리코
5월 31일 14:00

스카게라크 해협

힙퍼
5월 31일 14:00

애버딘

카테가트
해협

스코틀랜드

비티
5월 31일 14:00   비티
5월 31일 14:00

덴마크

포스 만

쉐어
5월 31일 14:00

에스비에르

글래스고   에딘버러

5월 31일 오전 항해

뉴캐슬

북 해

선덜랜드

도거 뱅크

기뢰구역

킬

아 이 리 시 해

헐

벨파스트

맨체스터

함부르크

더블린

리버풀

그림즈비

빌헬름스하펜   브레머하펜

아일랜드

해 협

잉글랜드

암스테르담

브레멘

세 인 트 조 지

로테르담

독 일

카디프   브리스톨   런던

제브뤼헤

사우샘프턴   포크스턴   해 협

뉴포르   안트베르펜

필른

덩케르크

플리머스   다트머스   불로뉴

벨기에

팰머스   영국 해협

셰르부르   르아브르   루앙

파리

순양함 이동 경로 ----
전함 이동 경로 ————

유틀란트 해전도
1916년 5월 30∼31일

브레스트

프랑스

로리앙

침로를 변경한 사실을 전함전대가 모를 정도였다. 비티의 함대는 전투
를 앞두고 전력이 분산되어 있었던 것이다. 이런 와중에 15시 48분 힙
퍼의 전단이 먼저 비티 함대를 발견하고 포격을 가했다.

교전의 시작

서로 수평으로 이동하고 있던 비티 함대와 힙퍼 함대는 포격전을 시작했다. 포격을 먼저 시작한 것은 독일 쪽이었다. 양측은 서로 14km가량 떨어져 있었지만, 독일 해군의 포격은 맹렬했고 또 정확했다. 그러나 영국 해군은 프린세스 로열(HMS Princess Royal) 함을 제외한 모든 함선들이 쏜 포탄은 적함의 위치를 넘은 지점에 착탄했다. 비티 함대는 바람을 등지고 있어서 매연와 포연으로 시야가 완전히 가려진 상태였기 때문이다. 게다가 동쪽 하늘에 구름이 끼어 비티 함대에서 적함을 식별하기가 어려웠다.

교전이 시작된 상황에서 비티는 힙퍼에 비해 현저히 불리했다. 비티 함대는 의도치 않게 전력이 분산되어 전투순양함 6척이 교전했고 전함 4척은 10마일이나 떨어져 있었다. 비티는 제1·2전대로 떨어져 있던 전투순양함들을 일렬로 배치하여 적 전투순양함을 1척씩 대항하도록 했다. 또한 자신의 기함인 라이온(HMS Lion)만 적의 기함 뤼트초브(SMS Lützow)의 공격에 참여하게 했다. 그런데 신호가 제대로 전달되지 못

●●● 독일 전투순양함들은 정확한 함포사격으로 비티 함대를 압도했다. 사진은 교전에서 높은 전과를 올린 몰트케급 전투순양함 데어플링어다.

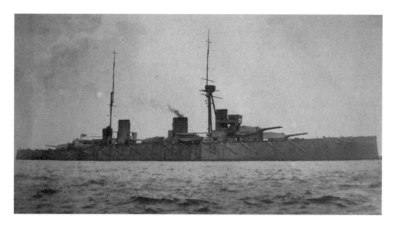

●●● 비티의 기함인 라이온 전투순양함

●●● 라이온 함은 Q터렛을 피격당했으나 재빨리 탄약고를 수장시켜 화재를 막음으로써 큰 피해를 막았다.

해 임무가 모호해짐에 따라, 선두에서 두 번째에 있던 데어플링어(SMS Derfflinger) 함을 공격하는 영국 함선은 없었다. 그 결과 데어플링어는 홀로 자유롭게 기동하면서 비티 함대에 포격을 가했다.

한편 독일의 몰트케(SMS Moltke) 함은 영국 함 2척으로부터 동시에 공격을 당했음에도 불구하고 정확하게 반격을 가하여 첫 12분간 타이거(HMS Tiger) 함을 아홉 번이나 명중시켰다. 상대적으로 유리한 시정 덕분에 힙퍼 함대의 전투순양함 5척은 비티 함대의 전투순양함 6척 가운데 3척에 정확한 유효타를 날렸다. 비티 함대가 정확한 함포사격을 날린 것은 무려 7분이나 지나서였다.

당연히 피해는 영국 측이 컸다. 16시 즈음에 뤼트초브 함의 12인치 함포가 비티의 기함인 라이온의 Q터렛에 명중타를 날렸다. 12명이 즉사했지만 터렛 지휘관인 하비(Francis Harvey) 소령은 치명상을 입고서도 신속하게 탄약고의 수밀문을 닫고 탄약고를 침수시켜 화재를 막았다. 그 덕에 라이온 함은 격침을 피할 수 있었다.

분전하는 비티 함대

그러나 다른 영국 군함들은 그리 운이 좋지 못했다. 16시 03분에는 독일의 폰 데어 탄(SMS Von der Tann) 함이 11인치 포탄으로 인디패티저블(HMS Indefatigable) 함 선미의 X탄약고를 명중시켰다. 탄약고가 연속으로 폭발하면서 인디패티저블 함은 1,019명의 승조원과 함께 곧바로 침몰했다. 생존자는 오직 2명뿐이었다.

다음 순서는 퀸 메리(HMS Queen Mary) 함이었다. 퀸 메리 함은 데어플링어로부터 12인치 함포의 집중사격을 받았다. 여기에 독일군의 자이들리츠(SMS Seydlitz) 함까지 합류하여 포격을 가하자, 16시 26분 퀸 메리 함은 함수의 탄약고 2개가 모두 폭발하면서 폭침했다. 1,275명의 승조원 가운데 생존자는 9명뿐이었다.

그리고 퀸 메리 함이 격침될 즈음에는 프린세스 로열 함도 일제사격을 받고 연기에 휩싸였다. 기함 라이온 함의 신호수는 곧바로 함교로 달려가 프린세스 로열 함이 격침되었다고 비티 제독에게 보고했

●●● 최초로 격침된 것은 영국 해군의 인디패티저블 순양함이었다.

●●● 퀸 메리 함도 격침을 당하면서 비티 함대는 순식간에 2,000여 명이 희생되었다.

다. 비티 제독은 잠시 고개를 돌려 라이온 함의 함장인 챗필드(Ernle Chatfield) 대령에게 역사에 남을 유명한 말을 남겼다. "이봐 챗필드, 아무래도 오늘 우리 배들이 이상한 것 같군." 그러나 다행히도 프린세스 로열 함은 격침되지 않았다.

●●● 제5전함전대의 퀸 엘리자베스급 전함들이 합류하면서 비티 함대는 기사회생하게 된다. 사진은 전투에서 전과를 기록한 전함 바람 함이다.

무려 2척이 격침되면서 비티의 함대가 절체절명(絕體絕命)의 상황을 맞아갈 무렵인 16시 30분경, 퀸 엘리자베스급 전함 4척으로 구성된 제5전함전대가 드디어 현장에 도착했다. 영국 전함전대는 15인치 함포 최대사거리부터 압박해 들어왔다. 특히 전함 바람(HMS Barham)은 17km나 떨어진 지점에서 15인치 함포로 독일 전투순양함 폰 데어 탄 함을 명중시키기도 했지만 큰 피해는 입히지 못했다.

전투는 물론 대형 함들 사이에서만 그치지 않았다. 구축함들도 전부 투입되어 상대편 대형 함에 대한 어뢰 공격을 감행했다. 어뢰들은 대부분 빗나갔지만, 영국 구축함 페타드(HMS Petard)는 16시 57분경 자이들리츠 함에 어뢰를 명중시켰다. 영국군의 첫 격침도 전투순양함이 아니라 구축함에 의해 기록되었다. 구축함 네스터(HMS Nestor)가 어뢰 공격으로 독일 어뢰정 V27을 격침했고, 자이들리츠를 명중시켰던 페타드는 V29에 어뢰를 명중시켜 침몰시켰다. 그러나 네스터 함과 다른 영국 구축함 1척은 독일 대양함대의 포격에 기관 정지 상태가 되었고, 결국 격침되었다.

비티 함대의 퇴각

양측 함대의 임무는 사실상 똑같았다. 힙퍼 함대는 대양함대의 선견부대로 정찰임무는 물론이고, 영국 대함대를 독일 대양함대 본진으로 유인하는 역할을 맡았다. 비티 함대도 역시 정찰함대로서 본진인 대함대의 이동에 앞서 적의 위치를 파악하고, 가능하다면 적을 대함대 방향으로 유도해야 하는 역할을 맡았다. 그러한 정찰부대끼리 치열한 접전이 벌어졌던 것이다. 양측의 교전은 당연히 양측 본대에게도 알려졌다.

교전 현장에 제일 먼저 나타난 것은 독일의 대양함대였다. 쉐어 제독이 힙퍼를 지원하기 위해서 북상했던 것이다. 대양함대의 이동은 비티 함대 소속의 제2경순양함전대[구디너프(William Goodenough) 준장 지휘]에 의해 16시 30분 포착되었다. 전함 16척과 전노급전함 6척으로 구성된 주력이 모두 몰려오고 있었다. 영국 대함대로서는 독일 대양함대의 주력이 전부 출격했다는 사실을 처음 알게 되었다. 이제 본격적인 전투가 시작될 터였다.

비록 전함의 도착으로 어느 정도 전열을 가다듬었지만, 대양함대의 본진까지 도착하면 비티 함대는 감당할 수 없었다. 전력을 보존하면서 영국군의 본진이라고 할 수 있는 젤리코의 대함대에 합류해야만 했다. 12마일 전방에서 독일 대양함대의 선두를 보자마자 16시 40분에 비티는 함대를 180도 회두하도록 했다. 17시경 비티의 함대는 전투를 멈추고 빠르게 철수하고 있었다. 힙퍼와 합류한 독일 대양함대가 철수하는 비티 함대를 뒤쫓았다. 쉐어와 힙퍼 제독은 비티 함대가 자신들의 먹잇감이라고 판단했기 때문이다. 설마 비티 함대 뒤에 영국 대함대의 모든 전력이 자신들을 기다리고 있을 것이라고는 상상조차 하지 못했던 것이다.

양측 함대가 남쪽으로 계속 이동하면서 싸우던 15시 48분~16시 54분 동안, 독일 측은 영국보다 훨씬 더 뛰어난 사격 능력을 자랑했다. 독일은 11인치와 12인치 포탄을 합쳐 모두 42발을 비티의 함대에 정확히 명중시켰던 것이다. 치열한 교전에서 영국 측은 전투순양함 2척과 구축함 2척, 독일 측은 구축함 2척을 상실했다. 명백하게 독일 측이 우세한 싸움이었다. 그러나 독일의 목적은 영국 해군의 주력을 유인하여 섬멸하는 것이었다. 그런데 오히려 비티 함대가 독일 대양함대를 영국 대함대로 유인하는 작전을 펼치게 되었다.

대양함대의 추격

이 시각 젤리코 제독에게는 전장 상황이 정확히 전달되었다. 구디너프가 독일 대양함대의 등장을 알렸고, 비티는 대양함대를 꼬리에 달고 자신의 방향으로 유인하고 있었다. 관건은 얼마나 잘 유인해올 수 있느냐 하는 것이었다.

비티 함대는 철수하는 것도 쉽지 않았다. 게다가 이번에도 비티의 철수 의도가 제5전함전대에 제대로 전달되지 않았다. 그 결과 영국 전함들은 아군 함정들과 정반대 방향에서 마주치고 나서야 철수가 이뤄지고 있음을 알게 되었다. 16시 48분 뒤늦게 선회한 전함전대는 함대 전체의 후위 방어를 맡았다. 철수 과정에서 비티는 독일과 전투를 시도하지 않았다. 이미 힙퍼 함대는 독일 대양함대 본진이 합류하여 자신들과 비교가 되지 않을 정도로 전력이 증강된 상태였다.

독일 해군은 꾸준히 비티의 뒤를 쫓으면서 사격을 가했는데, 결국 표적이 된 것은 후위 방어를 맡은 전함들이었다. 바람 함, 워스파이트(HMS Warspite) 함, 말라야(HMS Malaya) 함이 대양함대의 전함과 전투순양함으로부터 함포사격을 받았다. 피격되지 않은 건 오직 밸리언트(HMS Valiant) 함뿐이었다. 전함은 전투순양함보다는 방호력이 좋아서 격침되지는 않았다. 그러나 말라야 함은 피격으로 탄약고에 화재가 발생하면서 피해가 컸다.

비록 쫓기기는 했지만 퀸 엘리자베스급 전함은 전함으로서의 역할을 톡톡히 수행했다. 특히 15인치 함포는 정확하고 유효한 타격을 기록했다. 무려 24노트의 최고속도로 후퇴하는 와중에도 제5전함전대는 적함들에 대해 18발을 명중시켰다. 그러나 어떤 포격도 독일 군함을 침몰시킬 만큼 정확하고 치명적이지는 않았다.

대함대와 비티 함대의 합류

영국 대함대는 비티가 합류하길 기다리면서도 적에 대한 충분한 정보가 없는 것이 문제였다. 젤리코 제독은 최초 교전이 발생한 이후 16시 05분 제3전투순양함전대[후드(Horace Hood) 제독 지휘]를 급파하여 비티 함대를 지원하도록 했다. 또한 남동방면으로 내려가는 대함대의 선봉은 제1순양함전대가 맡았다. 그리고 17시 33분, 제1순양함전대의 장갑순양함 블랙 프린스(HMS Black Prince)가 팔마우스(HMS Palmouth) 함과 조우했다. 팔마우스는 젤리코가 비티에게 파견한 제3전투순양함전대 소속으로, 후퇴하는 비티 함대의 최전위에 서 있었다. 즉, 대함대와 비티의 선견함대가 합류하기 시작한 것이다.

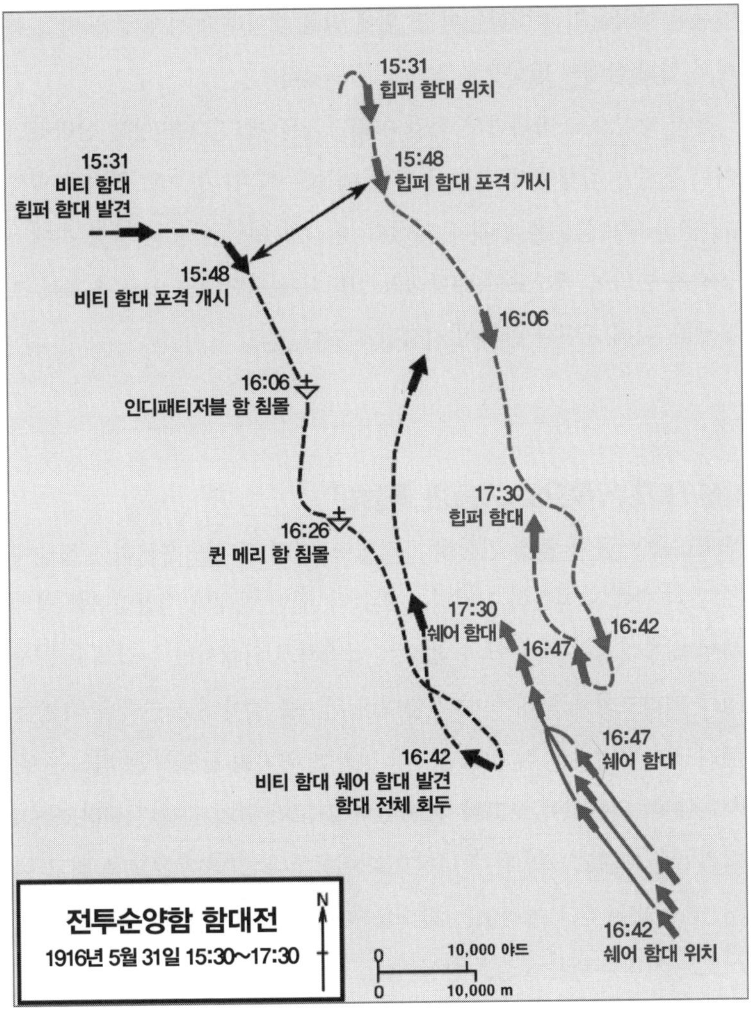
15:31
힙퍼 함대 위치
15:31
비티 함대
힙퍼 함대 발견
15:48
힙퍼 함대 포격 개시
15:48
비티 함대 포격 개시
16:06
16:06
인디패티저블 함 침몰
17:30
힙퍼 함대
16:26
퀸 메리 함 침몰
17:30
쉐어 함대
16:47
16:42
16:47
쉐어 함대
16:42
비티 함대 쉐어 함대 발견
함대 전체 회두
전투순양함 함대전
1916년 5월 31일 15:30~17:30
N
0
10,000 야드
0
10,000 m
16:42
쉐어 함대 위치

17시 38분경 두 함대의 합류 지점을 지키던 순양함 체스터(HMS Chester)가 공격을 당했다. 뵈디커(Friedrich Bödicker) 제독의 제2정찰전단이 여전히 살아 있었던 것이다. 체스터 함을 대신하여 제3전투순양함전대가 등장하여 독일 경순양함 4척을 공략하기 시작했다. 17시 56분 전대의 기함인 인빈서블(HMS Invincible) 함이 경순양함 비스바덴(SMS Wiesbaden) 함을 기동불능으로 만들었다. 제3전대가 등장하자 뵈디커 제독은 영국군의 주력함들이 그 뒤에 있을 것이라고 지레 겁을 먹고 쉐어와 힙퍼 함대의 방향으로 신속히 후퇴했다.

혼전 양상으로 바뀌면서 독일 어뢰정들은 제3전대를 향해 산발적인 어뢰 공격을 감행했다. 그러나 후드 제독은 회피기동으로 공격을 피했고, 영국 구축함들은 반격에 나섰다. 이러한 치열한 혼전 양상 속에서 18시경 드디어 젤리코의 대함대와 비티의 선견함대는 어둠 속에서 조우했다. 이제 치열한 반격이 시작될 터였다.

대함대가 동쪽으로 기동한 까닭은

대함대는 어둠과 함께 현장에 도착했다. 비티 함대는 후퇴하는 도중에도 힙퍼 함대와 여전히 교전하고 있었다. 힙퍼 함대의 정찰임무를 방해하여 대함대의 도착을 알 수 없도록 압박하기 위해서였다. 그리고 18시경에 젤리코의 대함대가 비티 함대의 위치를 찾아내고 연락을 취했다. 젤리코는 비티에게 적 전함함대의 정확한 위치를 물었지만, 비티는 18시 14분이 되어서야 보고할 수 있었다. 보고가 있기 전까지 젤리코는 4척씩 6개 부대로 구성된 종렬진으로 이동했다. 그러나 보고를 받고 나서 18시 15분부터 젤리코는 함대를 좌현으로 전개하여 무려 12km에 이르는 거대한 단종렬진을 형성했다.

기다란 단종렬진을 전개하는 데는 약 20분이 소요될 터였다. 이런 진형은 나름대로 단점이 있었다. 우선 영국 대함대는 적 전력이 해역에 도착하기 전에 먼저 진형을 완성해야만 했다. 그렇다고 너무 먼저 배치해버려서 적이 진형을 파악하면 결전이 벌어지기 전에 적이 도망갈 수도 있었다. 게다가 서쪽으로 갈지 동쪽으로 갈지도 문제였다.

진형을 서쪽으로 전개하면 할수록 독일 대양함대의 본진에 더 많은 전력을 집중할 수 있지만, 진형이 완성되기 전에 독일 측이 먼저 해역에 도착할 가능성이 있었다. 동쪽으로 전개하면 독일 대양함대 본진에서는 좀 떨어져 있겠지만 영국 해군은 태양을 등지고 적과 조우하게 된다. 그러면 낮게 지는 석양으로 인해 독일 측은 영국 함대를 제대로 파악하지 못하게 되고 당연히 교전하기 어려워진다. 결국 젤리코는 동쪽으로 전개할 것을 명령했다.

대양함대의 마지막 행운

독일 대양함대는 북상하면서도 여전히 자신들이 영국 대함대로 향하는 줄 몰랐다. 이들의 눈앞에는 여전히 최후의 저항을 하고 있는 먹잇감인 비티 함대가 보였고, 그 가운데서도 강한 화력으로 반격을 가하는 에반 토머스의 전함전대가 까다로웠다. 게다가 갑자기 추가된 목표도 있었다. 북쪽에서 뵈디커 전대가 마주쳤던 영국의 제3전투순양전대였다. 그러나 이들을 제압하지 못할 것은 없어 보였다.

이때 대함대의 선봉인 제1순양함전대가 갑자기 비티 함대 앞에 나타났다. 제1순양함전대와 비티 함대는 서로 가로질러 지나는 방향으로 항해했기 때문에 간신히 함대 간 충돌을 피할 수 있었다. 계속 앞으로 나아가던 제1순양함전대는 제3전투순양함대에 의해 기동불능에 빠진 비스바덴 함을 보고 격침시키고자 선수를 돌렸다. 바로 그때 비스바덴 함의 위치까지 올라온 독일 대양함대의 본진에서 포격이 날아들었다. 갑작스런 공격에 기함 디펜스(HMS Defence)는 탄약고에 직격탄을 맞아 폭침했다. 폭발은 멀리 떨어진 영국 대함대에서도 보일 정도였다. 제1순양함전대의 다른 함정들도 비참한 운명을 맞았다. 디펜스 함과 함께 비스바덴 함으로 접근하던 워리어(HMS Warrior) 함도 엄청난 피해를 입고 결국은 전원이함 명령이 내려졌다. 다른 함정인 워스파이트 함은 간신히 침몰을 면하고 이후 제5전함전대와 조우하면서 살아남았지만

●●● 영국 대함대가 등장하기 전까지 독일 대양함대는 영국 순양함전대들을 일방적으로 사냥했다. 그림은 영국 대함대에 포격을 가하는 독일 전함 마르크그라프(SMS Markgraf)를 묘사한 클라우스 버겐(Claus Bergen) 작품

곧바로 모항으로 복귀해야만 했다.

　대양함대의 다음 목표는 제3전투순양전대(후드 제독 지휘)와 비티 함대였지만 맘마치 않았다. 최초에는 영국 측이 유리하여, 유효한 포격이 힙퍼 함대의 순양함들에게 작렬했다. 특히 힙퍼의 기함인 뤼트초브는 흘수선 아래로 무려 2발이나 맞으면서 위기를 맞기도 했다. 그러나 독일에게도 반격의 기회가 왔다. 18시 30분, 뤼트초브와 데어플링어 함에서 각각 3발씩 일제사격을 가하여 제3전투순양전대의 기함 인빈서블 함에 명중시켰다. 독일군의 12인치 포탄들 가운데 1발이 인빈서블 함의 Q터렛에 명중하여 탄약고가 폭발했다. 인빈서블 함은 순식간에 화염에 휩싸여 90초 만에 침몰하면서 승조원 1,032명 가운데 오직 6명만이 생존했다. 사망자 가운데는 전대장 후드 제독도 포함되어 있었다. 그러나 뤼트초브도 기동불능이 되어, 힙퍼 제독은 구축함 G39로 옮겨 지휘를

●●● 인빈서블(HMS Invincible) 순양함은 뤼트초브와 데어플링어로부터 함포사격을 받고 폭발했다. 이 폭발로 제3전투순양함 전대장인 후드 제독을 포함하여 1,026명이 사망했다.

계속했다.

T자 대결

18시 35분경 드디어 진형을 완성한 영국 대함대가 독일 대양함대로 돌진해 들어갔다. 힙퍼 제독의 기함을 포함하여 선두에 있던 독일 전함들은 갑작스러운 영국 대함대의 등장에 깜짝 놀랐다. 영국의 대함대 전체가 출동했을 거라고는 상상도 못 했던 것이다. 한편 영국군은 기습의 이점을 충분히 활용하지는 못했다. 대함대와 대양함대의 교전은 독일군이 함대의 진로를 전환하기까지 겨우 수분간 지속되었다. 이때 영국은 무려 24척의 노급전함을 보유했지만, 겨우 10척만이 적에게 사격을 했다.

이대로 진행하면 힙퍼의 대양함대를 젤리코의 대함대가 T자로 종단하게 될 터였다. 독일군은 해를 등진 영국군에 비해 시정이 매우 불량

●●● 드디어 등장한 영국 대함대는 5월 31일 18시 35분부터 치열한 공격을 시작했다. 그림은 그리니치 대영 박물관에 소장 중인 윌리엄 라이오넬 윌리(William Lionel Wyllie) 작품 〈유틀란트(Jutland)〉

하여 전투조차 어려운 상황이었다. 이대로 진행하다가는 적의 함정으로 그대로 돌진할 것이라고 판단한 힙퍼는 전 함대에게 급속히 회두하도록 지시했다. 이에 따라 모든 함정들은 일제히 우현으로 선회하여 남서쪽으로 회두했다. 이와 함께 구축함들에게 공격 임무를 맡기면서 대함대의 추격을 막고자 했다.

한편 젤리코도 곧바로 추적하지 않고 서서히 이동하여 적을 서쪽에 두기로 했다. 전함 등 핵심 전투함들이 적 구축함과 어뢰정의 어뢰 공격에 노출될 수 있기 때문이었고 실제로 대양함대는 어뢰정으로 저지에 나섰다. 또한 대양함대도 복귀하려면 어차피 동쪽으로 선회해야만 하기 때문에, 결국 필연적으로 교전하게 될 것이라고 판단했다. 그리고 그 판단은 맞았다. 쉐어는 아직 완전히 어두워지지 않았기 때문에 탈출하는 것이 가능하다고 판단하고, 18시 55분 함대의 진로를 다시 동쪽으로 돌리고 전 함대의 속력을 높이도록 지시했다.

T자 재교전

19시가 되자 양측 함대가 만나 다시 T자형 교전을 시작했다. 그러나 이 번에는 영국 대함대의 진형은 더욱 촘촘해졌고 화력은 더욱 강화되었 다. 19시 15분경 독일 대양함대의 선두에 선 제3전대는 휘하 함정 4척 이 모두 영국군으로부터 피격을 당했다. 반면 영국군은 오직 콜로서스 (HMS Colossus) 노급전함만이 피격되었지만, 피해는 미미했다. 독일군 이 불리할 것이 명백했다.

결국 쉐어는 19시 17분 다시 함대의 침로를 서쪽으로 돌렸다. 무려 30분 만에 두 번이나 침로를 정반대로 바꾼 셈이다. 그런데 이번 침로 변경은 쉽지 않았다. 선두의 전대들이 영국군의 집중포화를 받으면서 대형이 무너지고 있었기 때문이다. 영국군의 추격을 따돌리기 위한 결 심이 필요했다. 쉐어는 또다시 휘하의 구축함들에게 차단공격에 나설 것을 명령했고, 또한 제1정찰전단의 전투순양함 4척들에게 저지 공격 임무를 맡겼다. 자살공격과도 같은 임무를 맡은 독일 전투순양함들은 치열하게 싸웠다. 적의 단단한 진형을 향해 이동하면서 무려 영국 전함 18척으로부터 심하게 두들겨 맞았다. 몰트케 함을 제외한 모든 전함이 피격당했고, 인명피해는 이루 말할 수 없었다. 19시 30분까지 25분간 계속된 교전에서 순양함들은 모두 37발을 피격당했는데, 그 가운데 데 어플링어 함 혼자서 14발을 맞았다.

이렇게 전투순양함들이 주의를 끄는 사이에 쉐어의 대양함대는 또다 시 탈출에 성공했다. 또한 영국군의 추격을 막기 위해 구축함들은 수차 례에 걸쳐 영국 전함에 대해 파상공격을 감행했다. 영국군은 직접적 피 해를 입지 않았지만, 해가 지기 직전까지 활용할 수 있었던 절호의 공 격 기회를 잃었다. 해가 지고 나서도 20시 30분경까지 제한적인 교전이 있었지만, 쉐어는 젤리코의 함정에서 또다시 벗어나는 데 성공했다.

심야의 탈출

두 차례의 교전에서 그다지 결정적인 성과를 올리지 못한 젤리코에게는 마지막 카드가 있었다. 결국 대양함대는 복귀해야만 하므로 기지로 가는 길목을 막으면 될 터였다. 21시경부터 대함대는 남쪽으로 항진하면서 또다시 교전을 준비했다. 젤리코는 쉐어가 대함대 진형의 후미를 통과할 것이라고 예상하고 순양함과 구축함들을 4해리 후위에 배치하여 순찰하도록 했다. 특히 대함대의 야간전투 능력은 한계가 있어서, 젤리코는 가급적이면 여명 이후에 교전하고자 했다.

그러나 암흑 속에서의 작전 능력은 독일 쪽이 뛰어났다. 쉐어는 대함대의 후미인 호른스 레프(Horns Rev) 일대를 지나서 기지로 복귀를 시도했다. 이미 예상하고 있었지만 실제로 영국군의 차단기동은 어설펐다. 영국 구축함들이 포위를 뚫고 나가려는 독일 군함을 발견하고 공격하여 최소한 일곱 차례 이상의 교전이 일어났다. 문제는 이런 교전들이 단 한 차례도 젤리코에게 보고되지 않았다는 것이다. 영국 구축함전단장이 탑승한 경순양함 캐스터(HMS Castor)는 이미 22시경 전투로 인해 무선통신용 안테나가 박살나면서 통신이 불가능했던 것이다. 지휘통신이 단절되자 아군 구축함과 적국함이 교전을 하고 있어도 영국군 주력함들은 별도의 명령 없이 자신의 위치를 노출시키고 싶지 않다는 이유로 교전에 참가하려고 하지 않았다.

결국 23시경에는 대양함대는 대함대 후미를 거의 지나쳤다. 23시 20분 이후에는 도주하는 병력을 쫓아가던 영국 구축함들이 독일 함대를 향해 어뢰 공격에 나섰다. 영국 측은 구축함을 무려 5척이나 잃었지만, 독일의 경순양함 로스톡(SMS Rostock), 전노급전함 폼메른(SMS Pommern) 등을 격침했다. 어둠 속의 혼전에서 선박들끼리 충돌하는 경우도 있어 독일 순양함 엘빙(SMS Elbing)은 자국 전함과 충돌하여 침몰했다. 한편 자정이 넘어 6월 1일이 되자마자 노급전함 튀링엔(SMS

●●● 야간에는 독일 주력함의 도주를 막기 위해 영국 구축함들이 서로 얽히면서 치열한 근접전이 벌어졌다.

Thüringen)이 비운의 영국 제1순양함전대 소속의 블랙 프린스 전함을 격침했다. 영국군이 가장 마지막으로 독일 함을 목격한 것은 6월 1일 02시 25분경이었다. 영국 구축함전대가 독일 대양함대의 후위에 해당하는 4척의 전노급전함(실제로는 전노급 2척과 전투순양함 2척)을 발견하고 구축함 1척이 02시 40분경에 어뢰 공격을 가했지만, 이렇다 할 성과를 올리지는 못했다. 젤리코는 적 잠수함과 기뢰의 위협을 걱정하고 03시를 기하여 더 이상 추격하지 말 것을 명령했다. 쉐어의 대양함대는 03시 30분까지 대부분의 함정이 안전지대인 호른스 레프의 등대에 도착하면서 탈출에 성공했다.

사상 최대의 해전이지만…

유틀란트 해전은 동원된 함선이 250척으로, 거함거포 시대의 최대 해전으로 기록된다. 애초에 독일의 대양함대(총 99척)는 영국의 대함대

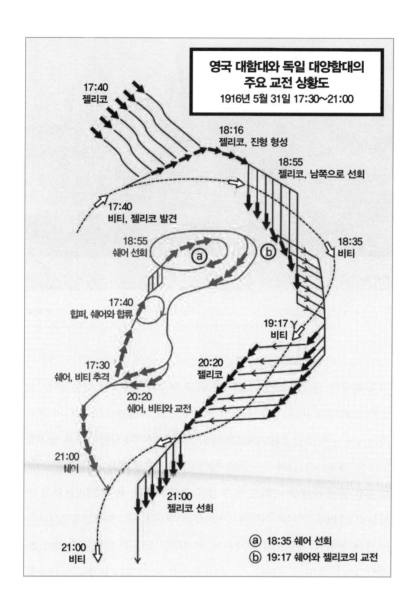

영국 대함대와 독일 대양함대의
주요 교전 상황도
1916년 5월 31일 17:30~21:00

17:40
젤리코

18:16
젤리코, 진형 형성

18:55
젤리코, 남쪽으로 선회

17:40
비티, 젤리코 발견

18:55
쉐어 선회

ⓐ

ⓑ

18:35
비티

17:40
힙퍼, 쉐어와 합류

19:17
비티

17:30
쉐어, 비티 추격

20:20
젤리코

20:20
쉐어, 비티와 교전

21:00
쉐어

21:00
젤리코 선회

21:00
비티

ⓐ 18:35 쉐어 선회
ⓑ 19:17 쉐어와 젤리코의 교전

(총 151척)의 상대가 될 수 없는 전력이었기 때문에, 해전의 결과는 의외
였다. 영국 해군은 전투순양함 3척, 장갑순양함 3척, 구축함 8척을 잃어
무려 6,000여 명의 사망자를 기록했다. 반면 독일 해군은 열세에도 불
구하고 사망자 2,500여 명에 전투순양함 1척, 전노급전함 1척, 경순양

함 4척, 어뢰정 5척을 잃었다. 그래서 유틀란트 해전은 전술적 측면에서 독일의 승리로 평가된다.

그런데 거대한 규모와는 달리 막상 싸움은 반쪽짜리였다는 평가들이 많다. 애초에 해전은 영국의 해상봉쇄를 풀기 위한 독일의 선제공격 계획에서 시작되었고, 비록 이를 사전에 파악한 영국이 선제적으로 작전을 시작했지만, 영국 해군은 매우 방어적인 입장이었다. 한마디로 적극적으로 싸우지 않고 독일이 완벽한 승리를 거두지만 못하게 해도 그만이었다. 결국 독일이 영국의 해상봉쇄를 뚫을 수 있는 계기를 마련하지 못했다는 점에서 유틀란트 해전은 전략적 측면에서 영국의 승리라고 평가할 수 있다.

유틀란트 해전은 사상 최대의 해전이기는 해도 전쟁의 승패를 좌우할 만큼 아주 결정적인 전투는 아니었다. 특히 젤리코 제독의 신중한 태도는 당대뿐만 아니라 현재 전사 연구자들 사이에서도 비판의 대상이 되고 있다. 그러나 연합국의 승리는 단순히 유틀란트 해전에서 적함을 몇 척 더 격파하느냐에 달려 있었다기보다는, 영국 대함대의 전력을 보존하는 데 달려 있었기 때문에, 젤리코 제독이 최대한 보수적으로 병력을 운용함으로써 최종적으로는 전쟁 승리에 공헌했다고 볼 수 있다. 한편 유틀란트 해전의 전략적 패배는 독일에게 유보트를 이용한 무제한 잠수함 작전을 다시 시작하게 만드는 계기를 제공했다. 이러한 무제한 잠수함 작전으로 미국의 참전까지 불러오게 되었으니, 결국 유틀란트 해전은 어떤 의미에서든 제1차 세계대전의 결정적인 전투인 것만큼은 분명하다.

11

베르됭 전투

제1차 세계대전 최악의 참호전

1916년에 이르러 독일은 서부전선과 동부전선을 모두 유지하는 데 어려움을 느끼고 있었다. 특히 영국을 주축으로 한 연합군의 해상봉쇄로 장기적 전쟁수행 능력이 의문시되었다. 이에 따라 바다에서는 유틀란트 해전으로 해상봉쇄망을 뚫기 위한 노력이 있었다. 유틀란트 해전에서 독일 해군은 전력이 우세한 적을 상대로 전술적 승리를 거두었지만, 결국 해군력의 격차를 극복하지 못하고 전략적으로는 패배했다. 이와 같은 상황 돌파 노력은 당연히 지상에서도 시도되었다.

혼란스러웠던 몰트케의 초기 공격으로 서부전선을 장악하지 못한 독일군으로서는 더 이상 결정적 전투로 전쟁에서 승리하는 것이 불가능했다. 스위스 국경에서 영불해협에 이르기까지 엄청난 길이의 서부전선은 2년간 교착상태에 빠져 있었다. 그러나 독일군 총참모장인 팔켄하인(Erich von Falkenhayn) 장군은 적의 대규모 병력을 살상함으로써 최소한 프랑스군에게는 이길 수 있으리라고 판단했다. 러시아보다는 프랑스에게 이기는 것이 전쟁의 승패를 가르는 핵심이고, 특히 영국군이 증원되기 전에 프랑스군을 각개격파하는 것이 가능하다고 봤다. 즉, 무제한 잠수함 작전으로 영국의 숨통을 조이고 지상전에서 프 랑스군을 격파한다면 영국의 전쟁의지를 꺾어 영국이 연합군에서 떨어져 나가게 할 수 있고, 그러면 승리가 가능하다고 봤던 것이다. 힌덴부르크(Paul von Hindenburg) 등의 격렬한 반대에도 불구하고 팔켄하인은 황제의 승낙을 얻어 공세를 추진할 수 있었다.

표적은 베르됭, 목표는 적 섬멸

공세의 목표로 선정된 것은 베르됭(Verdun)이었다. 베르됭은 서부전선에서 유일하게 독일군 쪽으로 파고든 돌출부였다. 베르됭은 뫼즈(Meuse) 강 양안의 능선과 고지들로 둘러싸였을 뿐만 아니라, 인근의

●●● 독일군 총참모장 에릭 폰 팔켄하인 대장. 독일군이 표적으로 삼은 지역은 바로
베르됭이었지만, 팔켄하인의 목표는 적 섬멸이었지 점령지 확장이 아니었다.

도시들에 설치된 요새들이 연결되어 강한 방어망이 형성되어 있는 천
혜의 방어진지였다. 베르됭은 독일이 프랑스로 침공할 수 있는 최단 루
트였기 때문에 프랑스도 오랜 기간 요새를 구축하며 방어선을 형성해
왔었다. 프로이센-프랑스 전쟁 당시 1870년 가을에 프랑스군이 프로이
센군의 3면 공격을 마지막까지 버틴 곳이 바로 베르됭이었다.

　팔켄하인의 목표는 프랑스군이 전력을 소모하게 만드는 것이었다.
이미 1915년 내내 공세를 펼쳤지만 대규모 돌파구를 마련하는 것은 불
가능했다. 그래서 그는 영토를 좀 더 정복하는 것보다 재기 불가능하도
록 전력을 소모하게 만드는 것을 목표로 작전을 세웠다. 베르됭 지역에
서 포격에 유리한 고지를 점령한 후, 이를 탈환하려는 프랑스군을 모조
리 쓸어버리겠다는 것이 작전의 골자였다. 적 병력의 섬멸이라는 클라

우제비츠적 전쟁관을 실행한 셈이다. 독일군은 이 작전에 심판(Gericht)라는 이름까지 붙였다.

  팔켄하인은 전략적 예비전력 가운데 5개 군단을 차출하여 1916년 2월부터 베르됭 공세에 투입하기로 했다. 주력은 황제의 총애를 받던 제5군이었다. 그러나 공격은 뫼즈 강 서안 이전까지로 한정시킬 작정이었다. 한편 독일의 공격이 있을지 모른다는 첩보에도 불구하고 프랑스군 최고사령부는 포슈(Ferdinand Foch) 장군의 공세계획인 XVII계획을 위해 베르됭 인근의 대구경 포병 전력을 이동시켰다. 애초에 공세일자는 2월 12일로 정해져 그날에 맞춰 전 병력이 대기했다. 하지만 당일 강풍이 불고 눈비가 내리면서 추위가 닥치고 시정이 나빠지자, 독일군은 공세를 뒤로 미루기로 했다.

  베르됭 지역을 지키고 있는 것은 프랑스 중부집단군이었다. 카리(Langle de Cary) 장군이 지휘하는 중부집단군은, 30만 명의 병력으로 구성되었다. 특히 베르됭 인근에는 제2군이 배치되어 있었는데, 이는 베르됭 일대의 요새들이 제공하는 지형적 이점을 방패 삼아 병력과 장비의 부족을 보충하려는 소극적 전술에 불과했다. 한편 독일군의 2월 12일 공세가 늦춰지는 사이에 베르됭 전선의 이상을 감지한 프랑스군은 급히 2개 사단을 증원시켰다. 프랑스군 조프르(Joseph Joffre) 총사령관의 신속한 결단은 이후 있을 전투에서 프랑스군을 지켜준 탁월한 결단이었다.

비극의 시작

1916년 2월 21일 오전 07시 12분, 독일군 380mm 열차포 1문이 뫼즈 강의 교량을 향해 첫 포탄을 날렸다. 이와 함께 독일군 야포 1,200여 문이 동시에 프랑스군을 향해 포문을 열었다. 포탄은 뫼즈 강에 걸쳐

●●● 독일군 380mm 열차포 포격을 시작으로 베르됭 전투가 시작되었다.

20km의 전선을 지키고 있던 프랑스군의 진지에 떨어졌다. 이로써 제1
차 세계대전 기간 동안 가장 치열하고 소모적인 10개월간의 전투가 시
작되었다.

독일군의 목표는 베르됭-쉬르-뫼즈(Verdun-sur-Meuse) 고지의 북쪽
에 위치한 뫼즈 고지(Côtes de Meuse)였다. 특히 그중에서도 베르됭 시
북동쪽 뫼즈 강 동안 1,200피트 고지 위에 구축된 두오몽(Douaumont)
요새가 가장 강력하다고 알려져 있었다. 그러나 서류상으로만 그럴 뿐,
실제로 프랑스군 지휘부가 두오몽 요새에 있던 강력한 야포들을 포함
해 베르됭에서 포병 전력을 철수시켰기 때문에 두오몽 요새는 취약해
져 있었다. 이러한 허술한 방어태세로 인해 프랑스군은 곧 커다란 비용
을 치를 터였다.

독일군의 포격은 치열했다. 베르됭 시내에까지 포탄이 떨어지면
서 민간인들의 소개(疏開)가 시작되었다. 심지어 부아 데 코르(Bois des
Caures) 요새 인근에는 무려 8만 발이 쏟아져 내렸다. 포격이 계속되자

●●● 개전 첫날 적진을 향해 돌진해 들어가는 독일군

프랑스군의 지휘통제는 완전히 붕괴되었고, 독일군이 밀고 들어와도 반격을 가할 수 없을 정도였다. 첫날 포격은 무려 9시간이나 계속되었다. 그러나 독일군의 진격 결심은 포격만큼이나 과감하지는 못했다. 이미 적 전선에 구멍이 뚫렸는데도 독일군은 소부대를 보내 강행정찰을 실시하는 정도에 그쳤을 뿐이다. 사실 강행정찰 이후 독일군이 과감한 공격에 나서지 못한 이유는 따로 있었다. 엄청난 포격에도 불구하고 상당수 요새에서 프랑스군이 살아남아 방어태세를 유지했기 때문이다.

　프랑스군은 포격 이후에도 용감했다. 특히 가장 치열한 포격 대상이었던 부아 데 코르 요새에서의 활약은 눈부셨다. 2개 경기병(Chasseur) 대대를 지휘하던 드리앙(Émile Driant) 대령은 무너진 전열로 참호선 전체를 지키는 것이 불가능하다고 판단했다. 대신 포격에서 살아남은 경기병 병력을 모아 기민한 기동방어를 실시해 주요 거점을 지켜냈다. 부아 데 코르를 맡았던 독일군 제18군단은 결국 요새 점령에 실패했다. 마찬가지로 부아 드 레르브부아(Bois de l'Herbebois) 요새를 공략하던

●●● 독일군의 치열한 공격에 베르됭은 폐허로 바뀌었다.

독일 제3군단도 점령에 실패했다. 오직 강행정찰 뒤에 곧바로 부대를 투입한 제7예비군단[폰 츠벨(Hans von Zwehl) 지휘]만이 5시간 만에 부아 도몽(Bois d'Haumont) 요새를 점령했다.

선방의 프랑스군 vs 더딘 독일군

이튿날인 2월 22일이 되자 또다시 독일군의 공세가 시작되었는데, 공세의 강도는 오히려 전날보다 더 높아졌다. 이제는 뫼즈 강 서안과 와브르(Woëvre) 지역이 포격 대상이 되었다. 진격 목표는 부아 도몽 마을과 부아 데 코르 요새였다. 첫날 전공을 올린 츠벨의 제7예비군단이 다시 앞장섰다. 치열한 독일군의 공격 앞에 용맹한 드리앙 대령도 방법이 없었다. 결국 드리앙은 최후까지 예하 부대들의 철수를 위해 싸우다가 늦은 오후 장렬한 최후를 맞았다. 그러나 드리앙 대령과 같은 죽음이 있었다는 것은, 독일군도 전진하는 데 엄청난 희생을 치렀다는 것을 의

미했다. 그 와중에도 프랑스군은 부아 드 레르브부아 요새를 지켜냈다.

공세 3일차인 23일에 독일군은 프랑스군의 중앙방어선에 육박했다. 주민들을 소개하기 위해 브라방(Brabant) 마을에서 치열하게 저항하던 제351연대가 사모뉴(Samogneux) 방면으로 철수하면서 브라방은 독일군의 수중에 넘어갔다. 부아 드 레르브부아 요새에서는 프랑스군 제51사단이 하루 종일 강력하게 저항했다. 한편 프랑스군은 부아 데 코르 요새를 향해 역습에 나섰지만 성공하지 못했고, 오히려 독일군이 부아 드 와브릴(Bois de Wavrille) 방면에서 부아 드 레르브부아 요새로 측면 공격에 나섰다. 결국 제51사단은 더 이상 버티지 못하고 저녁에 독일군에게 요새를 내주었다.

이렇듯 3일 만에 프랑스군은 제1차 방어선이 독일군에게 무너지면서 사모뉴-보몽(Beaumont)-오른(Ornes) 선까지 물러나게 되었다. 이미 제2·3차 방어선이 취약해질 대로 취약해진 상태에서 이제 더 이상 독일군을 막을 수 있는 방어선 같은 것은 없어 보였다. 베르됭 전선과 수일간 통신이 끊어졌는데도 프랑스군 수뇌부는 베르됭 공세가 주공이 아닐 것이라고 무시해왔었다. 그러나 명백한 위기를 앞에 두고 더 이상 무시할 수는 없는 일이었다. 조프르 총사령관은 전선의 상황을 판단하기 위해 자신의 참모 중 한 명을 베르됭으로 보냈다.

한편 4일차에도 독일군은 공세를 이어갔다. 이번에는 뫼즈 강 서안에 대한 밀도 높은 포격이 계속되었다. 그러나 막상 독일군이 이 지역까지 전진하지는 않았다. 대신 독일군은 새벽부터 사모뉴를 점령하고는 보몽 요새와 마을까지 점령했다. 이제 프랑스군은 제2차 방어선까지 잃었고 두오몽 요새가 직접 위협을 받게 되었다. 하지만 바로 이날, 증원 병력이 도착했다. 발푸리에(Maurice Balfourier)가 지휘하는 육군 제20군단이 제30군단과 교대하기 위해 도착한 것이다. 주간의 급속행군에 지친 제20군단 병력은 도착하자마자 독일군의 밥이 되었다. 전투가 시작되

●●● 파죽지세의 독일군 공격에 프랑스군 방어선은 허무하게 무너졌다. 사진에서처럼 독일군은 심지어는 화염방사기까지 동원했다.

고 나흘 동안 치열한 포격으로 프랑스군 전방사단들은 무려 60%에 이르는 사상자가 발생했다. 중앙집단군 사령관인 카리 장군은 반격은커녕 비관적인 내용이 담긴 보고서를 주프르 총사령관에게 올렸다. 조프르 총사령관은 곧바로 페탱(Phillipe Pétain) 장군과 제2군을 증원 병력으로 보냈다.

두오몽 함락

공세 5일차, 프랑스군 제3주아브연대가 무너지면서 방어선에 커다란 구멍이 생겼다. 제3주아브연대와 교전하던 독일 제3군단의 제24브란덴부르크연대는 방어선이 무너졌음을 깨닫고 별다른 교전 없이 전진해 들어갔다. 특히 연대 휘하의 4개 중대는 두오몽 요새까지 별다른 저항

●●● 두오몽 요새의 함락 전(왼쪽)과 함락 후(오른쪽)의 모습

선이 없음을 알고 기회를 활용했다.

　당시 두오몽 요새의 수비 병력은 제56예비군 부대 소속 60여 명이 전부였다. 원래 외곽에 강한 포병대가 지키고 있어야 했지만, 1914년 개전 이래로 요새 주변의 부속 기지들이 파괴되자, 지휘부는 다른 곳 공세를 위해 야포들을 빼냈다. 그리고 두오몽이 위태로워지자 최고사령부에서는 뒤늦게 1개 부대를 증원하기로 결정했는데, 전쟁의 혼돈 속에서 명령이 제대로 하달되지 못한 것이다.

　과감히 접근해온 독일군 병력은 두오몽 외곽까지 접근했다. 그러나 외곽에서도 프랑스군 방어 병력이 보이지 않자, 독일군은 외곽방어선을 은밀히 넘어 물이 말라버린 해자 안으로 숨었다. 심지어 해자 속에서도 프랑스군이 안 보이자, 더 과감해진 독일군은 요새의 벽을 기어올랐다. 이렇게 독일군이 접근하는 사이에도 두오몽 요새 방어를 맡은 예비군 부대원들은 아무것도 모른 채 포탄 공격을 피해 요새 안쪽에 숨어 있었다. 결국 요새에 최초로 침투한 독일군들의 유도로 나머지 중대들이 들이닥치자, 프랑스 예비군들은 투항했다. 오후 4시 30분 두오몽 요새는 총알 한 발 쏘지 않고 순식간에 독일군에 의해 점령되었다.

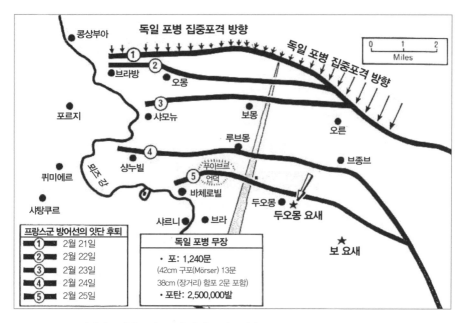

●●● 개전 후 5일간 프랑스군은 후퇴를 거듭했다.

두오몽이 점령당하자, 프랑스군은 대혼란에 빠졌다. 우선 인근 지역의 방어를 담당하던 제37아프리카사단은 두오몽 요새가 점령당해 베르됭과 교통로가 차단되자 어쩔 수 없이 벨빌(Belleville)까지 후퇴해야만 했다. 중앙집단군 사령관 카리는 이제 완전히 전의를 잃고 베르됭 동쪽과 남동쪽 고지대로 철수할 것을 주장했다. 그러나 공격지상주의를 표방하는 프랑스에서는 이러한 후퇴는 있을 수 없었다. 프랑스의 자존심을 위해서라도 반드시 베르됭을 사수해야만 했다. 최고사령부에서는 참모장 드 카스텔노(De Castelnau) 장군이 직접 내려와 무슨 일이 있어도 페탱(Henri Philippe Pétain)의 제2군으로 베르됭을 지켜내겠다고 결정했다. 상황은 드디어 독일군 수장인 팔켄하인의 계산대로 돌아가는 듯했다.

페탱의 계책

드 카스텔노의 명령에 따라 제
2군 사령관 페탱 장군은 곧바
로 뫼즈 강 서안과 동안에 대한
방어 임무를 맡았다. 그러나 팔
켄하인이 예측하지 못한 변수
가 바로 페탱이었다. 현대전의
화력을 잘 이해하고 있던 페탱
은 실용주의자로서 프랑스군
의 공격지상주의가 갖고 있는
한계를 누구보다 잘 알고 있었
다. 페탱은 지금처럼 무작정 '땅

●●● 프랑스군의 참담한 패배를 막은 건은
페탱 장군이었다.

따먹기'에 집착한다면 여태까지의 엄청난 피해를 고스란히 감수할 수밖
에 없다고 판단했다.

　그래서 페탱은 팔켄하인의 전략을 그대로 흉내내기로 했다. 즉, 공격
하는 독일군에게 막대한 피해를 입혀 병력을 최대한 소모시킴으로써
공격의지를 꺾고자 했다. 그러나 현재 열세에 몰린 상황에서 이는 쉽지
않았다. 우선 페탱은 증원된 제20군단으로 최대한 현재 전선을 사수하
게 하는 한편, 자신의 제2군을 증원시키기 시작했다. 특히 우선순위는
여단 포병대였다. 포병의 강력한 화력이야말로 독일군을 섬멸하는 핵
심이었다. 더욱 중요한 것은 보급로를 확보하는 것이었다. 독일군의 장
사정포 공격으로 베르됭과 연결된 철도망은 이미 두절되었고, 페탱에
게 남은 것은 베르됭과 바르-르-뒤크(Bar-le-Duc) 사이에 연결된 남쪽
의 편도 차로뿐이었다. 이 협로는 '성스러운 길(Voie Sa∟crée)'이라 불리
면서 프랑스군의 생명선이 되었다.

　그러나 증원 병력이 도착하기 전에 페탱이 해야 할 일은 독일군의 진

군을 막는 것이었다. 26일 독일군은 두오몽 마을로 진군하고자 했으나 결국 보(Vaux) 요새에서 진군이 막히면서 드디어 독일군의 움직임이 정지되었다. 그리고 그 위치에서 이틀을 더 버티면서 2월 29일까지 9만여 명의 병력과 2만 1,000톤의 탄약이 성스러운 길을 따라 보급되면서 베르됭 전선의 붕괴는 멈췄다.

치열한 소모전의 시작

독일은 베르됭에서 진격이 멈추자 이를 화력의 문제로 인식했다. 대화력전으로 서안에 증강된 프랑스군 포병 전력을 제압하지 못하자, 독일군은 포병 기동부대까지 만들어 대처했지만 여전히 독일군 보병의 피해를 막지는 못했다. 독일 제5군단은 병력 증강을 요청했지만, 팔켄하인은 예비대가 필요하다는 이유로 거부했다. 팔켄하인으로서는 일단 뫼즈 강 동안을 대부분 점령했으므로 여기서 만족하고 공세를 종료할 것인지 계속할 것인지 고민했다.

2월 27일 진군이 멈춰서자 베르됭 전선을 열도록 만든 제5군 지휘관인 빌헬름 황태자와 제5군 참모장인 폰 크노벨스도르프(Konstantin Schmidt von Knobelsdorf) 장군은 조바심이 났다. 이렇게 독일이 좌고우면하는 사이 프랑스군은 부아 부뤼스(Bois Bourrus) 능선과 시체고지(Mort-Homme)에 포병대를 배치하여 독일군의 측면에 강력한

●●● 베르됭 전투를 목적 없는 소모전으로 만든 주역인 폰 크노벨스도르프 장군

화력을 쏟아부었다. 무려 이틀이나 지난 2월 29일 크노벨스도르프가 직접 나서서 예비대에서 2개 사단을 차출했다. 서안의 고지를 점령하고 나면 곧바로 동안의 점령까지 완전히 끝날 것이라고 판단했기 때문이다. 이에 따라 3월 6일 우선 뫼즈 강 서안의 시체고지를 향한 공세에 이어, 동안에서는 보 요새에 대한 재공략이 시작되었다.

폰 고슬러(Heinrich von Gossler) 장군이 입안하고 지휘하는 독일군의 공격은 치열했다. 특히 2개 군단의 포병 화력을 모두 긁어모아 사격을 가한 통에 목표 중의 하나였던 304고지는 실제 고도가 304m에서 300m로 줄어들었다. 그러나 시체고지에 포대진지를 형성한 프랑스군은 치열한 포격으로 서안에 대한 독일군의 공격을 격퇴했고, 시체고지는 동안에 대해서는 감제고지의 역할을 했다. 3월 말까지 독일군은 목표로 하던 시체고지나 부아부뤼스 능선은 넘보지도 못하고 겨우 몇 개의 고지를 점령했을 뿐이었다. 이에 비해 손실은 너무 컸다. 프랑스군이 7,000여 명의 사상자를 기록하는 사이, 독일군은 무려 8만 1,000여 명의 사상자를 기록했다. 결국 서부공격단(Angriffsgruppe West)의 지휘관은 폰 고슬러에서 폰 갈비츠(Max von Gallwitz) 대장으로 교체되었다.

프랑스군이 유능하게 막아낸 데에는 지휘관인 페탱 장군의 역할이 컸다. 무작정 돌격을 강요하지 않고 효율적인 싸움을 추구했던 페탱은 일정 기간마다 병력을 교대하는 '물레방아(Noria)' 시스템을 구축했다. 이에 따라 프랑스군은 일정 기간 전투를 수행하면 후방에서 휴식을 취한 후에 돌아올 수 있었다. 계속 전선에 갇혀 전투를 강요당하던 독일군 병사들에 비해 프랑스군이 더 높은 사기를 유지할 수 있었던 것도 그 덕분이었다.

점차 고조되는 전선

병력 손실이 커지자 제5군 사령관인 빌헬름 황태자는 베르됭 전투를 중지할 것인가를 놓고 고민했다. 원래 적 병력의 섬멸을 목표로 했던 작전이 아군에게 더 큰 손실을 가져오자, 팔켄하인도 점차 부정적으로 생각이 바뀌었다. 그러나 강경파인 폰 크노벨스도르프는 어떻게든 전투를 지속해야 한다는 입장을 고수했다. 특히 4월 내내 단편적 공격을 계속하던 동부공격단(Angriffsgruppe Ost)을 지휘하던 제16군단장 폰 무드라(Bruno von Mudra)에게 반발한 폰 크노벨스도르프는 동부공격단 사령관을 공격적 성향의 폰 로호브(Ewald von Lochow) 제3군단장으로 교체했다. 또한 그는 팔켄하인을 설득하여 예비대로 돌려놓았던 21개 사단을 베르됭에 투입하도록 했다

그리하여 5월의 3차 대공세가 시작되었다. 독일은 1차 대공세보다 더 강력한 화력을 끌어모아 총공격을 감행해 304고지를 점령했다. 그리고 5월 말에 이르러서는 드디어 시체고지 전체를 장악하는 데 성공했다.

●●● 5월 대공세로 독일군은 목표하던 지역을 점령했지만 엄청난 손실을 감수해야만 했다.

●●● 프랑스군도 니벨(왼쪽)이나 망장(오른쪽) 장군이 지휘하면서 병력 손실이 커져만 갔다.

그러나 2차 공세에서처럼 독일군은 엄청난 희생을 당했다. 한편 프랑스군에도 변화가 있었다. 수비에만 치중하는 페탱에게 불만을 품고 있던 조프르 총사령관은 결국 페탱을 중부집단군 사령관으로 승진시켜서 일선에서 불러들이고, 제2군 사령관에 니벨(Robert Georges Nivelle) 장군을 임명했다.

니벨은 공격제일주의의 신봉자로서 5월 1일부터 전투를 직접 지휘했다. 게다가 니벨은 자신보다 더한 공격지상주의자인 제5사단장 망장(Charles Emmanuel Marie Mangin) 장군에게 두오몽 요새 탈환작전을 맡겼다. 마른 전투에서 혁혁한 공을 세웠던 망장은 부하들에게는 '도살자'나 '식인종'이라는 별명으로 불릴 만큼 부하들의 희생을 강요하던 지휘관이었다. 두오몽 탈환을 위해 프랑스군은 12km나 참호를 팠고 5월 17일부터 21일까지 5일간 370mm 박격포 4문과 기타 야포 300여 문을 동원하여 치열한 사격을 가했다. 하지만 두오몽 탈환에는 주공으로 망장의 제5사단만이 투입되었고, 조공으로 1개 여단이 추가되었을 뿐이었다.

두오몽 탈환작전은 5월 22일 오전 11시 50분에 시작되었다. 1km에 걸친 전선에서 프랑스군은 진격을 시작했고 좌측방에서는 전진에 성공했다. 그러나 공격전부터 독일군의 치열한 포병 사격으로 프랑스군 전력은 심하게 감소해 있었을 뿐만 아니라 전투 자체도 치열했다. 22일과 23일 이틀간 치열한 공격에도 불구하고 프랑스군은 두오몽 요새 탈환에 실패했다. 공격에 투입된 1만 2,000여 명의 프랑스군 병력 가운데 사상자는 무려 5,640명에 이르렀다.

베르됭의 위기

두오몽 공격을 격퇴해낸 독일은 또 다른 대공세를 계획했다. 동안의 시체고지와 304고지 전투가 종료되자 이제 다시 서안에 대한 공격계획인 '메이 컵(May Cup) 작전'을 입안했다. 공세의 목표는 베르됭 점령을 위한 마지막 관문인 보(Vaux) 요새와 우브라주 드 티오몽(Ouvrage de Thiaumont) 등이었다. 무려 5개 사단의 병력이 동원될 예정이었다. 물론 폰 크노벨스도르프의 독단적인 추진에 팔켄하인이 끌려가면서 결국 작전은 승인되었다.

독일군은 하루 평균 8,000발의 포탄을 쏟아부으면서 6월 1일부터 공세를 시작했다. 약 1만여 명의 병력을 투입하여 치열한 교전을 벌인 결과, 독일군은 6월 2일경에는 보 요새의 정상까지 점령했지만 프랑스군 잔존 병력은 끝까지 저항을 멈추지 않았다. 그러나 결국 식수마저 떨어지자 프랑스군은 7일에 항복했다. 그런데 불과 65m를 전진하기 위해 독일군은 5일간 2,700여 명이 전사했지만, 프랑스군의 사상자는 20명에 불과했다. 하지만 보 요새의 함락으로 베르됭은 이제 확실히 위협받게 되었다. 이에 따라 베르됭 시 외곽에 참호선이 구축되었다. 6월 8일에는 티오몽까지 점령당했는데, 프랑스군의 치열한 반격으로 격퇴되었다.

한편 독일군은 보 요새의 점령을 계기로 확실히 공세로 전환하는 데 성공했다. 동안에서는 304고지와 시체고지로부터 전진하여 샤탕쿠르(Chattancourt)나 아보쿠르(Avocourt)를 위협하기에 이르렀다. 보 요새를 함락한 독일군의 다음 목표는 수빌(Souville) 요새였다. 사실 독일군의 병력 상황은 그리 좋지 않았다. 동부전선의 상황이 급박하여 팔켄하인은 서부전선에서 3개 사단을 빼내 동부전선으로 보내야만 했다. 하지만 폰 크노벨스도르프는 빌헬름 황태자의 반대에도 불구하고 병력을 최대한 끌어모았다. 심지어는 수빌 공략을 위해서 정예부대인 산악군단까지 동원했다. 하지만 엄청난 비가 내리면서 독일군의 진격 속도가 늦춰졌고, 양측의 혼전은 계속되었다.

6월 말에 이르자 독일군은 티오몽에 대한 본격적인 공략을 다시 시작했다. 6월 22일 독일군은 우선 화학탄인 녹십자탄 11만 6,000여 발을 쏟아부으면서 프랑스군 포대를 침묵시켰다. 독일군은 거침없이 전진해 들어가면서 티오몽을 점령했으며 플뢰리(Fleury)를 거쳐 이제 수빌 요새까지도 위협하게 되었다. 니벨이 지휘를 맡으면서 6월에 이르자 이미 프랑스군의 물레방아 시스템은 더 이상 기능하지 못했고 예비병력도 한계에 다다르기 시작했다. 그러나 니벨은 베르됭만큼은 내어줄 수 없다면서 프랑스군에게 결사항전을 요구했다. 그리고 6월 24일 상 핀(Sainte-Fine) 예배당에서 독일군은 멈춰섰으며, 예비대가 충분치 않았기에 후퇴할 수밖에 없었다.

통제할 수 없는 전쟁

7월 1일부터 솜 전투(Battle of the Somme)가 시작되자, 독일군은 이를 위해 베르됭 전선에서 야포를 일부 돌려야만 했다. 그럼에도 불구하고 베르됭 전선의 독일군 지휘부는 전쟁의 큰 그림을 보지 못한 채 전투행위 자체에 몰입해 있었다. 대표적인 인물이 바로 폰 크노벨스도르프였다. 그는 또다시 수빌 요새를 공략해야 한다면서 7월 9일부터 무려 6만 발의 화학탄 포격을 시작했다.

7월 11일 독일군은 3개 사단을 투입하여 수빌 요새에 대한 공략을 시작했다. 물론 프랑스 포병들은 전진하는 독일군들을 공격하여 막대한 피해를 입혔다. 포격에 살아남은 독일군 병력은 요새에 배치된 기관총 60여 정으로부터 공격을 받았다. 포격과 기관총 사격에도 살아남은 제 140보병연대 소속의 병사 30여 명이 베르됭 시를 조망할 수 있는 요새의 방벽 꼭대기까지 다다랐다. 그러나 거기까지가 베르됭 전투에서 독일군의 최대 진출선이었다.

결국 팔켄하인은 베르됭 전선의 총사령관인 빌헬름 황태자에게 방어 태세로 전환할 것을 명령했다. 연합군의 솜 공세는 서부전선의 전략적 판세를 바꿀 만큼 결정적인 것이었기에 더 이상 베르됭에 소모할 전력은 없었다. 그럼에도 베르됭에서 전투행위는 계속되었다. 8월 1일에는 독일군이 기습공격으로 약 800m를 전진했지만, 프랑스군의 치열한 역공을 불러왔다. 그리하여 프랑스는 8월 18일에 플뢰리를 탈환했다.

건세이 벼하는 지휘부의 변화를 가져왔다. 우선 황제의 신임을 받던 폰 크노벨스도르프는 8월 23일 동부전선으로 전출되었다. 한편 8월 27일 루마니아가 연합국 편에서 참전하게 되자, 이를 전혀 예견하지 못했던 팔켄하인은 해임되었다. 8월 29일 팔켄하인을 대신하여 '구국의 영웅'인 힌덴부르크(Paul von Hindenburg)가 총참모장이 되었고, 이에 따라 서부전선의 실질적인 지휘는 힌덴부르크의 총참모장인 루덴도르프 (Erich Friedrich Wilhelm Ludendorff)가 맡게 되었다. 그러나 프랑스군은 9월 동안 꾸준한 반격으로 7~8월 동안 독일군이 점령했던 지역을 대부분 탈환하기에 이르렀다.

프랑스군의 반격

10월이 되자 프랑스군은 드디어 두오몽 요새를 되찾기 위한 공세를 준비했다. 5월 공세처럼 편제도 제대로 갖춰지지 않은 군단 1개만을 투입하는 것이 아니라, 제2군의 병력을 동원하는 본격적인 공세였다. 무려 2km나 돌격해야만 하는데, 이를 위해서는 이동탄막사격이 필수였고, 결국 엄청난 양의 야포가 필요했다. 75mm 구경 이상의 야포를 무려 700여 문이나 확보한 프랑스군은 작전에 앞서 무려 6일 동안 85만 발 이상의 포격을 가했다. 포탄 1발의 무게가 0.9톤에 이르는 400mm 구경 '생-샤몽(Saint-Chamond)' 열차포 2문도 동원되었다. 열차포에서 발사된 포탄 중에 약 20여 발이 두오몽 요새에 명중했고, 그중 6발이 요새를 관통하면서 엄청난 폭발을 일으켰다.

프랑스군의 베르됭 제1차 공세는 10월 24일 오전 11시 40분에 시작되었다. 이동탄막사격 때문에 독일군은 효과적으로 포격이나 기관총 사격을 할 수 없었고, 그 결과 프랑스 해병과 모로코 보병 병력이 중심이 되어 당일 두오몽 요새를 점령했다. 플뢰리와 티오몽의 대부분 지역도 24일에 탈환했다. 프랑스군은 다음날까지 6,000여 명을 포로로 잡았고 야포 25문을 노획했지만, 보 요새를 탈환하는 데는 실패했다. 그러나

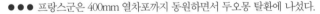

●●● 프랑스군은 400mm 열차포까지 동원하면서 두오몽 탈환에 나섰다.

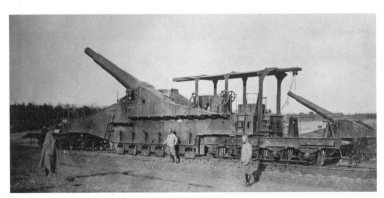

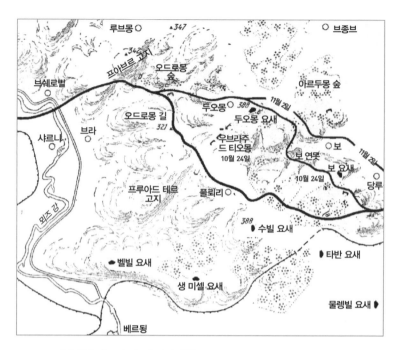

●●● 프랑스군의 베르됭 제1차 공세 상황도

프랑스군이 한 주간 포병 사격을 지속하자 독일군은 보 요새를 버리고 후퇴했고, 11월 2일 프랑스군은 총 한 발 쏘지 않고 요새를 탈환했다.

12월 15일에는 프랑스군의 베르됭 제2차 공세가 시작되었다. 8개 사단이 주공과 예비로 편성되었으며, 740여 문의 중포가 동원되었다. 사전에 6일간 116만여 발의 포탄으로 적의 힘을 최대한 뺀 후, 프랑스군은 또다시 이동탄막사격의 도움으로 전진을 계속했다. 이미 전력이 약해질 대로 약해진 독일군은 힘없이 무너졌고 5개 사단 2만 1,000여 명의 병력 가운데 1만 3,500여 명이 전사했다. 결국 프랑스군은 2월에 상실했던 지역을 대부분 회복했고 이로써 베르됭 전투도 끝났다.

10개월간 지속된 전투에서 양측의 희생은 엄청났다. 독일군이 43만 4,000여 명의 사상자를, 프랑스군은 54만 2,000여 명의 사상자를 기록

●●● 결국 프랑스군은 베르됭 전선을 지켜내는 데 성공했지만 엄청난 희생을 치름으로써 베르됭 전투는 승자없는 전투가 되었다.

했다. 프랑스군을 소모시켜 먼저 프랑스부터 이기겠다던 팔켄하인의 계획과는 달리, 독일군도 프랑스군만큼이나 피해를 입고 말았던 것이다. 결국 독일과 프랑스 양측 모두 종전될 때까지 베르됭 전투에서 입은 내상에서 회복하지 못했다.

12.
솜 전투
제1차 세계대전 서부전선 최대의 전투

제1차 세계대전은 참전국에게는 늪과 같았다. 돌파구가 보이지 않는 전쟁 속에서 지난 2년간 병력만이 소모되는 양상이 반복되었다. 이제 연합국은 특단의 대책을 강구해야 할 필요성을 느꼈다. 이미 1915년 12월 6일에서 8일 사이 프랑스, 영국, 이탈리아, 러시아의 지휘부가 프랑스군 총사령부가 있는 샹티이(Chantilly)에 모여 이듬해의 전략을 논의했다. 논의 결과 4개국은 각각의 전선에서 독일에 대한 동시다발적 공격을 수행하기로 합의했다.

시작부터 발목이 잡힌 공세

한편 제2차 샹티이 회의 직후 영국 원정군의 총사령관은 프렌치 장군에서 헤이그(Douglas Haig, 1st Earl Haig) 장군으로 교체되었다. 헤이그는 본국에서 벨기에로의 보급선을 확보하기 위해 플랑드르(Flandre) 지역의 이프르(Ypres)에서 공세를 수행하고자 했다. 프랑스군 총사령관인 조프르의 제안에 따라, 1916년 2월 플랑드르 공세에 앞서 솜(Somme) 강을 따라 피카르디(Picardie) 일대에서 프랑스군과 공동작전을 벌이기로 했다. 그런데 이 결정을 내리고 일주일 만에 베르됭 전투가 시작되었다. 절체절명의 상황 속에서 영국과 프랑스 양국은 공세를 생각할 겨를조차 없었다.

영국과 프랑스 양국이 피카르디 지역의 솜 강 일대를 선택한 것은 이곳이 영국군과 프랑스군 양군이 만나는 지점이었기 때문이다. 그러나 이곳은 공략하기 만만한 지점이 절대 아니었다. 독일군은 솜 강 일대의 석회암 지대에 견고한 방어진지를 구축했으며, 일부 벙커는 지하 12m까지 파고 들어가 건설했다. 인근에 철도 교차점 등의 전략적 목표가 부재한 것도 한계였다. 그러나 무엇보다도 애초에 솜 공세에서 주력으로 나서기로 했던 프랑스군은 독일군의 베르됭 공세로 인해 병력을

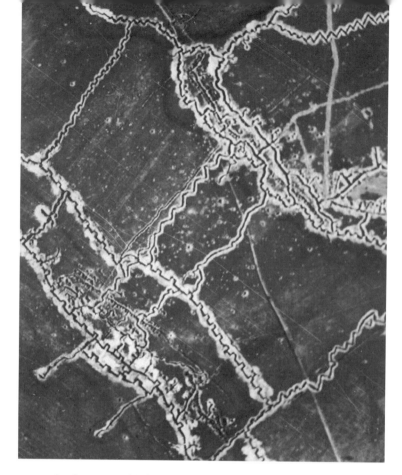

●●● 티프발(Thiepval) 북부의 독일군 참호를 촬영한 영국군의 항공정찰사진. 석회질로 된 땅을 파서 참호를 만들어서 맨눈에도 확연히 드러난다.

상당 부분 소진하면서 더 이상 공세를 이끌 수 없었다. 이제 영국이 나서야만 할 차례였다. 원래 영국 원정군은 6개 사단과 기병사단으로 구성되어 있었다. 그러나 2년간의 전쟁으로 대부분은 지역 부대와 키치너(Horatio Herbert Kitchener) 경이 모은 자원병으로 구성된 키치너군(Kitchiner's Army)의 병력으로 교체되었다. 결국 영국도 역전을 거듭한 베테랑들이 많이 줄어든 상태였다.

사실 급한 것은 독일군도 마찬가지였다. 팔켄하인이 서둘러 베르됭을 공략했던 것도 영국군과 프랑스군 양군을 분리시키고 프랑스군부터

●●● 헤이그 영국 원정군 사령관(왼쪽)은 솜 공세로 단번에 서부전선의 독일군을 무너뜨릴 수 있다고 보았지만, 실제 작전을 입안한 롤린슨 제4군 사령관(오른쪽)은 헤이그의 장밋빛 계획에 동의하지 않았다.

섬멸하겠다는 계획에 의거한 것이었다. 전쟁이 지속될수록 부족한 자원으로 인해 독일이 불리해질 것이 명백했으므로, 반드시 성공해야만 하는 반격이었다. 그래서 2월 21일 베르됭 공세를 시작하면서도 전략적 예비대를 확보하는 데 주력했다. 특히 예비대의 주축으로서 제6군의 병력 보존에 중점을 두었다. 하지만 베르됭 공세가 예상보다 길게 지속되자 독일도 병력이 고갈되어 제6군 후방에 있던 예비대까지 동원하게 되면서 더 이상 반격을 계획할 수조차 없는 상태로 내몰렸다.

　한편 베르됭 공세가 지속되면서 독일군 사상자가 증가하는 것을 보면서 헤이그는 솜 전투를 통해 결정적 승리를 쟁취할 수 있다고 믿었다. 이런 판단에 대해 영국 내각은 그다지 긍정적이지 않았고, 휘하의 키치너와 롤린슨(Henry Rawlinson) 장군도 회의적이어서 공세에 투입하는 병력 규모를 줄여야 한다고 생각했다. 그러나 솜 공세가 필요하다는 점에서는 모두가 동의했다. 문제는 병력이었다. 영국 원정군은 대부분 지원병으로 구성되어 있었지만, 전쟁이 장기화됨에 따라 지원병만으로는 한계가 있자 징병제로 전환할 필요가 있었다. 이에 따라 1916년 병역법 개정으로 미혼자에 대한 징병이 시작되었다. 그러나 헤이그는 4월 중순에 영국 내각회의에 직접 참석하면서 징병의 필요성을 강조했고, 결국 5월에는 기혼자도 징병 대상에 포함되었다.

목표는 솜 전역

헤이그의 작전계획은 지극히 낙관적이면서도 공세적이었다. 공세 첫날 영국군 제4군이 독일군 방어선을 뚫고 들어가 포지에르-앙쿠르(Pozières-Hancourt) 축선과 미로몽(Miraumont) 전면의 비탈지대에서 포지에르-장쉬(Pozières-Ginchy)에 설치된 독일군 제2방어선까지 격파하겠다는 계획을 세웠다. 또한 북방 측방에서는 2개 사단을 투입하여 곰쿠르(Gommecourt)에서 독일군 돌출부를 절단하겠다는 계획도 추가되었다. 이 계획대로라면 제2방어선을 지나 르 사르-플레르(Le Sars-Flers)의 제3방어선까지 점령함으로써 독일군의 서부전선을 아예 붕괴시킬 수 있었다.

하지만 작전을 실제로 입안한 롤린슨 제4군 사령관은 점진적인 점령 방식을 선호했다. 즉, 병력이 진격하여 일정 거리를 확보하면 지역 방어를 강화한 후에 포병으로 적을 분쇄하고 전진하는 방식이었다. 이는 아군의 피해는 최소화하는 반면 독일군에게는 최대한의 손실을 입히겠다는 생각에서 비롯된 것이었다. 그러나 헤이그와 롤린슨의 시각차로 인해 작전계획에는 빈틈이 많았다. 작전개시일은 애초에 8월 1일로 정해졌지만, 베르됭 전투의 부담을 덜어달라는 프랑스의 강력한 요청에 따라 7월 1일로 앞당겨졌다.

독일군 제2군이 책임지고 있는 솜 지역의 방어망은 견고했다. 높이

0.9~1.5m, 너비 4~9m인 철조망을 14m 간격으로 한 열 혹은 두 열 설치했다. 제1선의 참호는 1개에서 180m 간격을 두고 3개로 늘어났고, 대피호의 깊이는 1.8~2.7m에서 6~9m로 깊어졌으며, 최대 25명까지 대피할 수 있도록 했다. 제1선의 900m 후방에는 방위거점이 형성되었고, 제2선 역시 제1선처럼 철조망으로 잘 방어되어 있었다. 게다가 제2선은 연합군 야포의 사정거리 밖에 있어서 연합군이 제2선까지 공격하려면 제1선에서 공격을 멈추고 야포를 전진시켜야만 했다.

독일군의 방어 제3선은 방어거점으로부터 약 2.7km 밖에 떨어져 있었다. 1916년 2월에 건설하기 시작해서 솜 전투가 시작될 무렵 완공된 독일군의 방어 제3선은 방어거점으로부터 약 2.7km 밖에 위치했다. 포병대는 사격구역이 잘 분할되어 자신의 책임구역에 대한 공격 준비가 잘 되어 있었으며, 제1선과 포병대 간의 통신망도 제대로 구축되어 있었다. 그러나 방어망에는 내재적인 단점도 있었다. 제1선의 참호 앞쪽에는 경사면이 위로 올라가 있는 데다가, 석회질이 섞인 토질로 인해 참호를 파낸 쪽은 하얗게 색깔이 드러났다. 방위거점과 제2선 간의 거리가 1.8km나 떨어져 있어 증원이 쉽지 않았을뿐더러, 적에게 발각되기 쉬운 제1선 참호에 대부분의 병력이 집결되어 적 사격의 손쉬운 표적이 될 터였다.

엄청난 물량을 동원하다

제1차 세계대전에서 최초로 영국군이 주도하는 전투가 서부전선에서 벌어지게 되다 보니, 영국 스스로 준비할 것이 많았다. 적의 정찰 및 항공지원을 차단하기 위해 제9비행단이 투입되어, 적 참호의 정찰 및 폭격, 적기의 요격 등의 임무를 수행했다. 이 작전에 투입된 영국군 항공기는 185대였고, 솜 공세를 같이 수행할 프랑스 제6군의 항공기는 201

대였다. 영불 항공작전의 핵심은 1일차 공격에 앞서 독일군이 자랑하는 철도망을 파괴하여 군수지원이 불가능하도록 만드는 것이었다. 한편 영국군은 2개 기병군단을 해체하여 각 군과 예비군단에 분산시켰다. 특히 솜 전선에 투입하기로 했던 프랑스 육군 제6군의 규모가 줄어듦에 따라, 전선 돌파 시 측면 엄호 역할은 기병대에게 주어졌다.

문제는 포병이었다. 영국군은 루스 전투의 패배 이후에 포병 전력의 중요성을 인지하고, 모든 전력을 긁어모아 공세에 앞서 약 1,500여 문을 준비했다. 그러고는 무려 5일간 포격을 계속했는데, 이때 발사한 포탄이 무려 150만 발에 이르렀다. 이런 치열한 사격은 적이 매설한 지뢰를 파괴하고 진지를 초토화하기 위해서였다. 공격 1일차인 7월 1일에는 영국 포병은 무려 25만 발을 발사했는데, 그 소리가 엄청나서 바다 건너 260여km 떨어진 런던의 햄스테드 히스(Hampstead Heath) 공원에서 들릴 정도였다고 한다.

이 정도의 포격은 당시로서는 흔한 일이었는데, 영국만 이에 익숙하지 않았다는 것이 문제였다. 게다가 영국군이 보유한 야포들은 대부분 구경이 크지 않아 사거리와 파괴력이 약했고, 포탄은 포탄 스캔들(shell scandal)*이 난 만큼 상태가 좋지 않아 상당수 폭발하지 않았다. 게다가 고폭탄(high explosive shell)은 얼마 되지 않고 대부분 유산탄(shrapnel)이어서 당연히 독일군의 단단한 참호에 별다른 영향을 주지 못했다. 결국 이러한 문제는 1일차 공격 당시에 큰 부담으로 돌아올 터였다.

또 다른 문제는 군수지원이었다. 솜 전선의 영국군은 17개 사단 규모

---

* 포탄 스캔들: 1915년 포탄 부족으로 인한 위기를 가리킨다. 영국군은 야지에서 보병의 전진을 지원하기 위해 유산탄(포탄 내부를 금속 조각으로 채워넣어 파편 효과를 극대화한 포탄)을 위주로 포탄을 생산했으나, 막상 참호전 초기에 적 방어물을 파괴하기 위해 필요한 고폭탄은 충분히 생산하지 못하여 병력이 크게 피해를 입은 사태를 가리킨다. 이 사건은 영국 내에서 정치 스캔들로 비화하여 여야가 격론을 벌였기 때문에 포탄 스캔들이라고 불린다.

●●● 영국군은 보유한 모든 야포를 긁어모아 솜 전선의 독일군 진지를 공격했다.

●●● 공세를 앞두고 실시한 5일간의 포격에서 영국군은 무려 150만 발의 포탄을 발사했다.

●●● 영국군 포격으로 파괴된 독일군의 150파운드 야포. 그러나 영국군의 포격은 대부분 유산탄을 쏜 것으로 적군의 방어진지는커녕 철조망도 제거하지 못했다.

로 증강되어 매주 수송열차가 51.5량이 필요하게 되었다. 전투를 준비하기 이전인 6월 중순까지만 해도 탄약 수송에 주당 5~12량의 수송차량이면 족했지만, 이후에는 매주 15만 톤을 수송하기 위해 45~90량까지 요구되었다. 전투가 지속될수록 탄약량은 증가했는데 열차수송까지는 문제가 없었지만, 열차에서 하차한 이후 포대까지 탄약을 옮기는 것이 항상 원활하게 잘 이루어진 것은 아니었다. 전투의 주력인 영국군 제4군의 후방에는 대규모 군수물자 보관소가 설치되어 있어서 전선 전체로의 보급망이 비교적 잘 유지되었다.

비극의 공격 1일차

1916년 7월 1일 07시 30분, 드디어 공격이 시작되었다. 공격의 물꼬를 튼 것은 제13군단이었다. 전략적 요충지가 없는 지역을 맡은 제13군단

●●● 참호전에 익숙한 베테랑들로 구성된 프랑스군은 착실한 화력지원과 충실한 소부대 전술 덕분에 거의 희생 없이 공격 첫날 목표를 달성했다.

은 몽토방(Montauban)을 목표로 하여 비교적 작은 저항 속에서 전진했다. 프랑스 제20군단의 포병 사격으로 철조망과 기관총 진지 등이 초토화되어 상대적으로 저항이 약했던 덕분이었다. 제13군단 예하 제30사단은 오후 13시에, 제18사단은 오후 15시에 목표지점에 도달했다. 제15군단도 제7사단이 마메츠(Mametz)를, 제21사단이 프리쿠르(Fricourt)를 점령하는 데 성공했지만, 제21사단의 희생은 컸다.

그러나 다른 지역에서는 처절했다. 특히 제3군단은 솜 전선의 핵심 지역인 알베르-바폼(Albert-Bapaume) 축선상으로 공격을 맡았는데, 라 브와셀(La Boisselle)의 공격을 맡은 예하 제34사단은 무려 6,380명의 사상자가 발생하면서 당일 최악의 피해를 기록했다. 오빌레르(Ovillers)의 공격을 맡은 제8사단도 무려 5,121명의 사상자를 기록했다. 제3군단 위에서 전진하던 제10군단도 티프발(Thiepval) 요새 앞에서 멈춰섰다. 제10군단 위쪽의 제8군단은 세르(Serre)와 보몽 아멜(Beaumont Hamel)을 돌파하지 못하고 심각한 피해를 입었다. 전선 맨 위에서 곰쿠르의 공략을 맡은 제3군도 돌파도 못 하고 피해만 입기는 마찬가지였다. 대부분의 사단들이 3,000명 이상의 사상자를 기록하면서, 영국군은 엄청난 피해를 입었다.

반면 프랑스 제6군의 공격은 눈부신 성과를 거두었다. 애초에 독일군은 프랑스군이 솜 강을 건너서 공격하는 것은 불가능하다고 판단하고 병력을 상당수 다른 쪽으로 이동시켜놓고 있었다. 게다가 프랑스군은 엄청난 화력을 동원하여 솜 전선 남쪽의 독일군 포병진지를 대부분 잠재웠다. 우선 솜 강 최북단의 제20군단은 아침에만 2,500여 명의 독일군 포로를 잡으며 1.5km를 전진해 들어갔다. 제35군단은 솜 강 북쪽 강둑에서 공격을 시작하여 독일군 제10바바리안사단을 격퇴했다. 남쪽의 제1식민지군단은 동피에르(Dompierre)와 베캉쿠르(Bequincourt)를 공격 개시 15분 만에 점령하고 모두 2km나 전진해 들어갔다. 오랜 전투 경험과 그에 따른 효율적인 전술 구사에 적절한 포격지원이 더해진 결과였다.

또다시 소모전으로

첫날의 전투에서 전선을 주도한 영국군은 허약하기 이를 데 없었다. 헤이그 장군의 장밋빛 기대가 과욕에 불과했음이 드러났다. 2년간의 전투 속에서 베테랑 병력이 소진되었고, 이들을 대체한 병력은 이러한 대규모 공세를 수행할 만한 경험과 식견이 없었던 것이다. 게다가 허약한 영국 포병은 독일군의 방어진지는 물론이고 철조망조차 제대로 파괴하지 못했다. 무엇보다도 참호전을 수행하기 위한 소부대 전투 기술은 형편없었다. 30kg의 무거운 군장을 짊어진 채로 적군의 기관총 세례에 뛰어드는 무모한 전투 행태가 모든 전선에 걸쳐 반복되었다.

●●● 영국 원정군은 대부분 베테랑들이 2년간 전쟁으로 희생되어 신병으로 채워졌기 때문에 용맹하기는 했으나 경험이 부족했다.

그 결과, 첫날의 전투에서 영국군은 무려 5만 7,000여 명의 사상자를 기록했고, 사망자만 해도 1만 9,000여 명에 이르렀다. 반면 프랑스군의 사상자는 7,000명 수준에 그쳤다. 영국군이 13개 사단을 투입한 데 비해, 프랑스군이 6개 사단의 투입에 그쳤다고 해도 사상자의 차이는 너무도 컸다. 한편 방어에 나선 독일 제2군은 6개 사단 병력 가운데 8,000여 명이 죽거나 다쳤고, 4,200여 명이 포로로 잡혔다. 물론 전투가 지속될수록 독일군 사상자는 급증하여, 7월 10일까지 독일군 사상자는 무려 4만 6,000여 명에 이르렀다. 그러나 영국군의 군사적 무능으로 솜 공세는 전세를 뒤엎는 결정적 기동이 되기는커녕, 베르됭에 이은 또 다른 소모전의 장(場)으로 변해갈 터였다.

솜 전투의 개전 첫날 영국군의 피해는 괴멸적 수준이었다. 적의 철조망조차 파괴할 수 없었던 화력 부족과 더딜 수밖에 없는 보병의 진격속도를 지휘관들만 몰랐던 탓이다. 특히 시민지원병으로 구성된 부대의

●●● 영국군은 전투 경험 부족과 포병의 화력 부족, 그리고 지휘부의 과도한 의욕이 겹쳐 엄청난 사상자가 발생했다.

병사들이 단 하루 만에 죽거나 불구가 되었다는 사실은 영국 국민들에게는 커다란 충격으로 다가왔다. 특히나 특정 지역 출신별로 부대를 편성해서 싸웠기 때문에 부대의 전멸은 지역사회의 근간을 뿌리째 흔드는 것이기도 했다.

초기의 실패를 겪고서야 영국 원정군 총사령관 헤이그 장군은 더 이상 속전속결이 불가능하다는 것을 깨달았다. 그렇다고 전투 초기에 막 시작한 공세를 스스로 멈출 수는 없었다. 당시 한참 진행되고 있던 베르됭 전투에서 압박받고 있는 프랑스군의 숨통을 트여줄 필요가 있었고, 동부전선으로 독일 예비대가 전환되는 것을 막아야만 했다. 또한 실제로 솜 전선 남부에서는 독일군 방어진지를 일부 돌파하는 등 성과가 있어서 지속적인 공격이 있을 경우 더 큰 전과를 올릴 수 있다고 판단했다. 이에 따라 헤이그는 솜 전역을 소모전으로 간주하고 또다시 새로운 결전을 준비하고자 했다.

새로운 공격로를 찾아라

비록 피해가 컸으나 공세의 제1단계에서 영국 원정군은 나름의 성과를 거두었다. 조프르는 티프발에서 포지에르에 이르는 북부 지역을 다시 공격할 것을 요청했지만, 헤이그는 거부했다. 대신 몽토방 일대에서의 전과를 확대하기 위해 이튿날부터는 전선 남부에 공세를 집중했다. 영국 제4군은 7월 2일부터 13일까지 몽토방의 좌우 측방을 보호하기 위해 콩탈메종(Contalmaison)과 마메츠(Mametz) 숲지대, 그리고 트론(Trônes) 숲을 공략하여 점령했다.

그리고 7월 14일 제2차 공격이 시작되었다. 영국 제4군은 기유몽(Guillemont)과 장쉬(Ginchy) 사이의 독일군 제2방어선을 목표로 공격을 시작했다. 병력은 알베르-바폼 도로를 따라가다가 포지에르에서 방향을 꺾어 바장탱(Bazentin) 고지와 롱귀발(Longueval)을 향해 나아갔다. 약 5분간의 포병 집중사격 후, 오전 03시 25분 제4군 휘하 부대를 포함한 총 5개 사단이 진격에 나섰다.

야음을 틈탄 공격은 대성공이었다. 5개 사단은 불과 수시간 만에 5.5km에 이르는 구간에서 독일군 제2방어선을 점령했다. 공격에 앞서 5분간 지속된 효율적인 포병 사격 덕분이었다. 이러한 포병 공격 방법은 이동탄막 전술로 발전하여 이후 프랑스군도 표준 교범으로 채택하게 된다. 한편 독일군은 영국군의 이동을 확인하지도 못했을 뿐만 아니라 너무 어두워서 방어에 가장 효과적이던 기관총을 제대로 활용하지 못했다. 그럼에도 불구하고 여전히 영국군의 희생자 규모는 커서 제4군에서만 9,100여 명의 사상자가 발생했다. 또한 제4군은 목표를 완전히 달성하지는 못했다. 통신 두절로 인해 후속 공격이 제때 이뤄지지 못했

●●● 첫날의 엄청난 희생에도 불구하고 영국 원정군은 독일군의 제2방어선까지 점령하는 데 성공했다.

기 때문이다.

특히 롱그발(Longueval) 인근의 델빌(Delville) 숲에서는 치열한 접전이 벌어졌다. 델빌 숲을 차지해야만 영국군은 우익을 보강할 수 있었기 때문에 절대로 물러설 수 없었다. 임무를 맡은 제9스코틀랜드사단의 제1남아프리카여단은 일주일간의 혈전에서 전체 병력의 3분의 2 이상을 잃으면서 싸웠지만, 숲을 완전히 통제할 수는 없었다. 그럼에도 불구하고 7월 20일경에는 어느 정도 장악에 성공하면서 영국군 우익을 보호한다는 본래의 취지를 달성하는 데는 성공했다.

호주군의 피로 얻은 포지에르

그러나 전진은 딱 거기까지였다. 이후에는 지지부진한 양측의 대치가 계속되었을 뿐이다. 영국군은 7월 23일부터는 포지에르 마을을 목표로 공격을 시작했다. 우선 포지에르 자체가 알베르-바폼 도로를 감제할

●●● 치열한 전투 속에서 영국군도 포스겐과 최류탄 등 화학무기까지 동원하면서 진격했다.

수 있는 요충지였을 뿐만 아니라, 독일군 티프발 진지의 후방으로 접근할 수 있는 도로가 여기 있었다. 포지에르 공략을 맡은 것은 고프(Sir Hubert Gough) 중장이 지휘하는 예비군(Reserve Army)이었다.

포지에르 공격에서 제1안작군단 가운데 호주군 3개 사단이 임무를 맡았다. 포스겐(Phosgene)과 최류탄까지 동원한 포격이 끝난 후 호주군 제1사단은 포지에르 남쪽에서 공격을 시작하여 30분 간격으로 3파가 돌진해 들어갔다. 알베르-바폼 도로의 북쪽에서는 제10군단 소속 제48사단이 진격하여 독일군 진지까지 공격해나갔다. 호주군이 이동탄막 전술로 갑작스럽게 밀고 들어오자, 포지에르 마을 대부분은 점령되었다.

호주군은 이제 마을의 대부분을 점령하고 외곽에 배치된 독일군 참호까지 공격해나갔다. 마지막으로 알베르-바폼 도로까지만 점령하면

●●● 독일군은 기관총 진지를 바탕으로 효율적인 방어전을 수행하여 영국군의 희생은 더욱 컸다.

작전은 성공리에 종료될 터였다. 그러나 엄청난 포격으로 포구가 형성되면서 참호가 어디인지 식별하기 어려웠고, 독일군은 기관총 진지 위주로 치열한 방어전을 펼쳤다. 결국 목표한 공세 종말점까지는 이르지 못한 호주군은 포지에르 마을의 동쪽 끝부분에서 방어에 취약해졌다. 이에 따라 호주군은 더 이상 전진을 멈추고 측면을 강화하기 위해 병력을 집중시켰다. 마을의 서쪽 끝에서 호주군은 '지브롤터(Gibraltar)'라는 별명이 붙은 독일군 벙커를 점령하면서 공세의 성과를 굳혀나갔다.

7월 23일 호주군은 포지에르의 대부분을 점령하는 데 성공하며 압박의 강도를 높였다. 그러나 포지에르와 기유몽(Guillemont) 사이의 전선을 공략하려던 제4군의 시도는 실패로 돌아갔다. 이후 전투는 호주군이 확보한 비좁은 돌출부에 집중되었다. 독일군은 빼앗긴 지역을 되찾기 위해 치열한 포격과 역공을 반복했고, 영국군은 협소한 지역에서 정면공격에 매달렸다. 결국 고프의 예비군은 8월 7일에 이르러서야 나머

●●● 정예전력이 소모되면서 영국군은 예비군과 식민지군이 대대적으로 투입되었다. 특히 포지에르 전투는 호주군의 엄청난 희생 덕분에 승리할 수 있었다.

지 진지까지 모두 점령하면서 티프발을 후방에서 공격할 수 있는 위치를 장악했다. 하지만 이는 호주군의 희생 덕분으로, 5주간의 전투에서 호주군은 무려 2만 3,000여 명의 사상자를 기록했다.

희심의 결전

소모전은 9월까지도 계속되었다. 제4군은 9월 초에 이르러서야 최초에 목표했던 지점을 점령했다. 9월 3일에는 기유몽을, 9월 9일에는 장쉬를 함락시키는 데 성공한 것이다. 그러나 애초에 7월 내에 점령하기로 한 계획보다 무려 2개월이나 더 지체하고서야 목표를 달성했던 것이다. 원정군 사령관 헤이그는 병력 손실이 큰 정면공격만을 고집한 채 반복하는 롤린슨 제4군 사령관에 대한 불만이 커져만 갔다.

어려움은 독일군도 마찬가지였다. 화력전에서는 밀리지 않던 독일군이지만, 상실한 지역을 즉각적 역습으로 회복한다는 팔켄하인 총참모장의 지침 때문에 방어부대들의 피로도는 극에 달했다. 결국 전투 간의 휴식이나 재편성 및 훈련 없이 계속 전투에 참여한 독일군은 점차 피로도가 높아졌다. 만약 적이 더욱 강한 전력으로 공격을 가한다면 무너질 수도 있는 상황이었다. 결국 베르됭 전투의 실책으로 팔켄하인이 해임되고 힌덴부르크가 총참모장이 되었다.

이에 따라 힌덴부르크의 오른팔인 루덴도르프(Erich Ludendorff)가 서부전선을 맡게 되면서, 독일군은 종심기동방어 전술을 추구하게 되었다. 즉, 최전방의 방어진지에 집착하여 병력을 최전방에 집중하는 것이 아니라, 적의 공격 방향에 따라 유연하게 증원하여 싸우는 방식으로 바꾼 것이다. 애초에 솜 전투는 공성전 성격이었지만, 교전이 지속되면서 각 군의 점령지역이 명확히 구분되자 다시 참호전 성격으로 바뀌었다. 병력이 계속 줄어가는 독일군으로서는 당연한 선택이었다.

영국군은 이동탄막사격을 더욱 활발히 활용하면서 독일군을 공략해 나갔다. 다만 전술 이동에서는 여전히 횡대대열을 통한 제파전술이 그대로 사용되어, 특히나 적의 기관총 공격에 의한 피해가 컸다. 즉, 영국 보병에게는 이동 시 중대나 소대급 부대와 동시에 이동하면서 화력지원을 해주고 필요시에 기갑을 돌파하게 해줄 수 있는 무기체계가 필요했다. 바로 여기서 등장하는 것이 전차(tank)다.

전차의 등장

전차는 참호전을 극복하기 위한 무기로, 공병장교인 스윈튼(Ernest Dunlop Swinton) 중령이 고안했다. 애초에 스윈튼의 설계는 육군성에서 거절되었으나 해군장관이던 윈스턴 처칠이 이를 차용하여 1915년 리틀 윌리(Little Willy)라는 최초의 전차를 만들었다. 그러나 실제로 참호를 넘을 수 있는 성능을 가진 전차인 Mk I이 1916년에 등장했다. 사실

●●● 영국군은 전차까지 동원하면서 제3차 공세에 나섰지만, 전과는 제한되었다.

프랑스가 먼저 슈나이더(Schneider) CA1과 생 샤몽(Saint Chamond)이라는 전차를 개발했지만, 실전에서 능력이 제한된 데다가 배치 또한 늦었다.

바로 이러한 전차가 처음으로 투입될 시기가 다가오고 있었다. 영국 원정군이 솜 전역에서 소모적 전투를 반복하자, 영국 본토에서는 비난의 여론이 높아만 갔다. 이에 따라 헤이그는 9월 중순에는 대대적인 공세를 통해 전과를 올려야만 하는 처지였다. 이를 위해 신무기인 전차를 투입하기로 결정을 내렸다. 단 운용 개념에서는 문제가 있었다. 전차의 설계자인 스윈튼은 전차를 단일부대로 편성하여 대규모로 활용해야 성과가 있을 것이라고 제안했지만, 헤이그는 전선의 각개 각소에 전차를 배치하여 활용하도록 했다. 아직 충분히 양산되지는 못했지만 전선에서 활용하기에 적합하다는 판단에서였다.

이에 따라 9월 15일 영국군은 제3차 공세에 나섰다. 목표는 플레르

●●● 엄청난 희생속에서 영국군은 유연한 공격 대형을 취하고 루이스 경기관총이나 총류탄을 사용하는 등 전술적으로 점차 진화해나갔다.

(Flers)부터 쿠르슬레트(Courcelette)에 이르는 독일군의 제3방어선이었다. 원정군 사령부에서는 보병을 지원하기 위해 49대의 전차를 배치했지만, 실제 공세 시작에 맞춰 도착한 전차는 36대였다. 영국군을 기만키기 위해 프랑스군도 참가하여 랑쿠르(Rancourt)와 프레지쿠르(Frégicourt)를 공격하며 콩블(Combles)을 포위했고 솜 강 남안에서 지원임무를 수행했다. 그러나 전차라는 신병기가 투입되고도 커다란 전과는 올리지 못했다.

일단 전차는 사단마다 3~4대 정도 분산되어 배치되었고, 그나마도한두 대 단위로 제대별로 나누어 운용되었기 때문에 막강한 위력은 발휘하지 못했다. 다만 전차의 등장 자체는 적군에게는 엄청난 공포였다. 플레르 공격에 나선 전차 중 1대는 마을 중심가까지 밀고 올라갔고, 나머지는 마을 외곽의 독일군 기관총 진지와 방어거점들을 혼돈에 빠뜨렸다. 그러나 전차부대를 대대적으로 운용했더라면 훨씬 더 높은 전과

를 얻을 수 있었는데, 그러지 않았는 점은 비난의 대상이 되었다. 또한
전차 자체도 무기체계로서 완성도가 높지 않아, 얼마 기동하지 못하고
작동불능에 빠지거나 얇은 장갑으로 인해 포탄이나 총알에도 관통되기
도 했다. 결국 3차 공세에서 영국군은 불과 3km 정도를 전진하는 데 그
쳤다. 결국 3차 공세는 9월 26일에 다시 공세를 통해 다음날 티프발에
서 독일군을 몰아내는 성과를 올렸다. 하지만 여전히 11월 초까지도 목
표를 완벽히 달성하지는 못했다.

마지막 공세

11월 13일 영국군은 1916년의 마지막 대공세를 시작했다. 주역은 10월
30일부로 제5군으로 이름이 바뀐 고프의 예비군이었다. 목표는 세르
(Serre)와 티프발 사이의 독일군 돌출부였다. 영국으로서는 이곳에서의
승리가 절실했다. 전황을 뒤바꿈으로써 11월 15일에 계획되어 있던 상

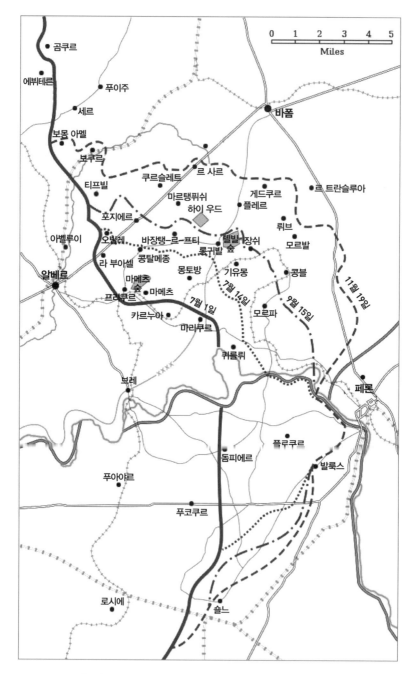

●●● 1916년 7월 1일부터 11월 18일까지 솜 전역의 전선 변화

●●● 폭설로 인해 솜 전투는 11월 18일에 종료되었다.

티이(Chantilly) 연합국 회의에서 성과를 보여주고 연합국들의 사기를 끌어올려야만 했기 때문이다. 솜 전선에서 승리해야만 러시아나 이탈리아 등 동부전선의 부담을 덜어줄 수 있었기 때문이기도 했다.

7일간 계속된 포격 이후에 공세는 티프발 북부의 앙크르(Ancre) 강안에서 시작되었다. 2개 군단, 5개 사단이 동원되어 9월 공세 이후 최대 공세가 이어졌다. 심지어 사전 포격은 7월 공세의 2배가 넘었다. 전투는 11월 18일에서야 중지되었는데, 그것도 폭설이 내리면서 더 이상 교전이 불가능했기 때문이다. 전투 결과 보몽 아멜(Beaumont-Hamel)과 보쿠르(Beaucourt)는 점령할 수 있었지만, 더 북쪽에 있는 세르는 점령하지 못했다.

결국 4개월 반이나 치열하게 전투를 벌인 결과, 영국군은 26km에 걸친 전선에서 약 10km 정도를 전진하는 데 그쳤다. 하지만 그로 인해 치른 대가는 컸다. 영국군은 무려 42만여 명, 프랑스군은 20만여 명이 희생되었고, 독일군은 49만~60만 명이 희생되었다. 프랑스군의 최대 격

전장이 베르됭 전투였다면, 영국군에게는 솜 전투가 가장 치열한 전장이었다. 전장이었던 솜 일대는 여전히 포탄의 잔해와 불발탄이 발견되고 있다고 한다. 전사자에 대한 수습도 완전히 이뤄지지 않아 지역주민들에 따르면 1930년대까지도 전사자 유해가 발견되곤 한다.

엄청난 희생 속에 10km를 전진한 것에 그쳤다고는 해도 이는 1914년 마른 전투 이래 서부전선에서 연합군이 가장 많이 전진한 것이기도 했다. 무의미한 희생이었지만 영국 원정군은 치열한 전투 속에서 이동 탄막 전술을 개발하거나 전차와 같은 신무기를 투입하는 등 점차 진화했다. 이로 인해 독일군은 서부전선에서 육군 전력을 대부분 소모해버렸다. 그 결과, 독일군 지휘부는 팔켄하인에서 힌덴부르크로 교체되면서 힌덴부르크와 그의 참모장인 루덴도르프가 전군을 장악하는 것을 넘어 독일 전체의 여론까지 주도하게 되었다. 이들은 최종 승리를 위해 독일의 모든 것을 투입하겠다며 국민 총동원을 주장했지만, 결국 이는 독일 패망을 앞당기는 계기가 되었을 뿐이었다.

13.
카프레토 전투
이탈리아 전선의 또 다른 소모전

이탈리아는 제1차 세계대전에서 매우 독특한 입장에 있었다. 애초에 이탈리아는 삼국동맹 회원국으로서 독일과 오스트리아-헝가리 제국과 연합할 것으로 보였다. 하지만 1914년 8월 전쟁이 시작되자, 이탈리아는 참전하지 않았다. 오스트리아가 세르비아에 선전포고를 하면서 이탈리아와 상의도 하지 않았을 뿐만 아니라, 삼국동맹에서 약속했던 보상도 지급하지 않았다. 애초에 오스트리아와 접경하고 있는 경쟁국이던 이탈리아는 나폴레옹 전쟁 후에 자국 영토의 일부를 오스트리아 제국에 넘겨주고 있었다. 자국의 이득이 명백하지 않자, 이탈리아는 삼국동맹이 방어의 성격이라며 참전을 거부한 것이다.

이탈리아의 참전

게다가 이탈리아 내부도 문제였다. 마치 독일에 점령당했던 프랑스의 알자스-로렌 지방처럼 오스트리아가 점령한 오스트리아 연안과 티롤(Tyrol) 지역에는 많은 이탈리아인들이 살고 있었다. 이탈리아의 극우파들은 이미 19세기 말부터 오스트리아로부터 영토를 되찾아야 한다고 꾸준히 주장해왔다. 이 틈을 연합국이 파고들었다. 영국과 프랑스는 비밀리에 외교 접촉을 통해 1915년 4월 26일 이탈리아와 런던 조약을 맺었고, 이탈리아는 5월 23일 오스트리아-헝가리 제국에 대해 선전포고를 했다.

이탈리아는 전략적 요충지였다. 동맹국과 연합국 양측에 모두 국경을 접하고 있을 뿐만 아니라 지중해를 통제할 수 있는 위치이기 때문이다. 또한 강력한 육군과 해군력을 보유하여 병력의 보충이 쉽지 않았던 연합국에게 충분한 전력을 제공할 수 있었다. 그러나 오스트리아도 무방비였던 것만은 아니었다. 오스트리아가 접수했던 이탈리아의 영토는 양측 접경의 산맥지대로 북이탈리아 평원지대를 감제할 수 있는 위치였기 때문에 이탈리아의 침공에 대한 완충 역할을 수행할 수 있었다.

그렇다고 오스트리아에게 유리한 것만은 아니었다. 양측 접경은 S자 형태로 되어 있어, 오스트리아는 트렌티노(Trentino)에서 이탈리아로 깊숙이 돌출해 있었고, 이탈리아는 우디네(Udine)에서 오스트리아 영토로 밀고 들어온 형국이었다. 양 돌출부를 비교해보면 트렌티노 쪽이 훨씬 더 위협적이기는 했지만, 도로와 철도가 제대로

●●● 오스트리아 군은 감제고지를 중심으로 강력한 방어망을 형성하고 있었다.

연결되지 않아 군수지원이 여의치 않았으므로 실제 전쟁 수행에서는 제한이 있었다.

전선은 총 640여 km에 이르렀다. 전선은 알프스 산맥, 트렌티노, 이손초(Isonzo) 강 등 크게 3개 지대로 나뉘었는데, 대부분 험난한 산맥 지형으로, 이손초 강 일대만 상대적으로 기동이 가능한 지형이었다. 이미 오스트리아와의 전쟁을 예견했던 이탈리아는 진작부터 국경지대를 요새화해놓고 있었다. 오스트리아 역시 주요 지역에 방어진지를 준비해놓고 20개 사단을 투입해 지키고 있었다. 문제는 산맥지역이기에 교통이 지극히 제한적이었다는 점이다. 이에 따라 군수지원이 여의치 않았고 어느 쪽이든 대대적 공세를 지속하는 것은 불가능에 가까워 보였다. 그래서 전쟁은 참호전이 될 것이 예상되었다.

또 다른 참호전

그러나 이탈리아가 전쟁에 본격적으로 뛰어드는 것은 외견상 어려워 보였다. 리비아에서 벌어진 이탈리아-튀르크 전쟁(1911~1912년)으로 인해 이탈리아군은 장비와 탄약을 소진하여 아직 충분히 회복하지 못한 상태였기 때문이다. 하지만 이탈리아 육군 사령관 루이지 카도르나(Luigi Cadorna) 대장은 이탈리아군의 현실을 직시하고 수개월간 착실히 전쟁을 준비했다. 그리하여 전쟁이 시작

●●● 이탈리아 육군사령관 루이지 카도르나 대장은 이탈리아군의 현실을 직시하고 수개월간 착실히 전쟁을 준비했다.

되었을 때 이탈리아군은 오스트리아가 점령하던 줄리안 알프스(Julian Alps: 슬로베니아 북서부와 이탈리아 북동부의 알프스 산맥)와 크라스 고원(Kras plateau: 슬로베니아 남서부와 이탈리아 북동부의 고원 지역)의 요새를 공략할 수 있었다.

개전 시 이탈리아의 공세는 이손초 강을 건너 요새화된 고리치아(Gorizia) 마을을 점령한 후에 크라스 고원으로 진입하는 것이었다. 이로써 제1차 이손초 전투가 시작되었다. 전쟁을 차분히 준비해온 이탈리아군은 무려 3 대 1의 병력 우세 하에 오스트리아군을 압박했다. 그러나 이탈리아군은 고리치아 북서부와 그라디스카(Gradisca) 고지의 오스트리아군 방어막을 돌파할 수는 없었다. 오스트리아군 요새의 고도가 너무도 높고 지형이 험난하여 이탈리아군은 말 그대로 등반을 하면서

●●● 이탈리아군은 이손초 전선에서 공세를 시작했다.

●●● 고리치아에 교두보를 마련하기 위해 이탈리아군은 공세를 거듭했다. 사진은 고리치아 인근 이손초 강의 철도교가 파괴된 모습이다.

싸워야 했기 때문이다. 결국 이탈리아군은 이손초 강을 넘어 교두고리치아를 점령하지 못한 채로 약 한 달 반 만에 공세를 중지했다.

그러나 카도르나는 여기에 멈추지 않고 2차 공략에 나섰다. 고리치아

●●● 이탈리아군은 계속된 정면공세로 인해 엄청난 사상자가 발생했으며, 사기는 계속 저하되었다.

를 지키는 오스트리아군 129개 대대에 대항하여 260개 대대를 동원하며 치열한 공세를 시작했다. 그러나 이탈리아군은 포병과 탄약이 심각하게 부족했으며, 험난한 지형에서 마차에 의한 군수물자보급도 한계가 있어 수적 우세에도 불구하고 효과적인 공략이 불가능했다. 무엇보다도 융통성 없이 정면공격만을 고집한 카도르나 탓에 피해는 눈덩이처럼 불어갔다. 그리하여 1915년 12월까지 이탈리아군은 무려 네 차례나 이손초 전투까지 벌였지만, 16만여 명의 사상자를 내고도 별다른 성과를 거두지 못했다. 카도르나가 성과를 내지 못한다며 무려 27명의 장

●●● 오스트리아군은 트렌티노 돌출부에서 기습적 공세로 이탈리아군을 압박했지만 돌파구를 형성하는 데는 실패했다. 사진은 산악기동으로 기습을 준비하는 오스트리아군의 모습이다.

군을 해임하고 병사들을 혹독히 대하면서 이탈리아군의 사기는 바닥으로 떨어졌다. 겨울이 되자 전투는 소강상태에 접어들었지만, 1916년 3월이 되자 이탈리아군은 또다시 제5차 이손초 전투를 시작했다. 그러나 오스트리아군의 방어태세는 굳건했고, 결국 기상 상태가 악화되자 일주일 만에 5차 공세도 끝났다.

한편 이탈리아의 다섯 차례 공세를 물리친 오스트리아군이 5월 15일 자신들에게 가장 유리한 지형인 트렌티노의 아지아고(Asiago) 고지에서 공세를 시작했다. 오스트리아군 총참모장인 콘라트(Franz Conrad von Hötzendorf)는 서부전선과 동부전선에 증원이 절실히 필요했던 독일의 요청을 묵살하고 심지어는 동부전선으로부터 병력을 불러들여 공세에 임했다. 오스트리아군은 집중포화를 퍼부으며 이탈리아군을 궤멸시켰다. 좁은 계곡에 포탄이 쏟아지자 산사태가 일어나면서 이탈리아군은

●●● 이탈리아군도 정예 알피니 산악부대의 활약으로 전멸을 면할 수 있었다.

생매장당했다. 이탈리아군의 알피니 산악부대가 필사적으로 저지하면서 재집결 시간을 벌고자 했으나 소용없었다. 그러나 오스트리아군도 역시 군수 기인에 한계를 보이면서 신신하시 못했고, 결국 6월 4일에 다시 공세 개시선으로 밀려났다.

이탈리아의 분전

오스트리아의 공격이 돈좌되자, 이제 또다시 이탈리아의 공세가 시작되었다. 8월에 이탈리아는 제6차 이손초 전투를 시작했다. 6차 공세는 이전에 비해 뚜렷한 성과가 있었다. 비록 전략적으로 가치 있는 지역을 점령하지는 못했지만, 드디어 고리치아를 점령함으로써 이탈리아군의 사기는 갑자기 높아졌다. 이후 11월까지 7·8·9차 이손초 공세가 뒤를

●●● 제7차 이손초 전투에서 오스트리아군 기관총을 노획한 이탈리아군의 모습

이었는데, 쌍방 간에 전력 손실만 증가했을 뿐 별다른 전황의 변화를 가져오지는 못했다. 이런 과정에서 이탈리아군의 사기는 심각하게 악화되었다. 개전 후부터 무려 3개월마다 한 번씩 공세에 나선 셈인데, 이는 서부전선과는 비교할 수 없을 정도로 높은 전투 집중도였다.

한편 계속된 전투 중에 그 어떤 것도 결정적인 승리와 연결되지 못하자 이탈리아군은 안달이 났다. 한편 1916년 12월 영국 수상에 취임한 로이드 조지(David Lloyd George)는 서부전선의 전투만으로는 승리가 불가능하며, 영국군과 프랑스군을 이손초 전선에 투입하여 중앙에서부터 적국을 무너뜨려야 한다고 생각했다. 그러나 헤이그 총사령관이나 프랑스군은 이를 맹렬하게 반대했다. 서부전선을 지키는 것만으로도 버거운데 이탈리아 전선으로 돌릴 자산은 없다는 것이었다.

다만 1917년 1월 로마에서 열린 연합국 회의에서 카도르나는 연합국에게 포병 전력 지원을 요청했다. 중포 300문을 지원해준다면 트리에스테(Trieste)를 점령하고 오스트리아를 동맹국에서 이탈시키겠다고 제안했다. 이에 따라 영국과 프랑스는 중포 지원을 약속했지만 2~3개월간의 대여라는 조건을 달았다. 그리고 프랑스는 1917년 4월의 니벨(Nivelles) 공세에 발맞춰 이탈리아도 공격에 나설 것을 요청했다. 카도르나가 이에 동의함에 따라 1917년 5월 10일 제10차 이손초 공세가 시작되었다.

오스트리아군의 14개 사단에 대항하여 이탈리아는 사단 38개를 동원했다. 또한 전술도 변경되었다. 직전의 세 차례 공세에서는 고리치아 동부에 교두보를 확보하는 것만을 목표로 단기간 치열한 결전을 감행했다. 하지만 이번에는 고리치아의 남동부에 위치한 크라스(Kras) 고원을 목표로 트리에스테를 향해 돌파구를 형성하는 데 집중했다. 또한 슈카브리엘(Škabrijel) 산을 점령하여 비파바(Vipava) 계곡을 향해 진격로를 여는 것도 부차적 목표였다.

제11차 이손초 공세

최초에 작전은 성공하는 듯 보였다. 5월 말에 이르러서는 이탈리아군은 트리에스테까지 15km를 진전하여 해안의 작은 도시인 두이노(Duino)를 눈앞에 두고 있었다. 그러나 딱 거기까지였다. 후속 공격은 모두 실패했고, 6월 3일 오스트리아군의 역공이 시작되자 여태까지 점령했던 지역을 모두 내어주고 다시 공세 개시선으로 밀려난 채 6월 8일 전투가 종료되었다. 이탈리아군은 무려 15만 7,000여 명의 사상자를 기록했고, 오스트리아군은 그 절반 수준인 7만 5,000여 명의 사상자를 기록했다.

제10차 이손초 전투의 패배로 이탈리아군의 사기가 바닥을 치자, 카도르나는 또다시 공세를 준비했다. 이번에는 10차 공세보다 규모가 더 컸다. 카도르나는 동원 가능한 사단과 포병 전력을 모두 긁어모아 무려 600여 개 대대, 51개 사단의 병력을 꾸렸다. 이는 이탈리아군 전체 병력

●●● 제11차 이손초 전투로 이탈리아군은 승리의 눈앞까지 이르렀지만 추가 공격이
이뤄지지 못하면서 승기를 놓쳤다.

의 4분의 3에 달하는 대규모 전력이었다. 이에 더하여 야포 3,700여 문
과 박격포 1,800여 문이 동원되었다. 목표는 고리치아 북부와 동부의
오스트리아군 진영이었다.

이손초 전선은 이렇듯 이탈리아군이 포기할 수 없는 목표였다. 문제
는 이탈리아군이 이를 감당할 능력이 있느냐였다.

1917년 8월 18일 이탈리아군은 이손초 계곡 상류의 톨미노(Tolmino)
로부터 아드리아(Adria)해 방향으로 공격해 들어갔다. 이탈리아군은 임
시가교를 만들어 몇 개 지역에서 도하했지만, 주공은 반시체(Banjšice)
고지에 집중했다. 이곳을 점령하면 오스트리아군은 슈카브리엘 산과
에르마다(Hermada) 산으로 두 갈래로 쪼개질 수밖에 없었다.

카펠로(Luigi Capello) 장군이 이끄는 이탈리아 제2군이 치열한 공격
을 감행하여 보로에비치(Svetozar Boroëvić) 원수가 이끄는 이손초군을
밀어내면서 바인시차(Bainsizza)를 점령했다. 한편 아오스타 공작(Prince
Emanuele Filiberto, Duke of Aosta)도 제3군을 이끌고 목표지역을 점령했

다. 하지만 슈카브리엘과 에르마다에 위치한 오스트리아군 요새까지는 점령할 수 없었다.

대치상태가 계속되면서 오스트리아군의 방어태세는 최악으로 악화되었다. 만약 한 번 더 대대적인 공세가 감행될 경우 버틸 수 없는 상황에까지 내몰렸다. 만약 예비대까지 투입했다면 오스트리아군은 그대로 붕괴했을 터였다. 하지만 전력을 소진하기는 이탈리아군도 마찬가지였다. 애초에 보급선이 취약한 데다가 전선이 너무 길게 늘어지는 바람에 더 이상 전투를 수행하는 것이 불가능했다. 12차 공세는 9월 12일에 종료되었다.

제11차 이손초 전투 후 오스트리아군의 상황은 절망적이었다. 제11차 이손초 전투에서 사상자만 10만 명 이상이었고 더 이상 병력 충원도 어려웠다. 물자 손실도 심각했다. 야포는 무려 700여 문이 이탈리아군에게 노획되거나 파괴되었다. 오스트리아군의 전력은 전투 이전의 절반 수준으로 감소했다. 만약 이탈리아군이 제12차 이손초 공세를 시작한다면 더 이상 버티지 못할 것이 명백했다.

독일군의 증원

전쟁을 주도하던 독일 육군 참모총장 힌덴부르크 원수는 오스트리아군이 무너지는 것을 보고만 있을 수 없었다. 참모차장인 루덴도르프의 반대에도 불구하고 힌덴부르크는 독일군을 파견하기로 결정했다. 러시아의 정치적 내분으로 인해 동부전선에서 전력을 돌려도 된다는 판단이 있었기 때문이다. 우선 독일은 제국 참모본부에서 3명의 전문가를 파견했다. 특히 화학자인 오토 한(Otto Hahn)은 이손초 전선에서 화학전에 적절한 장소를 찾아 나섰다. 그들은 카포레토(Caporetto) 지역이 가장 적절하다고 판단했다.

1918년 봄까지 서부전선으로 복귀시킨다는 조건으로 독일군은 7개 사단을 파견했다. 즉, 12월 중순까지는 독일군이 이손초 전선에서 전투를 할 수 있다는 뜻이었다. 오스트리아군 8개 사단이 독일군 사단에 합류하면서 새롭게 오스트리아-독일 혼성 제14군이 창설되었다. 사령관으로는 오토 폰 벨로브(Otto von Below) 보병대장이 임명되었다.

●●● 독일은 7개 사단과 함께 오토 폰 벨로브 대장을 파견하여 이손초 전선을 재건하고 공세를 준비했다.

폰 벨로브는 줄곧 동부전선에서 전쟁을 이끌어왔으며, 제2차 마수리안 호수(Masurian Lake) 전투에서 제8군을 이끌며 승리에 기여했다. 1916년 10월부터는 세르비아 전선을 담당하던 마켄젠(Anton Ludwig August von Mackensen) 집단군을 지휘했으며, 1917년 4월부터는 서부전선에서 제6군을 지휘하며 프랑스군의 니벨 공세를 효과적으로 막아내기도 했다. 한마디로 폰 벨로브는 제1차 세계대전 중 독일이 자랑하는 명장들 가운데 한 명이었다.

이에 비해 바인시차 고지를 점령한 이탈리아 제2군은 어려움에 빠져 있었다. 역전의 노장인 카펠로 제2군 사령관이 지병에 시달리고 있었다. 오스트리아군 탈영병들이 곧 오스트리아-독일 혼성군의 공격이 있을 것이라고 경고했고, 이에 따라 이탈리아 군사정보국은 언제 어디서 공격이 있을지 정확히 알고 있었다. 제11차 이손초 전투의 승리 후에 제2군 병력은 슈카브리엘과 에르마다의 견제를 위해 양분되어 위태로운 상황이었지만, 병약하고 노쇠한 카펠로는 방어 진영을 바꾸기 위

●●● 이탈리아 제2군을 지휘하던 카펠로 대장의 지병이 악화되면서 이탈리아군의 태세는 흔들리기 시작했다.

한 노력을 취하지 못했다. 결국 10월 20일에 이르러서는 카펠로는 열병이 심해져 더 이상 지휘할 수 없다고 사임의 뜻까지 전했다. 그러나 총사령관인 카도르나 원수는 이를 묵살했다. 그리고 이런 결정은 이탈리아군의 재앙으로 되돌아올 터였다.

제12차 이손초 전투 시작되다

폰 벨로브는 10월 22일경에 이손초 지역 공략을 개시하고자 했다. 그러나 기상악화로 작전은 지연되었고 이틀 후인 10월 24일 드디어 공세를 시작했다. 공세의 시작은 독가스 공격이었다. 독일군은 염소-비소 가스와 디포스겐(Diphosgene) 등 독가스를 각각 600ml 분량으로 담은 894개의 금속통을 이탈리아군 참호로 배치한 후에 02시에 이를 개방했다. 이탈리아군의 방독면은 독가스를 제대로 여과시키지 못했고, 이탈리아군 병사들은 방어 위치를 버리고 도주해버렸다. 이 과정에서 500~600명의 이탈리아군이 사망했다.

그러나 독일군의 본격적인 공세가 시작된 것은 06시 40분에 이르러

●●●● ❶ 독일군이 공세를 주도하면서 동맹군은 파죽지세로 전선을 돌파하기 시작했다.
❷ 슈토스트루펜은 사진처럼 MG08/15 맥심 경기관총이나 화염방사기 등 적 진지를 제
압하기 위한 무장을 위주로 효과적인 작전을 구사했다.

서였다. 독일군 야포와 박격포 2,200여 문이 이탈리아군 참호와 철조
망 지대를 향해 포문을 열었다. 초토화를 노린 사격에 이탈리아군 진영
은 무너져내렸고, 08시경 독일-오스트리아 동맹군은 포격을 멈추고 보
병을 진격시켰다. 이미 이탈리아군의 주요 진지들은 병사들이 도주하여
비어 있었기 때문에 동맹군은 손쉽게 점령할 수 있었다. 이에 따라 이탈
리아 제2군의 제6군단과 제17군단 사이의 방어선이 뚫리고야 말았다.

  방어선을 뚫고 들어가는 부대를 보호하기 위해 나선 것이 바로 슈토
스트루펜(Stoßtruppen), 즉 돌격대였다. 돌격대는 후티어 전술을 사용하
여 MG08/15 맥심 경기관총, 화염방사기, 수류탄 등의 무장으로 이탈리
아군 주요 진지를 공격했다. 특히 돌격대는 주공을 보호하기 위해 마타
주르(Matajur) 산과 콜로브라트(Kolovrat) 산의 주요 진지들을 하나씩 제
압해나갔다. 특히 마타주르 공세에 나선 돌격대를 지휘한 것은 뷔르템
베르크(Württemberg) 산악대대의 중대장인 에르빈 롬멜(Erwin Rommel)
중위로, 150여 명의 돌격대원을 이끌고 적진을 점령하며 적군 3,200여

●●● 에르빈 롬멜은 돌격대
를 이끌면서 마타주르 산에서
혁혁한 전과를 올렸고, 그 내
용을 교본화하여 추후에 롬멜
의 보병전술을 집필했다.

명을 포로로 잡는 등 혁혁한 전과를 올렸다.

독일-오스트리아 동맹군은 조직적인 전투력을 과시하면서 공세 첫
날 무려 25km를 긴거에 들이겼다. 신신의 중앙을 뚫고 늘어온 적을 상
대로 이탈리아군은 양측에서 압박하려고 했다. 특히 무너져가는 제2군
의 좌익에 배치된 아오스타 공작의 제3군은 동맹군의 전과 확대를 간
신히 막아내고 있었다. 그러나 우익의 제2군이 무너지고 좌익의 제3군
마저 위태로워지자, 그제서야 카도르나 원수는 철수를 허락했다.

붕괴를 막아라

전방의 실패는 후방의 혼돈으로 이어졌다. 많은 병력이 한꺼번에 후퇴
를 개시하자 산악의 좁은 교통로는 정체와 혼돈에 휩싸였다. 병사들은

282 위대한 전쟁, 위대한 전술 2 - 2세대 전쟁의 명전투 13

(왼쪽) 이탈리아군은 패퇴를 거듭하면서 심지어는 퇴각로에서 교통정체를 일으키기도 했다. **(오른쪽)** 이탈리아군의 붕괴는 헤밍웨이의 소설 『무기여 잘 있거라』의 배경이 되기도 했다. 사진은 소설 초판본의 표지다.

공포에 질렸다. 심지어 공병은 아군 부대들이 후퇴를 마치기도 전에 교량들을 파괴해버렸다. 특히 심각한 타격을 입은 제2군 병사들은 정신적 혼돈에 휩싸였다. 수천 명의 병사들이 무기와 장비를 버리고 군복까지 벗어던지며 전장을 벗어나고자 했다. 당시 이탈리아군의 붕괴는 어니스트 헤밍웨이(Ernest Hemingway)의 소설인 『무기여 잘 있거라(A Farewell to Arms)』에 치밀하게 묘사되기까지 했다.

카도르나는 결국 10월 30일에 이르러서야 이탈리아군에게 탈리아멘토(Tagliamento) 강까지 퇴각하여 신속히 방어선을 구축할 것을 명했다. 그러나 혼돈 속에서 퇴각과 전열의 재정비는 너무도 지연되어 방어선을 갖추기도 전인 11월 2일에 동맹군의 제14군은 탈리아멘토 강둑까지 밀고 내려왔다. 카도르나는 다시 피아베(Piave) 강에서 동맹군을 막아서기로 했다. 피아베 강에서 베네치아까지는 20마일에 불과했기 때문에, 이 전선마저 무너진다면 이탈리아 북부의 주요 도시들까지 적의 수중에 넘어갈 수 있었다. 그야말로 절체절명의 상황이었다. 카도르나는 패전의 책임을 지고 물러나면서 마지막 훈시에서 "죽어도 한 치의 땅도

●●● 새롭게 이탈리아군 총사령관으로 임명된 디아즈 대장은 내실을 강화하면서 반격의 기회를 마련하기에 주력했다.

내어주지 말라"고 당부했다.

아르만도 디아즈(Armando Diaz) 대장이 카도르나를 대신하여 이탈리아군 총사령관에 임명되었다. 디아즈는 최후의 방어선을 구축하고 이탈리아군을 재건하는 데 집중했다. 그러나 문제는 동맹군 스스로로부터 생겨났다. 이미 제12차 이손초 전투 이전부터 물자 부족에 시달려왔던 동맹군은 엄청난 부담에도 불구하고 전투 초기에 상당한 성과를 올렸다. 제12차 이손초 전투는 카포레토 마을과 가까운 지역에서 수행됨으로써 카포레토 전투(Battle of Caporetto)로도 불린다.

그러나 갑자기 이탈리아군이 탈리아멘토 강까지 퇴각하면서 전선이 확장되자 그렇지 않아도 어려운 군수능력은 한계를 치닫고(바닥을 드러내고) 있었다. 여기에 전선이 피아베 강까지 확대되자, 이제 동맹군의 보급능력은 한계에 다달았다. 독일군이 주도하던 전투는 군수물자가

●●● 이탈리아군이 피아베 강에 마지막 방어선을 구축하는 사이 동맹군은 공격의 주
도권을 잃음으로써 전투는 끝나게 되었다.

재보급되기 전까지는 이어질 수 없었다. 결국 그 사이에 동맹군은 기습
의 호기를 잃었고 더 이상 전투의 주도권을 이어갈 수 없었다. 제12차
이손초 전투는 이렇게 피아베 강에서 전선을 형성함으로써 또다른 참
호전을 예고하면서 11월 19일에 종결되었다.

이탈리아 전선의 향후 경과

제12차 이손초 전투(카포레토 전투)의 결과는 이탈리아의 대패였다. 4만
여 명의 전사와 3만여 명의 부상자를 기록했으며, 무려 26만 5,000여 명
이 포로로 잡혔고, 수천여 명의 장병들이 탈영했다. 장비의 손실도 엄청
나서 야포 3,000여 문과 박격포 2,000여 문, 기관총 3,000여 정 등을 잃
었다. 이는 한두 달 만에 보충할 수 있는 수준이 아니었다.

게다가 전투의 패배는 이탈리아에게는 국가적 충격이었다. 같은 해

니벨 공세에서 실패한 프랑스군에서 항명사태가 일어난 것처럼, 이탈리아군도 붕괴 직전까지 내몰렸다. 물론 이탈리아의 패배를 감당할 수 없었던 연합국들은 이탈리아 전선에 자국군을 증원시켰다. 영국과 프랑스는 병력과 함께 야포와 항공기까지 서부전선에서 이탈리아 전선으로 보충해주었다. 이탈리아 내부에서는 이 패배를 정치적 단합의 기회로 삼았다. 가브리엘레 다눈치오(Gabriele d'Annunzio)와 무솔리니(Benito Andrea Amilcare Mussolini)가 대중연설과 기고활동으로 전 국민의 참전을 독려했고, 수십만 명이 자원입대에 나섬으로써 이탈리아군의 손실은 단기간 내에 보충될 수 있었다.

한편 독일은 러시아가 혁명으로 전쟁에서 물러나자, 동부전선의 전력을 다른 전선으로 돌릴 수 있었다. 특히 미국이 본격적으로 참전하기 전에 전선을 정리해야 한다는 압박감이 컸으므로, 1918년 봄과 여름에 걸쳐 서부전선에서 대대적 공세에 나섰다. 반면에 이탈리아 전선에서는 별다른 공세가 없었다. 바로 그러한 소강상태가 디아즈에게는 전력을 회복시킬 소중한 기회가 되었다. 서부전선이 치열하게 공격받자 연합국들은 이탈리아에 전투를 재개할 것을 종용했지만, 디아즈는 좀처럼 전투에 나서지 않았다.

그러나 1918년 10월에 이르자 제1차 세계대전은 거의 정리되어가기 시작했고, 오스트리아-헝가리 제국도 붕괴될 기미를 보이고 있었다. 이제는 이탈리아의 오를란도(Vittorio Emanuele Orlando) 수상이 직접 나서서 디아즈 사령관에게 공세를 명했다. 이에 따라 1918년 10월 24일 이탈리아군은 비토리오 베네토(Vittorio Veneto)를 향해 공세를 시작했으며, 오스트리아군은 이렇다 할 저항조차 하지 못한 채 붕괴되고 말았다. 이탈리아는 이렇게 제1차 세계대전의 승전국이 되었다.

14.

아미앵 전투
제1차 세계대전의 마지막 결전

연합군은 이프르 전투 이후 또 다른 공세를 시도했다. 제12차 이손초 전투(카포레토 전투)에서 거의 궤멸 상태에 이른 이탈리아군의 부담을 덜어주기 위해서였다. 영국군은 힌덴부르크선(Hindenburg Line)을 돌파하여 독일군 북부의 측방으로 방향을 돌린 후 군수 요충지인 캉브레(Cambrai)를 확보하려는 계획을 세웠다. 바로 이 전투에서 영국군은 사상 최초로 전차를 활용한 대대적 기갑 공세를 시도했다. 캉브레 전투(Battle of Cambrai)는 애초에 기습작전이었기 때문에 점령보다는 적 병력의 소모를 목표로 했다.

영국군은 가장 많은 병력을 보유한 제3군[사령관 빙(Julian Byng) 대장]을 주축으로 전차 387대와 지원전차 98대를 동원하여 1917년 11월 20일 공세에 나섰다. 1,000여 문의 야포가 독일군 진지와 방어 병력을 타격하는 가운데 마크(Mark) IV를 주축으로 하는 전차부대는 거침없이 전선을 돌파해 들어갔다. 지크프리트(Siegfried) I선의 독일군 진지는 대부분 괴멸당했고, 영국군은 공격 1일차에 무려 5~8km를 돌파해 들어

●●● 연합군은 역사상 최초로 대대적인 전차부대를 투입하며 캉브레 전투를 시도했다.

갔다. 엄청난 성과에 고무되어 영국에서는 교회들이 승전을 축하하는 타종을 울렸다.

캉브레의 무승부

그러나 2일차가 되면서 목표는 캉브레 점령이 아니라 부르롱 능선(Bourlon Ridge) 확보로 바뀌었다. 1일차에 플레퀴에르(Flesquières) 마을과 부르롱 능선을 확보하지 못했던 것이 결국은 발목을 잡았다. 게다가 최신 무기인 전차는 전선에서 오랜 기간 작전할 만한 신뢰성을 아직 확보하지 못했다. 기계 고장에 승무원 피로까지 겹쳐져 전차의 활약은 크게 제한되었고, 공세 4일차가 되자 작전에 투입 가능한 전차는 고작 92대에 불과했다.

게다가 11월 30일에는 독일군이 반격에 나섰다. 기존의 고폭탄에 연막탄과 가스탄까지 혼합하여 치열하게 포격에 나섰고, 다수의 항공기로 지상을 공격했다. 독일군 반격의 중심에는 슈토스트루펜(Stoßtruppen), 즉 돌격대가 있었다. 돌격대가 방어선을 돌파하면서 영국군은 수세에

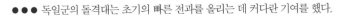

●●● 독일군의 돌격대는 초기의 빠른 전과를 올리는 데 커다란 기여를 했다.

●●● 전차는 전투 초기에 독일군에게 충격을 가하며 침투의 주역이 되었지만, 작전지 속능력의 한계로 4일 만에 가동률은 현저히 낮아졌다.

몰렸지만, 영국군의 다른 부대가 구조쿠르(Gouzeaucourt)를 점령함으로써 괴멸을 면했다. 결국 영국군은 독일군의 압박에 못 이겨 점령지 상당부분을 다시 내어주고 후퇴했다.

그렇게 캉브레 전투는 무승부로 끝났다. 신무기인 전차를 본격적으로 투입했지만, 막상 실전에서는 일회성 충격을 주었을 뿐 지속적인 작전은 아직 무리였다. 오히려 독일군은 전차 전력 없이도 호각의 싸움을 벌였다. 그러나 희망도 보였다. 보병과 포병, 전차를 잘 결합한다면 참호전의 고착상태를 타개하는 것도 가능해 보였다. 이에 따라 종전까지 영국은 5,000여 대, 프랑스는 4,000여 대의 전차를 생산했다.

물론 연합군에게는 전쟁에서 승리할 수 있는 결정적 카드가 있었다. 바로 미국이었다. 미국은 1917년 4월 참전을 결정했지만 그 증원은 답답할 정도로 더뎠다. 애초에 미군은 소규모 직업군에 불과했고, 전쟁에 결정적 기여를 하기 위해서는 전국적으로 징병을 해야만 했다. 1917년

12월까지 프랑스에 도착한 미군은 불과 4개 사단 병력뿐이었다. 연합국은 전선에서 소모된 자국군을 미군이 충원해주리라고 믿었다. 그러나 미군은 영국군이나 프랑스군의 증원부대로 병력을 투입하지 않는다는 원칙을 가지고 있었기 때문에 완편 전에는 병력을 전투에 투입하지 않았다. 더딘 증원으로 인해 심지어는 1919년이 되어서야 미군이 본격적으로 작전이 가능할 것이라는 관측도 있었다.

독일의 춘계 대공세

물론 독일의 입장에서 이는 기회였다. 독일은 미군이 본격적으로 참전하기 전에 전쟁의 주도권을 가져와야 했다. 우선 독일은 볼셰비키 혁명 이후 전쟁에서 물러난 러시아와 종전협정을 맺었다. 독일은 전쟁 기간 자신들이 점령한 러시아 지역을 할양받기로 하고, 1918년 3월 3일 러시아와 브레스트-리토프스크 강화조약(Treaty of Brest-Litovsk)을 맺었다. 러시아 입장에서는 일방적인 패전협정이었고, 심지어는 레닌(Vladimir Il'ich Lenin)이나 트로츠키(Leon Trotsky) 등 대표들은 이 수치스러운 조약에 이름을 올리기를 꺼려하여 볼셰비키의 차석급들이 조인하기도 했다.

한편 러시아로부터 압박을 거둬내고 이탈리아 전선을 안정시킨 독일군은 이제 마음껏 서부전선에 병력을 투입할 수 있었다. 독일군은 무려 192개 사단을 서부전선에 배치했다. 상황과 조건이 갖춰지자 힌덴부르크와 루덴도르프는 이제 서부전선에서의 대공세를 준비했다. 전장은 아라스(Arras)-생 캉탱(St. Quentin)-라 페르(La Fère) 간 연합군 전선으로, 생 캉탱에서 강력한 공격으로 영국군과 프랑스군을 분리하여 연합군을 분단시키는 것이 목표였다.

'미하엘(Michael)'로 명명된 공세작전은 1918년 3월 21일에 시작되었다. 독일군은 76개 사단에 1만여 문의 화포, 1,000여 대의 항공기, 그리

●●● 독일군은 보유한 전 병력을 긁어모아 춘계 대공세에 나섰다.

●●● 독일군은 A7V전차 등 부족한 전차전력까지 동원했다.

고 연합국으로부터 노획한 전차와 자국산 A7V전차를 포함한 160여 대의 전차까지 동원하면서 1914년 개전 이래 최대의 공세를 벌였다. 독일군의 밀집된 공격으로 영국 제5군의 취약한 전선이 뚫리면서 서부전선에서 최초로 본격적인 전선 돌파가 이뤄졌다. 하지만 독일군의 공세는 그다지 오래 지속될 수 없었다. 연합군은 포슈에게 서부전선의 연합작전을 통제할 전권을 부여하여 전쟁 시작 후 처음으로 통합군 사령부를 설치했다. 일치된 지휘계통에 따라 영국 제3군과 프랑스 제6군은 기민하게 방어태세로 전환하여 독일군으로부터 주도권을 빼앗았다. 보급 부족과 피로에 시달리던 독일군은 점령지에서 약탈하느라 바빴고, 더 이상 공세를 지속할 수 없어 작전 개시 16일 만인 4월 5일에 미하엘 공세는 종료되었다.

독일군은 무려 40마일을 전진하면서 연합군 24만 8,000여 명을 죽이

●●● 연합군의 효율적 반격으로 독일군의 공세는 오래 지속되지 못했다. 사진은 반격을 가하고 있는 영국군의 루이스 기관총 사수다.

거나 다치게 하고 9만여 명을 포로로 잡는 큰 성과를 거두었다. 그러나 독일군도 23만 9,000여 명의 사상자를 기록하며 90개 정예사단을 소진했을 뿐만 아니라, 결정적 승리를 거두지 못함으로써 애초의 작전 목표를 달성하지 못했다. 독일군은 자신이 보유한 마지막 예비병력을 모두 동원하여 최후의 도박을 시도했지만 성공하지 못한 것이었다. 이후에도 독일군은 게오르게테(Georgette) 공세, 블뤼허(Blücher) 공세, 그나이제나우(Gneisenau) 공세 등 소규모 공세를 몇 차례 지속했지만, 더 이상 대대적인 공세에 나설 수 없는 지경에까지 이르렀다.

미군의 증원과 독일군 최후의 반격

독일군의 춘계 대공세를 방어하면서 연합군은 반격의 기회를 엿보고 있었다. 특히 독일군의 공세에 대응하는 과정에서 영국군과 프랑스군을 통합하는 단일 지휘부가 생김으로써 더욱 효율적인 반격이 가능해졌다. 게다가 미군의 증원도 가속되고 있었다. 5월 말까지 미국 원정군은 65만여 명으로 증원되었으며, 7월까지 증원된 사단은 25개에 이르렀다. 미군은 5월 말부터 전투에 참가하여 미 제1사단이 5월 28일에 캉티니(Cantigny)를, 6월 26일에는 벨로 숲(Belleau Wood)을 점령했다. 게다가 8월 30일에 이르러서 미국 원정군 사령관 퍼싱(John J. Pershing) 대장은 드디어 제1군을 창설하여 단일 부대로 전쟁에 참여할 수 있게 되었다.

미군은 전쟁으로 다져진 영국군이나 프랑스군에 비해 경험은 부족했지만, 열정적으로 전투에 임하여 전과를 올리고 있었다. 그러나 무엇보다도 미군의 증원은 전쟁의 사기에 커다란 영향을 미쳤다. 특히 독일군은 전선에 증강되는 미군의 숫자에 압도당했다. 더 이상 예비전력을 동원할 수 없었던 독일군으로서는 수백만 명의 미군이 증원됨에 따라 더

●●● 미군은 원정을 위하여 모병을 위해 병력을 양성해야만 했다.

●●● 미국 원정군 사령관인 퍼싱 대장은 8월 말에 이르러서야 제1군을 창설하여 독자적 병력을 갖추었다.

●●● 독일군은 7월 최후의 공세에 나섰지만 하루 만에 공격은 좌절되었다.

이상 어떠한 노력도 소용없다는 패배의식이 생겨날 수밖에 없었다.

특히 독일군의 마지막 공세였던 '마르네슈츠-랭스(Marneschutz-Reims)' 공세는 연합군의 예비대를 유인하여 플랑드르의 영국군 주력을 격파하겠다는 야심 찬 의도에 바탕했다. 독일군은 마지막 남은 전력을 모아 무려 52개 사단을 공세에 투입했다. 그러나 7월 15일에 시작된 공세는 하루 만에 좌절되었다. 오히려 프랑스 제10군[사령관 망쟁(Charles Mangin) 대장]은 우익의 제6군과 함께 7월 18일 대대적인 반격에 나서면서 엔(Aisne) 강과 마른(Marne) 강 사이의 독일군 돌출부를 타격했다. 프랑스군은 공세 개시 48시간 만에 독일군 전선을 6마일이나 점령했다. 이러한 연합군의 반격은 제2차 마른 전투로 불렸다.

한편 연합군은 더욱 본격적인 반격을 준비하고 있었다. 영국군과 프랑스군은 아미앵(Amiens) 인근에 영국 전차 530대와 프랑스 전차 70대로 구성된 대규모 기갑부대를 집결시켰다. 또한 비교적 손실이 적고 사기가 높았던 캐나다군단과 안작군단을 전면에 배치했다. 연합군은 독일군이 춘계 대공세 이후 임시방편으로 구축한 방어선을 돌파하여 솜 강 전역에 돌파구를 형성하고 독일군 후방을 타격하는 것을 목표로 했다. 솜 강과 아브르(Avre) 강 사이의 독일군을 몰아내어 아미앵에 대한 위협을 제거한다면 독일군을 패배시키는 단초가 될 터였다.

연합군의 대반격, 아미앵 전투

1918년 8월 8일 영국 제4군[사령관 롤린슨(Henry Rawlinson) 대장]은 프랑스 제1군과 함께 아미앵 확보를 위한 전투를 시작했다. 베테랑인 캐나다군단과 안작군단이 연합군의 선봉에 섰다. 이와 함께 마크V 전차 342대와 지원전차 120대가 보병과 함께, 위페트(Whippet) 중전차는 기병과 함께 움직였다. 소대는 루이스(Lewis) 기관총과 총유탄(銃榴彈)이 포함된 반소대 2개로 구성되어 화력과 기동성이 강화되었다. 항공기는 포격관측과 정찰임무뿐만 아니라 지상공격에 동원되었고, 무전기가 광범위하게 활용되었다. 연합군은 지난 5년간의 전투 경험과 특히 1916년 솜 공세 이후 강조된 제병협동을 차분히 준비하여 결정적 반격에 나선 것이다.

8월 8일 오전 04시 20분, 2,000여 문의 야포가 일제히 포문을 열면서 아미앵 전투(Battle of Amiens)는 시작되었다. 포병의 제압사격 이후 보병이 전진하여 돌파구를 형성했고, 그 뒤를 보병을 탑승시킨 전차들이 뒤따랐다. 중앙에서 진격한 안작군단은 6마일을, 캐나다군단은 8마일을 진격해 들어갔다. 좌익에 위치한 영국 제4군 휘하의 제3군단은 적군의 방어태세가 보강된 불리한 상황에서도 2마일이나 진격했고, 프랑스 제1군도 상당한 진격에 성공했다.

빠른 진격 속도로 인해 아침식사를 하다가 포로로 잡힌 독일군 장교들도 있었다. 1일차 공격에 독일군은 450여 문의 야포와 약 3만여 명의

●●● 연합군은 아미앵에서 대대적 반격에 나선다.

병력을 잃었는데, 그중 1만 6,000여 명이 포로로 잡혔다. 엄청난 패배에 독일군 수뇌부는 적지 않은 충격을 받았다. 총참모장인 루덴도르프는 8월 8일을 '독일 육군의 암흑의 날'이라고 훗날 자서전에서 기록하기도 했다. 독일군의 사기는 최악의 수준으로 떨어졌다.

아미앵 전투 승리

그러나 이튿날인 8월 9일의 전투는 첫날의 눈부신 성과에 미치지 못했다. 전선이 북부와 남부로 확장되면서 보병은 포병의 지원 범위를 넘어 활동하게 되었다. 독일은 2일차 전투에서 시피이(Chipilly) 돌출부로부터 전선을 지켜낼 수 있었고, 캐나다군 담당 전선에서는 교통로가 정체되면서 영국군 제32사단의 진격이 더디어져 전투의 주도권을 이어갈 수 없었다.

8월 10일이 되자 독일군은 결국 돌출부에서 힌덴부르크선으로 후퇴를 결심했다. 한편 500대 가깝게 동원되어 전선을 누비던 연합군의 전

●●● 1918년 8월 8일 시작된 아미앵 전투에서 승리함으로써 연합국은 드디어 승기를 잡게 된다.

차는 8월 12일에 이르러 절반 정도가 운용이 가능한 상태로 줄어들었지만, 최후의 공격을 가했다. 이에 따라 연합군은 독일군 전선을 무려 19km까지 돌파하여 전진했다. 완벽한 승리라고 칭할 수 없었지만 아미앵 전투의 승리는 연합군에게 커다란 승리였다.

연합군에게는 아미앵 전투의 승리가 전쟁 승리의 신호탄이 된 반면, 아미앵 전투에서 무려 5만 명이 포로로 잡힌 독일군에게는 아미앵 전투의 패배가 사기와 자신감을 크게 떨어뜨리는 계기가 되었다. 무엇보다도 독일 수뇌부조차 전쟁을 종료할 때가 되었음을 깨닫기 시작했다. 루덴도르프는 종전을 고민했고 빌헬름 2세도 동의하면서 외상인 폰 힌체(Paul von Hintze) 제독에게 네덜란드 여왕을 통한 평화교섭을 시도하도록 지시했다. 독일은 여전히 벨기에와 프랑스 영토를 점령하고 있었으므로, 이를 협상 대상으로 삼기 위해서라도 전선을 유지할 필요가 있었다.

●●● 아미앵 전투 패배 이후 독일군의 사기는 이전 같지 않게 되었다.

한편 아미앵 전투의 성과에 고무된 총사령관 포슈는 전투를 계속할 것을 헤이그 원수에게 요청했다. 반면 헤이그는 포슈의 요청을 거부하고 영국군 제3군의 공격 방향으로 주공을 전환하기로 결정했다. 그간 연합군은 같은 방향으로 공격을 반복하여, 오히려 수비가 강화되는 곳에 전력을 낭비함으로써 불필요한 손피를 이의있었나. 아시반 이번 만큼은 신속히 주공 방향을 전환하여 독일군을 혼란에 빠뜨리고 예비대를 집중시킬 수 없도록 했다. 이에 따라 영국 제3군은 제4군과 함께 알베르(Albert) 지역에서 전투를 실시하여, 독일 제2군을 전선으로부터 무려 55km나 몰아내는 데 성공했다.

확대되는 전과

프랑스 제10군은 8월 17일부터 8월 29일까지의 전투를 통해 누아용(Noyon)을 탈환하는 데 성공했다. 한편 알베르 전투(Battle of Albert)의 성과를 이어받아 8월 26일 영국 제1군은 캐나다군단과 함께 아라스 (Arras) 방면에서 전투를 수행했다. 또한 제3군도 진격을 계속하여 제 3군 소속의 뉴질랜드사단이 8월 29일 바폼까지 점령하기에 이르렀다. 이렇듯 아미앵에서 후퇴하던 독일군은 전선이 붕괴하면서 점차 힌덴부 르크선까지 밀려나게 되었다.

한편 연합군은 충분한 야포와 탄약을 재보급받음에 따라 영국 제4 군은 치열한 공세를 이어나갔다. 8월 31일 제2호주사단이 몽 생 캉탱 (Mont St Quentin)의 독일군 방어선을 공격하여 점령했고, 여세를 몰아 9월 2일에는 페론(Péronne)까지 점령했다. 또한 8월 31일에는 호주군단 이 솜 강을 넘어 진격을 계속했고, 제1군은 드로쿠르(Drocourt)-퀴에앙 (Queant)의 추진 방어선까지 돌파했다. 영국 원정군의 남쪽에서는 프 랑스 제1군이 생 캉탱 외곽까지, 제10군이 랑(Laon) 인근까지 진출하는 데 성공함으로써 힌덴부르크선에 대한 공격태세를 마쳤다.

이 즈음 독일군의 방어선은 힌덴부르크선에 집중되었다. 독일군은 과거처럼 선형 방어에 집착하지 않고 기관총 진지를 위주로 방어에 임 했다. 힌덴부르크선까지 육박한 연합군은 고민에 빠졌다. 공세를 지속 하여 1918년 안에 전쟁을 끝낼 것인가, 아니면 미군 전력의 보충이 마 무리될 다음해에 대대적 공세를 가할 것인가를 선택해야만 했다. 포슈 가 선택한 것은 즉각적인 총공세였다.

그러나 총공세에 나서기 전에 아브랭쿠르(Havrincourt)와 생 미엘(St Mihiel)의 독일군 돌출부가 먼저 제거되어야만 했다. 영국군은 그간 쌓 아온 전투 경험으로 갈고 닦아온 팀워크과 제병협동을 통해 아브랭쿠 르 지역의 위협을 제거했다. 한편 미군은 드디어 생 미엘에서 전투에 투입되었다. 9월 12일 미군 7개 사단과 프랑스군 2개 사단이 생 미엘 돌출부의 서부와 남부를 공격하여 2만 2,000여 명의 독일군 사상자와 포로를 기록했다. 이러한 전과들을 바탕으로 연합군은 9월 26일부터

29일까지 4일간 전 전선에서 전면적인 공세를 시작했다.

힌덴부르크선을 돌파하라

전면공세는 미군과 프랑스군의 연합군이 뫼즈(Meuse)-아르곤(Argonne) 지역을 공략하면서 시작되었다. 첫날의 공세는 빠르게 진행되었지만, 이튿날부터는 아르곤 삼림과 뫼즈 강의 숲과 언덕에 조밀하게 설치된 방어진지의 치열한 저항으로 진격 속도가 늦춰졌다. 9월 27일에는 영국 제1군과 제3군이 북부 운하를 극복하여 캉브레로 진격했으며, 3일 차인 28일에는 플랑드르 집단군(프랑스-영국-벨기에군)이 서부전선의 좌익에서 공세를 확장해나갔다.

그리고 9월 29일 영국의 제4군은 호주군 및 미군과 함께 힌덴부르크선 중앙에 대한 공격을 시작했다. 영국 제4군은 4일간 1,600여 문의 야포로 75만 발을 발사한 후에 생 캉탱 운하 방면으로 대규모 공격에 나섰다. 제4군은 운하를 건너는 대신 방디유(Vendhuile)와 벨리쿠르(Bellicourt) 지역을 공략했다. 공세에는 호주군단과 미 제2군단이 주력으로 투입되었는데, 진두 병력이 선두했던 미 제2군단은 악전고투 끝에 벨리쿠르를 점령했지만 기대한 만큼의 전면적인 승리는 아니었다. 벨리쿠르 전투는 미군에게는 제1차 세계대전 중 가장 치열한 격전으로서 벨로 우드(Belleau Wood) 전투로 기념되고 있다.

한편 영국 제9군단은 운하를 직접 건너는 공세를 시작하여 특히 예하의 제46사단이 힌덴부르크선에 커다란 구멍을 내는 데 성공했다. 조공이던 프랑스 제1군은 이 돌파구를 활용하여 생 캉탱으로 진입해 들어가 알베리히(Alberich) 방어진지를 무너뜨렸다. 10월 5일에 이르자 연합군은 힌덴부르크선을 무려 30여 km나 돌파해 들어갔다. 10월 8일에는 영국 제1군과 제3군이 제2차 캉브레 전투를 통해 힌덴부르크선을 돌파

●●● 미군은 제1차 세계대전 말이 되어서야 본격적으로 참전했으며, 특히 벨로 우드 전투에서 치열한 접전을 벌였다

했다. 10월 17일에는 좀처럼 뚫리지 않던 플랑드르 전선이 붕괴하기 시작하여, 10월 19일 벨기에군은 제브뤼헤(Zeebrugge)와 브뤼헤(Brugge)를 탈환했다. 10월 내내 독일군은 1914년 획득했던 영토를 거의 대부분 내어주게 되었다.

힌덴부르크선과 함께 붕괴한 독일

힌덴부르크선이 붕괴하기 시작하자 독일군 최고사령부는 전쟁을 끝낼 때가 되었음을 직감했다. 10월 3일 긴박한 상황 속에서 평화주의자인 막스 폰 바덴(Max von Baden) 공이 독일 총리로 취임하면서 10월 4일 미국에 평화협상을 요청했다. 윌슨(Thomas Woodrow Wilson) 대통령은 10월 8일 이에 대한 회답으로 평화협상의 전제조건으로 독일이 점령지

네덜란드

브뤼헤 · 헨트 · 안트베르펜

칼레 · 히프르 · 룰레

불로뉴

리스 강 · 릴 · 브뤼셀 · 아헨

마스 강

아라스 · 스헬데 강 · 샤를루아 · 나무르

솜 강 · 알베르 · 바폼 · 헤르만 · 지베

아미앵
8월 8일
빌레르-브르토뇌

몽디디에 · 누와용 · 훈딩-브룬힐트 전선

콩피에뉴 · 스와송 · 앙 · 레텔

빌레르-코트레
7월 18일

파리 · 샤토 티에리 · 랭스 · 에탕 · 메스

베르됭

독일군 전선
(1918년 7월 15일∼11월 11일)

── 7월 18일 전선
····· 9월 2일 전선
─×─ 11월 11일 전선

를 무두 포기할 것은 요구했다. 그리고 10월 중순이 넘어 연합군이 독
일군을 거의 다 몰아내자, 윌슨은 이제 독일의 무제한 잠수함 작전 포
기와 민주정으로의 전환을 요구했다. 독일은 이를 수용했지만, 10월 23
일 윌슨은 독일에 사실상 무조건 항복을 요구했다.

한편 독일이 전쟁에서 지고 있다는 사실을 국민들은 받아들이지 못
했다. 11월 4일 수병들의 반란에 이어 지방노동자들의 파업이 이어졌
고, 민중봉기가 독일 전역에서 이어졌다. 반란 세력은 제국체제를 끝
내고 사회개혁을 할 것을 요구했다. 이에 따라 빌헬름 2세는 강제로 퇴
위된 후에 네덜란드로 망명했고, 바덴(Maximilian Alexander Friedrich
Wilhelm von Baden) 수상도 사임함에 따라 사회민주당 당수인 에베르트

●●● 정전협정 후 열차 앞에서 기념촬영한 포슈(앞줄 오른쪽에서 두 번째). 이 열차는 제2차 세계대전 당시 독일군이 프랑스를 점령한 후에 항복문서 조인 장소로 사용되었다.

(Friedrich Ebert)가 새로운 수상이 되면서 11월 9일 공화국이 선포되었다. 독일이 붕괴하기 전에 이미 동맹국들은 줄줄이 정전협정을 맺었다. 10월 30일 오스만 튀르크 제국을 시작으로 11월 3일에는 오스트리아-헝가리 제국도 뒤를 이었다. 결국 독일도 11월 11일 오전 05시에 포슈의 특별열차에서 정전조약을 체결했다.

이로써 1,568일에 걸친 전쟁은 끝났지만, 그 여파는 엄청났다. 사망자와 실종자는 총 1,000만 명을 넘었고, 세계적 규모의 대전쟁 속에서 수많은 유럽 국가들은 경제적으로 파산하기에 이르렀다. 19세기를 넘어

●●● 승전을 축하하는 런던 시민들

20세기 초까지 지배적이었던 제국주의 체제가 무너지면서 공산주의와 사회주의, 민족주의 등의 새로운 이데올로기가 속속 등장했다. 새롭게 헤게모니를 획득한 미국은 국제연맹(League of Nations)을 설립하면서 평화체제를 추구했지만, 고립을 원하는 미 의회의 반대로 막상 미국은 국제연맹에서 빠지고 말았다. 결국 제1차 세계대전의 결과 유럽의 정치 체제는 더욱 불안해졌고, 이는 제2차 세계대전의 씨앗이 되고야 말았다.

한국국방안보포럼(KODEF)은 21세기 국방정론을 발전시키고 국가안보에 대한 미래 전략적 대안을 제시하기 위해 뜻있는 군·정치·언론·법조·경제·문화 마니아 집단이 만든 사단법인입니다. 온·오프라인을 통해 국방정책을 논의하고, 국방정책에 관한 조사·연구·자문·지원 활동을 하고 있으며, 국방 관련 단체 및 기관과 공조하여 국방 교육 자료를 개발하고 안보의식을 고양하는 사업을 하고 있습니다. http://www.kodef.net

KODEF
안보총서
100

★ 2세대 전쟁의 명전투 13 ★

초판 1쇄 인쇄 2018년 9월 4일
초판 1쇄 발행 2018년 9월 10일

지은이 양욱
펴낸이 김세영

펴낸곳 도서출판 플래닛미디어
주소 04035 서울시 마포구 월드컵로 8길 40-9 3층
전화 02-3143-3366
팩스 02-3143-3360
블로그 http://blog.naver.com/planetmedia7
이메일 webmaster@planetmedia.co.kr
출판등록 2005년 9월 12일 제313-2005-000197호

ISBN 979-11-87822-21-9 03900